公路工程施工与技术

袁跟房 ◎ 著

中国原子能出版社
China Atomic Energy Press

图书在版编目（CIP）数据

公路工程施工与技术 / 袁跟房著 . -- 北京：中国
原子能出版社 , 2022.10
ISBN 978-7-5221-2250-2

Ⅰ . ①公… Ⅱ . ①袁… Ⅲ . ①道路工程－工程施工
Ⅳ . ① U415

中国版本图书馆 CIP 数据核字 (2022) 第 206011 号

公路工程施工与技术

出版发行	中国原子能出版社（北京市海淀区阜成路 43 号 100048）	
责任编辑	刘东鹏	
责任印制	赵　明	
印　　刷	北京天恒嘉业印刷有限公司	
经　　销	全国新华书店	
开　　本	787mm×1092mm　1/16	
印　　张	12.625	
字　　数	280 千字	
版　　次	2022 年 10 月第 1 版　　2022 年 10 月第 1 次印刷	
书　　号	ISBN 978-7-5221-2250-2	定　价　76.00 元

前　言

进入21世纪以来,我国的经济发展较快,交通运输业迅猛发展,运输业的规模庞大,现有的交通网络已不能适应,所以公路建设不断增加,随着公路建设技术的日趋成熟,公路建设的质量也得到了较大完善,理论结合实践使我国公路施工技术取得较大的发展成果。

随着我国经济和社会的不断建设与发展,公路建设事业也在不断地发展,要求我国的公路建设事业在施工水平上达到更高的要求。因此,本书从施工技术角度,对公路施工进行研究,以求为公路建设事业的发展做出贡献。主要内容包括公路施工概述、路基路面施工技术、桥梁工程技术、桥梁基础施工技术、公路隧道施工技术、城市道路工程施工技术、公路工程质量管理等,本书结构合理、内容严谨、逻辑清晰、语言流畅,是一部值得阅读的著作。

为了确保研究内容的丰富性和多样性,作者在本书写作过程中参考了大量与公路施工相关的理论与研究文献,在此向涉及的专家学者表示衷心感谢。最后,限于作者水平,加之时间仓促,本书难免存在疏漏,在此,悬请同行专家和读者朋友批评指正!

目　录

第一章　公路施工概述

由于我国经济飞速发展，依靠公路交通运输的行业也不断增加。交通运输业不断发展有效推动了我国国民经济快速增长，交通成为经济发展的有效推力，公路工程是交通运输业的核心部分，良好的公路质量才能确保交通运输安全稳定。本章将分别对我国公路发展概况、公路的基本组成、公路施工的基本程序以及公路工程的测量进行分析。

第一节　我国公路发展概况

一、公路运输的地位和特点

由于我国幅员辽阔、物产丰富、人口众多，因此需要有一个四通八达且完善的交通运输体系，以进一步促进国民经济的发展，提高人们的物质文化生活水平。

（一）公路运输的地位

通过实践证明，交通运输是国民经济的命脉，是推动经济发展的"先行官"，同时也是将工业与农业、城市与乡村的生产和消费联系起来的纽带。因此，想要实现国民经济现代化，就必须要先实现交通运输现代化，这也是经济建设和发展的客观规律。

现代交通运输是由铁路、水运、航空、管道和公路等五种运输方式所组成的。它们各有分工又相互联系与合作，共同承担国家建设所需的原材料及产品的集散、城乡物资的交流及生产和生活必需品的运输任务。

①铁路运输对于远程的大宗货物及人流运输起着主要的作用。

②水运在通航的地区是廉价运输的首选。

③航空运输则起着快速运送旅客，还有运送贵重、紧急物品等的作用。

④管道多用于运输液态、气态以及散装物品（如石油、煤气等）。

⑤公路运输具有机动、灵活、直达、迅速、适应性强和服务面广的特点，对于客

货运输，特别是短距离的运输，其经济效益尤其显著。

以上的五种运输方式，在技术经济上各有特点，各自适应着一定的自然地理条件和各类运输需要。它们在发展社会主义商品经济中，相互分工、相互连接、取长补短、协调发展，形成了统一的综合运输体系，为社会主义建设事业发挥了巨大的作用。

公路运输在交通运输体系中占有较大的比重，是短途客货运输的主力，在缺乏铁路、水运或这些运输不是很发达的地区，公路运输就成了运输的主体。

随着国民经济不断发展，特别是汽车专用公路（如高速公路、一级公路等）里程增加，公路运输在国民经济建设和社会服务等各方面的重要作用日益突出，并显示出广阔的发展前景。

（二）公路运输的特点

公路运输主要有以下几个方面特点。

① 公路运输的资金周转更快，社会效益也更加显著。

② 公路运输的机动灵活性更强，可以在需要的时间、规定的地点将货物迅速集中或分散。

③ 公路运输的方式可以深入到货物集散点进行直接装卸而不需要中转，这便能够大量节约时间与费用，并且还能够减少货物的损失，并且对于短途运输而言效益更加显著。

④ 公路运输的适应性更强、服务面更广，与其他的交通运输方式相比局限性更小，受固定交通设施的限制也更小，并且还可以直接到达边远的山区、小镇及任何工矿企业的场地和厂区。

⑤ 公路运输与铁路、水运相比，由于所用的燃料较贵，服务人员多，单位运量较小等，因此运输成本偏高。但是这些缺点将随着汽车制造技术不断改进，公路技术等级提高及运输组织管理改善而逐渐克服。

由于我国近二十年来高等级公路迅速发展，汽车运输速度也得到了提高，载重量也在不断增大，因此公路运输已经成为我国目前采用最广泛的一种运输方式。

二、我国公路的现状和发展规划

（一）我国公路的现状

我国是一个历史悠久的文明古国，道路运输远比西欧各国发展得早。早在公元前2600 年前就有了轩辕氏造舟车；秦始皇（公元前 259—210 年）统一六国后，为了巩固政权和便利商贾，开始修建气势宏伟、纵横国内的道路网。秦朝之后的各个封建朝代，都在道路交通方面进行了必要保养及有限扩充，但是由于封建统治对生产力的束缚，导致我国道路事业发展较为缓慢，交通运输工具也很少改进，长期停留在人力、畜力拉车的水平。

20世纪初（1902年），我国开始从发达工业国进口汽车，起初只是在上海等大城市街道上行驶。1913年在湖南省修建了从长沙至湘潭的公路，揭开了我国交通运输史上公路与汽车运输的新篇章。到新中国成立前夕，全国共修建了130 000 km的公路，其中大多数分布在沿海和中心地带，广大山区和边远的落后地区仍处于人力和畜力运输状态。那时的公路不仅数量少，而且技术标准低，工程质量差，再加上战争破坏能勉强维持通车的公路不到80 000 km，其中高级、次高级路面仅315 km，而当时我国汽车保有量也只有50 000辆。

新中国成立以来，党和国家对发展公路运输予以了应有重视，交通运输事业有了很大的发展。解放初期，公路建设的重点是西南、西北及其他大山区和少数民族地区，1954年举世闻名的川藏、青藏公路全线通车。20世纪60年代中期许多省区就已初步建成了地方公路网，省会之间的干道也基本开通。20世纪80年代中期，我国开始修建高速公路。

从1984年底我国开始修建第一条高速公路——上海嘉定高速公路，到1994年，我国相继建成了广佛、沈大、京津唐、西临、济青等一批高速公路。

我国经过几十年的努力，全国220多个县市全部通了公路，93%以上的乡和70%以上的村通了公路和汽车，形成了一个以北京为中心，与各大城市、省会及沿海经济开发区相连的四通八达的公路网。

截至2016年底，长江从上海至宜宾江段共建成89座长江大桥（含长江隧道）。如今，无论是长江天堑、黄河南北，还是我国许多其他的大江大河两岸，过去那种"隔河如隔天，渡河如渡险"的历史已经一去不复返了。

2018年12月28日，随着龙（川）怀（集）和仁（化）博（罗）两条高速公路建成通车，广东省又新增了2条出省通道，也使广东省高速公路通车里程达到了9 002 km。至此，我国高速公路总里程突破140 000 km。

（二）我国公路的发展规划

在新中国成立之后，我国在公路技术的发展方面取得了较大成绩，具体表现在以下几方面。

① 全国已建立一批维护公路正常运营的养护力量。

② 交通科研体系已经基本形成，交通教育已具相当规模。

③ 公路的设计理论，施工养护技术水平和机械化程度都有了很大提高。

④ 拥有了渣油路面、双曲拱桥、钻孔灌注桩、高原冻土带的沥青铺筑等具有我国特点的新成果。

⑤交通系统职工队伍数量和素质逐渐提高，他们除承担国内修建任务外，还先后赴亚、非等洲的二十余国承担经援任务，为增进与各国人民之间的友谊做出了显著贡献。

但是，我们也应该看到当前我国公路运输的现状还远不能适应国民经济发展的需要，仍有不足之处。

①公路数量少，密度低。按道路网密度计，我国道路网密度（1.11 km/km²）是荷兰的1/38，不到日本的1/26，是印度的1/54；若按人口计算，每100万人口拥有公路的数量，我国仅是美国的1/291。

②技术标准低，质量差。我国符合技术标准的公路只占总数的76%，其中二级以上的公路不到6%，70%的公路路面是砂石路面。

③通行能力不足。国道主干线有40%以上的路段超负荷运营，特别是在大中城市、港站枢纽、工矿基地的进出口，由于商品经济迅速发展，交通量增长很快，有的公路负荷甚至超出原设计通行能力的几倍。

④混合交通现象严重。由于混合交通造成的车辆行驶速度达不到设计速度和经济时速要求，同时交通拥挤、堵塞现象也日益突出，因而造成运力和燃料浪费情况相当严重。在一些干线道路上，平均车速因拥挤只能达到30 km/h，仅此一项每年油料浪费就达10亿元。

⑤运输效率不高。有些车辆跑单程，造成公路上空车增加，这不仅增加了公路运输压力，而且也浪费了能源和运力。

改变这种公路建设与国家建设要求不相适应局面的途径，一是新建公路，进一步完善公路网；二是对现有公路进行技术改造，提高其技术等级，以满足社会对公路运输日益增长的需要。

随着交通量增长和车速提高，近些年来，我国在修建公路新线的同时，也集中了大量投资对原有公路进行技术改造。据各地统计资料分析，公路线形改造并铺筑高级、次高级路面后，与原有老路相比，不仅降低了养护费用，而且汽车运量提高了30%左右，燃料消耗降低了10%~20%，行车速度提高了20%~50%，大修间隔里程延长20%，轮胎行驶里程延长40%，运输成本降低了15%~40%，由此可见其效果是显著的。实践证明，在新建公路的同时加速原有公路的技术改造是今后公路建设的一项长期而重要的任务。

为了加速我国公路网建设，改善公路施工技术，在科研工作方面，必须解放思想，实事求是，尊重科学技术，讲求实效，从我国国情和公路交通的特点出发努力学习国内外先进经验和技术，采用新理论、新技术、新工艺、新材料，使公路测量、设计、施工、养护的科技水平向前发展。在管理方面，坚持全面规划，统筹安排，充分调动中央和地方、政府和群众修建公路的积极性，贯彻自力更生、艰苦奋斗、修养并重、分期修建、逐步提高的原则；制定专业队伍与民工建勤相结合、国家投资与地方多渠道集资相结合、民办与公助相结合的方针，充分调动各方面的积极因素，努力使我国公路技术状况有较大改进和提高。

一个国家公路网的完善程度如何，不仅关系到公路运输的效益，还直接影响着国民经济发展。西方的一些发达国家如美、德、日、法、意等早在第二次世界大战期间及战后，就根据本国国情和政治、军事、经济发展的需要制定了宏伟的公路网规划，经过几十年努力，这些国家的路网建设已日趋完善，对其政治、经济、文化发展起了积极推动作用。

第二节　公路的基本组成

一、公路路基

（一）公路路基的概念

公路路基是按线形设计的位置和横断面尺寸在天然地面上用土或石填筑成路堤（填方路段）或挖成路堑（挖方路段）的带状结构物，其主要作用是承受路面传递的车荷载，是用来支撑路面的重要基础。因此，路基本身必须要具有足够的强度及足够的稳定性，还应具有不易变形等特点，并且要能够防止水分及其他自然因素对路基本身的侵蚀和损害。

水是造成路基破坏的主要自然因素之一，因此为了排除地面水和地下水，保证路基使用寿命与强度，需设计完善的公路排水系统。

（二）公路路基的分类

路基防护工程是为了加固路基边坡，确保路基稳定而修建的结构物。按其作用不同，可具体分为以下三种类型。

①坡面防护：路基边坡坡面防护一般有植物防护、坡面处治及护坡与护面墙等。

②冲刷防护：冲刷防护除上述防护外，为调节水流流速及流向，防护路基免受水流冲刷，在沿河路基还可设置顺坝、丁坝、格坝等导流结构物。

③支挡构造物：支挡构造物一般是指填（砌）石边坡、挡土墙、护脚及护面墙等。

二、公路路面

公路路面是一种运用各种材料及混合料，分层或多层铺筑在路基顶面以供车辆行驶的层状结构物，其直接受车辆荷载作用和自然因素影响。因此，路面必须要具有能够满足车辆在其表面可以安全，迅速，舒适行驶的强度、刚度、平整度、稳定性以及抗滑性。

三、桥涵

桥涵是工业术语，是桥梁和涵洞的统称。

桥梁是在公路跨越河流、沟谷或其他线路时，为保证公路的连续性而设置的构造物。

涵洞是指在公路工程建设中，为了使公路顺利通过水渠不妨碍交通，设于路基下的排水孔道（过水通道），通过这种结构可以让水从公路的下面流过。涵洞主要由洞身、基础、端和翼墙等组成。涵洞根据连通器的原理，常用砖、石、混凝土和钢筋混凝土等材料筑成。其一般孔径较小，形状有管形、箱形及拱形等。

四、隧道

交通隧道是由主体建筑物与附属建筑物两个部分所组成的结构。隧道的主体建筑物由洞身衬砌和洞门建筑两部分所组成。隧道的主体建筑物是为了保持隧道稳定，保证行车安全运行而修的。隧道洞身衬砌的平、纵、横断面的形状由其几何设计而确定；衬砌断面的轴线形状和厚度由衬砌计算决定；洞门的构造形式由多方面因素决定，例如地形地貌、岩体稳定性、通风方式、照明状况及环境条件等。在洞门容易坍塌或在山体坡面有崩坍和落石地段，则应接长洞身（即早进洞或晚出洞），或加筑明洞洞口。

五、交通服务设施

交通服务设施指的就是在公路沿线所设置的一些与交通安全、服务环境保护以及养护管理等相关的设施，其目的便是为了保证行车安全、舒适、迅速与美观。

第三节　公路的分级与标准

一、公路分级

（一）技术分级

公路的技术等级是表示公路通行能力、技术水平和服务水平的指标。交通运输部颁布的《公路工程技术标准》（JTG B01—2014）（以下简称《标准》）中根据公路的使用任务、功能以及适应的交通量将公路分成了以下五个等级。

1.高速公路

高速公路是一种专门供汽车分向、分车道行驶并全部控制出入口的多车道公路，属于我国的公路网骨干线。在高速公路上一般设有中央分隔带，全部立体交叉，并且还具备了完善的交通安全设施、管理设施以及服务设施。高速公路的设计年限通常为20年。

高速公路一般采用四、六、八车道数，其中四车道高速公路应能适应将各种汽车折合成小客车的年平均日交通量25 000~55 000辆，六车道为45 000~80 000辆，八车道为60 000~100 000辆。

2.一级公路

一级公路是一种专门供汽车分向、分车道行驶，并可根据需要控制出入口的多车道公路，属于我国的公路网骨干线。但是当其作为集散公路时，纵横向干扰较大，因此为了保证汽车分道、分向行驶，可设慢车道供非汽车交通行驶；当其作为干线公路时，为保证运行速度、交通安全和服务水平，应根据需要采取控制出入口措施。一级公路的设计年限通常为20年。

一级公路一般采用四、六车道，四车道一级公路应能适应将各种汽车折合成小客车的年平均日交通量15 000~30 000辆，六车道为25 000~55 000辆。

3.二级公路

二级公路是一种专门供汽车行驶的双车道公路，属于我国公路网内基本线。为了保证汽车在行驶过程中的速度及交通安全，在混合交通量大的路段，可设置慢车道供非汽车交通行驶。二级公路的设计年限通常为15年。

双车道二级公路应能适应将各种汽车折合成小客车的年平均日交通量5 000~15 000辆。

4. 三级公路

三级公路是一种专门供汽车行驶的双车道公路,属于我国公路网内基本线。同时,也可供拖拉机、畜力车、人力车等非汽车交通通行。其混合交通特征明显,设计速度可采用 40 km/h 或 30 km/h。三级公路的设计年限通常为 15 年。

双车道三级公路应能适应将各种车辆折合成小客车的年平均日交通量 2 000~6 000 辆。

5. 四级公路

四级公路与三级公路相似,是一种专门供汽车行驶的双车道或单车道公路,属于我国公路网的支线。同时,也可供拖拉机、畜力车、人力车等非汽车交通通行。其混合交通特征明显,设计速度采用 20 km/h。四级公路的设计年限通常为 10 年。

双车道四级公路应能适应将各种车辆折合成小客车的年平均日交通量 2000 辆以下。单车道四级公路应能适应将各种车辆折合成小客车的年平均日交通量 400 辆以下。

(二)行政分级

1. 公路网

公路网的组成有国道、省道、县乡道三级体系。1988 年,工作实行"统一领导,分级管理"的原则,把公路分为国家干线公路(简称国道)、省干线公路(简称省道)、县公路(简称县道)、乡公路(简称乡道)和专用公路。

2. 国道

国道是指在国家干线网中,具有全国性的政治、经济、国防意义的主要干线公路,包括重要的国际公路,国防公路,连接首都与各省、自治区、直辖市首府的公路,连接各大经济中心、港站枢纽、商品生产基地和战略要地的公路。

3. 省道

省道是指在省(自治区、直辖市)公路网中,具有全省性的政治、经济、国防意义,并由省级公路主管部门负责修建、养护和管理的省级公路干线。

4. 县道

县道是指具有全县政治、经济意义,连接县城和县内主要乡(镇)、主要商品生产和集散地的公路,还有不属于国道、省道的县际公路。县道由县、市公路主管部门负责修建、养护和管理。

5. 乡道

乡道是指直接或主要为乡村经济、文化、生产、生活服务以及乡村与外部联系的公路。乡道由县统一规划,由县、乡组织修建、养护和使用。由于乡村道路主要为农业生产,一般不列入国家公路等级标准。

6.专用公路

专用公路是指专供或主要供厂矿、林区、农场、油田、旅游区、军事基地等与外部联系的公路。专用公路由专用单位负责修建、养护和管理，也可委托当地公路部门修建、养护和管理。专用公路的技术要求应按其专门制定的技术标准或参照公路工程技术标准执行。

二、技术标准

《标准》是国务院主管部门颁布的公路建设的技术法规，反映了我国公路建设的方针政策和技术要求，是公路勘测设计、修建和养护的依据。《标准》是根据公路设计与交通设计速度对路线和各工程结构设计的要求，这些要求被列为指标，用标准规定下来。它是根据理论计算和公路设计、修建经验同时结合我国国情而确定的。因此，在公路设计、施工、养护中，必须严格遵守。

采用技术标准时要防止两种错误倾向：一种是只顾降低工程造价，而一味采用低标准；另一种是只强求线形好，不顾工程造价而采用高标准。

同时也要避免两种错误观念：一种是只求合法、不求合理；另一种是只求合理、不求合法。

第四节　公路施工的基本程序

一、基本建设及其内容构成

基本建设是指国民经济各部门为发展生产面进行的固定资产的扩大再生产，在西方国家，相当于国家"资本投资"。例如，为了增加社会生产能力新建工厂、学校、公路、桥梁、码头、矿井、电站、水坝、铁路等；为了扩大生产和提高效益而扩建生产车间、提高路面等级、修建永久性桥梁；为了提高生产效率，改进产品质量对原有设备及工艺进行整体性技术改造；原有公路的全面改建等，这些都属于基本建设的范畴。由此可见，凡是固定资产扩大再生产的新建、改建、扩建、恢复工程的建筑，添置，安装等活动及其与之连带的工作称为基本建设。

在我国，基本建设是发展国民经济，增强综合国力，迅速实现社会主义现代化，提高人民物质文化生活水平和加强国防实力的重要手段。因此，党和国家历来都十分重视基本建设事业，并制定、颁布了一系列政策、法规。通过十个五年计划，全国范围的大规模基本建设，我国已初步形成了比较完整的工业、交通运输体系和国民经济体系，使历史悠久的中华大地发生了天翻地覆的变化，为我国的改革开放事业以及构建社会主义和谐社会提供了坚实的物质基础。基本建设工作应包括以下内容。

（一）建筑工程

建筑是指消耗建筑材料，使用工程机械，通过施工活动而建成的工程实体，如路基、路面、桥梁、隧道、厂房、水坝等构筑物。

（二）安装工程

安装是指基本建设项目需用的各种机械和设备安设、装配、调试等工作，如工业生产设备、公路及大型桥梁所需的各种机械、设备、仪器的安装及调试等。

（三）设备、工具及器具的购置

其包括属于固定资产的机器、设备、工具等用品的购置，如机械厂的机床、发电站的电力设备、高速公路的监控设备、路面养护用的沥青混合料拌设备和摊铺机械等。

（四）勘察、设计及相关工作

它是指编制建筑工程施工依据的勘察设计文件所进行的工作，如公路工程的初步设计、施工图设计等，还有勘察、设计过程中必须进行的地质调查、钻探、材料试验和技术研究工作等。

（五）其他基本建设工作

其为确保基本建设工程顺利实施和正常运行而进行的基础工作，如土地征用、拆迁安置、人员培训等。

二、基本建设项目划分

基本建设工程无论大小都有其自身的复杂性，要进行若干项技术的、经济的和物质形态的工作。为了加强对基本建设工作的管理，便于编制设计文件、概预算文件和施工组织设计文件，同时为了便于工程招投标工作和施工管理，必须对基本建设项目进行科学分解和合理划分。基本建设工程可以划分为建设项目、工程项目、单位工程、分部工程和分项工程。

（一）建设项目

建设项目也可称基本建设项目，指的是经过批准后，在一个设计任务书范围内，按照同一总体设计进行建设的全部工程。建设项目是由一个或者多个单项工作所组成的，在经济上实行统一核算，行政上也实行统一管理，通常是以一个企业（或联合企业）、事业单位或独立工程作为一个建设项目。公路工程一般是以单独设计的公路路线、独立桥梁作为基本建设项目。

（二）工程项目

工程项目也称单项工程，是指建设项目中具有独立的设计文件，建成后可独立发挥生产能力或使用效益的工程，如工业建筑中的生产车间、办公楼、仓库；民用建筑中的教学楼、图书馆、实验室、住宅；公路工程中独立合同段的路线、大桥、隧道等。

（三）单位工程

单位工程是单项工程的组成部分，是指在单项工程中具有单独设计文件和独立施工条件，而又单独作为一个施工对象的工程，如生产车间的厂房修建、设备安装；公路工程中同合同段内的路基、路面、桥梁、互通式立交、交通安全设施等。由此可见，单位工程一般不能独立发挥生产能力和使用效益。

（四）分部工程

分部工程是按工程结构、构造或施工方法不同所作的分类，它是单位工程的组成部分。如房屋的基础、地面、墙体、门窗，公路路基的土石方、排水、涵洞、大型挡土墙，桥梁的上、下部构造、引道等。

（五）分项工程

分项工程是指通过较为简单的施工过程就能生产出来，并且可以用适当计量单位计算的"假定"的建筑或安装产品。如 10 m^3 块石基础、100 m^2 水泥混凝土路面，一台某型号龙门吊的安装等。必须指出，分项工程只是建筑或安装工程的一种基本构成因素，是为了确定施工资源消耗和计算工程费用而划分的一种假定产品，以便作为分部工程的组成部分。因此，分项工程的独立存在是没有意义的，它不像上述项目那样是完整产品。

三、公路基本建设程序

公路基本建设程序是指公路基本建设项目从规划立项到竣工验收的整个建设过程

中各项工作的先后顺序。这个顺序是由固定资产的建设过程，即基本建设发展进程的客观规律所决定的。科学的基本建设程序能正确处理基本建设工作中制定建设规划、确定建设项目、勘察设计、组织施工、竣工验收等各阶段与各环节之间的关系，指导基本建设工作有计划、按步骤地进行。公路基本建设涉及面广，既受地质、气候、水文等自然条件的制约，又受物资供应、技术水平等物质技术条件影响，同时还需要建设单位与设计、施工、监理、质量监督等单位和部门的协作配合。因此，公路基本建设项目必须严格按照规定程序实施，依次进行各个方面工作，才能达到预期效果，否则将可能给国家造成严重经济损失或给工程带来无法弥补缺陷。

（一）公路基本建设程序的流程

图 1-1 为公路基本建设程序的流程图，图中同时绘出了基本建设项目在设计、施工各阶段应编制的施工组织设计文件的名称。所有大中型公路基本建设项目，都要严格按照公路基本建设程序运行，对于某些特殊的小型项目，经建设行政主管部门批准后可以根据实际情况适当简化建设程序。

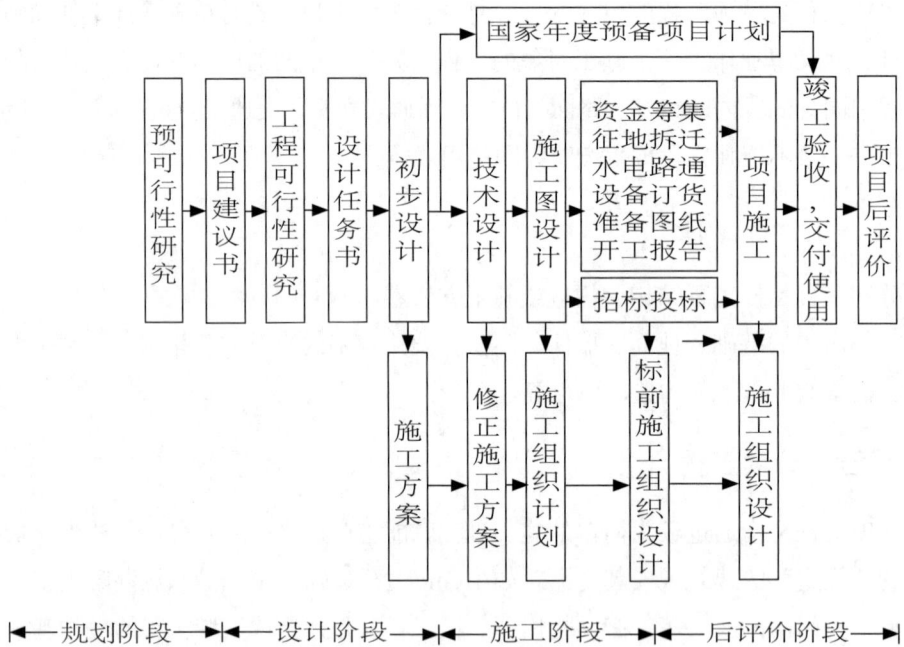

图1-1　公路基本建设程序

（二）公路基本建设程序各阶段内容

为加强公路基本建设项目管理，公路建设还应当按照国家和交通运输部的有关规定实行项目法人制度、招标投标制度、工程监理制度和合同管理制度（通常称为"四项制度"）。现将公路基本建设程序各阶段的主要内容分别叙述如下。

1. 项目建议书阶段

项目建议书是建设单位（业主）向国家提出的要求建设某一项目的建议文件，是对建设项目的轮廓构想，这种构想可来自国家、部门和地方的发展规划与计划安排，或来自市场调查研究，或来自某种资源发现。项目建议书应对拟建项目的社会需求进行分析研究，明确为满足此需求所要达到的建设目标，包括经济目标、社会目标和环境目标，并考虑可能承担的风险。

2. 可行性研究阶段

项目建议书批准后，由政府交通主管部门组织项目的可行性研究。可行性研究是对拟建项目在技术上和经济上是否可行进行科学分析和论证工作，为项目决策（即该项目是继续实施还是放弃）提供依据。可行性研究的主要任务是通过多方案比较，提出评价意见，推荐最佳方案。

按可行性研究的工作深度，其划分为预可行性研究和工程可行性研究两个阶段。预可行性研究应重点阐明建设项目的必要性，通过踏勘和调查研究，提出建设项目的规模、技术标准，进行简要经济效益分析。工程可行性研究应通过必要的测量（高速公路、一级公路必须做）、地质勘探（大桥、隧道及不良地质地段等），在认真调查研究、占有必要资料的基础上，对不同建设方案从技术上和经济上进行综合论证，提出推荐方案。可行性研究报告的文件应符合《公路建设项目可行性研究报告编制办法》的规定。

可行性研究报告经审查批准后，项目才能正式"立项"。大中型项目和限额以上项目的可行性研究报告经批准后，可根据实际需要组成筹建机构，即组建项目法人。一般改建、扩建项目不单独设置机构，仍由原企业负责筹建。

3. 设计任务书阶段

设计任务书是项目确定建设方案的决策性文件，是编制设计文件的主要依据。设计任务书可由建设单位自行提出，也可由工程咨询公司代为拟定，或由建设单位与设计单位协商确定。

设计任务书的主要内容包括以下几个方面。

① 建设依据和建设规模。

② 路线走向和主要控制点，独立大桥桥址和主要特点。

③ 地理位置、自然条件和社会经济现状。

④ 工程技术标准和主要技术指标。

⑤ 设计阶段及完成时间。

⑥ 环境保护、城市规划、抗震、防洪、防空、文物保护等要求和采取的措施方案。

⑦ 投资估算和资金筹措。

⑧ 经济效益和社会效益。

⑨ 建设期限和实施方案。

4. 勘察设计阶段

不论按几个阶段设计，其中，项目的施工图设计文件均由以下十三篇及附件组成，即总说明书；总体设计；路线；路基、路面及排水；桥梁、涵洞；隧道；路线交叉；交通工程及沿线设施；环境保护；渡口码头及其他工程；筑路材料；施工组织计划；施工图预算；附件。其中第二篇总体设计只用于高速公路和一级公路，附件内容为补充地质勘探、水文调查及计算等基础资料。

5. 建设准备阶段

项目在开工建设之前，要做好以下前期准备工作。

（1）预备项目

初步设计已经批准的项目可列为预备项目。国家的预备项目计划，是对列入部门、地方编报的年度建设预备项目计划中的大中型项目和限额以上项目，经过对建设总规模、生产力布局、资源优化配置及外部协作条件等方面进行综合平衡后安排和下达的。

（2）建设准备的内容

建设准备的主要工作内容主要分为以下五个部分。

① 征地、拆迁和安置。

② 完成施工用水、电、路工程。

③ 设备、材料订货。

④ 准备施工图纸。

⑤ 监理、施工招标投标。

（3）申报项目施工许可

工程完成了规定的建设准备，并具备了开工条件以后，应申报项目施工许可。年度大中型项目和限额以上项目须经国务院批准，国家发展和改革委员会下达项目计划，其他项目可由部门和地方政府批准。

6. 建设施工阶段

建设项目开工报告一经批准，项目便进入了建设施工阶段。本阶段是项目决策的实施、建成投入使用、发挥效益的关键，因此建设单位、施工企业、监理单位都应认真做好各自工作。

公路项目开工建设的时间以开始进行土石方施工的日期作为正式开工日期。分期建设的项目，分别按各期工程开工的日期计算。施工活动应严格按照设计要求、技术规程、合同条款、预算投资、施工程序和顺序、施工组织设计，在保证质量、工期、成本等计划目标的前提下进行，达到竣工标准要求，经验收后移交使用。

7. 竣（交）工验收交付使用阶段

竣（交）工验收是建设全过程的最后一道程序，是投资成果转入使用的标志，是建设单位、设计单位和施工单位向国家汇报建设项目的生产能力或效益、质量、造价等全面情况及交付新增固定资产的过程。验收工作在建设项目按施工合同文件的规定内容全部完成后进行。

公路项目验收分为单项工程交工验收和整体项目竣工验收两个阶段。竣工验收由建设主管部门主持，依据国家有关规定组成验收委员会，按照相关要求组织验收。在工程验收前，建设单位要做好以下准备工作：组织设计、施工等单位进行工程初验，并向主管部门提出验收报告整理技术资料，包括各种文件绘制竣工图，必须准确、完整、符合档案管理要求；编制竣工决算验收合格的工程，应移交使用，并按有关规定办理交接手续。

8.项目后评价阶段

项目后评价应经过建设单位自评和投资方评价两个阶段，包括以下内容。

① 评估项目的实际成效。

② 确定项目是否达到了预期目标和设计要求。

③ 检查设计、施工各个环节的实际质量重新计算实际财务效益和国民经济效益。

项目后评价可以肯定成绩、总结经验、探讨问题、吸取教训，并提出建议，作为今后改进投资规划、评估和管理工作参考。

第五节　公路工程测量

一、控制点的复测

平面控制点是公路施工过程中控制公路线形平面位置的重要依据，高程控制点是施工过程中控制公路路线高低的主要依据。平面控制点的任务是把设计图上的"公路线形"放样到实地，高程控制点的任务是把设计图上"公路路线的高程"放样到实地。

公路工程施工过程中，控制点对与构造物定位精度至关重要，应妥善保护。施工单位进驻工地后，采用的平面控制点、高程控制点是设计单位在勘测阶段布设的，因此施工单位首先应对这些点位认真勘察核实。一般来说，从路线勘察设计到路基正式开工，间隔时间都比较长，这期间在路线勘察设计阶段布设的导线点、交点、转点、水准点都难免损坏丢失。为了保证公路路线符合设计文件的要求，防止构造物偏位过大，施工单位在施工前必须对设计单位提交的全部控制桩点进行复测。

施工复测的主要目的是检验原有控制桩点的准确性，而不是重新测设。因此，经过复测，凡是与原来的成果或点位的差晃在允许的范围内时，一律以原有的成果为准，不做改动。对经过多次复测，证明原有成果有误或点位有较大变动时，应报有关单位，经审批后才能改动。

（一）平面控制测量

平面控制测量常用的方法有全站仪导线测量和 GPS 测量等。

1. 全站仪导线测量

导线是由若干条直线连成的折线，每条直线称导线边，相邻两直线之间的水平角称为转折角。测定了转折角和导线边长之后，即可根据已知坐标方位角和已知坐标算出各导线点坐标。按照测区的条件和需要，导线可以布置成下列几种形式。

（1）附合导线

导线起始于一个已知控制点，终止于另一个已知控制点。控制点上可以有一条边或几条边，它是已知坐标方位角的边，也可以没有已知坐标方位角的边。

（2）闭合导线

导线由一个已知控制点出发，然后回到这一点，形成一个闭合多边形。在闭合导线的已知控制点上必须有一条边的坐标方位角是已知的。

（3）支导线

支导线从一个已知控制点出发，既不到另一个控制点，也不回到原来的始点。由于支导线没有检核条件，故一般只用于地形测量的图根导线测量。导线测量工作分为外业和内业。

导线测量的外业工作主要包括：踏勘选点及建立标志、测边、测角等。布设导线时，应依据《公路勘测规范》（JTG C10—2007）（以下简称《规范》）要求，确定导线等级，并按照相应技术要求展开工作。

2. 伪距测量

伪距测量根据接收机接收到的 GPS 卫星发射的测距 A/C 码和电文内容，通过信号从发射到到达用户接收机的传播时间，计算出卫星和接收机天线间的距离。但由于 GPS 卫星时钟与用户接收机时钟难以保持严格的同步，存在有时钟差，所以观测的卫星与接收机天线间的距离均受到卫星钟与用户接收机钟同步差的影响，并不是真实距离，因此人们习惯上称所测距离为"伪距"。

3. 载波相位测量

人们通常会测定 GPS 卫星载波信号在传播路径上的相位变化值，以确定信号传播的距离。采用伪距观测量定位速度最快，而采用载波相位观测量定位精度最高。通过对 4 颗或 4 颗以上的卫星同时进行伪距或相位的测量即可推算出接收机的三维坐标。

（1）GPS 进行平面控制测量的特点

GPS 用来做平面控制测量时，一般采用静态定位模式。静态定位模式是将 GPS

接收机安置在基线端点上，观测中保持接收机固定不动，以便能通过重复观测取得足够观测数据，以提高定位精度。这种作业模式一般是采用两套或两套以上 GPS 接收设备，分别安置在一条或数条基线的端点上，同步观测 4 颗以上卫星。较之于常规方法，GPS 在布设控制网方面具有以下特点。

① 测量精度高。GPS 观测的精度要明显高于一般的常规测量手段，GPS 基线向量相对精度一般在 $10^{-9} \sim 10^{-5}$，这是普通测量方法很难达到的。

② 选点灵活，不需要造标，费用低。GPS 测量，不要求测站间相互通视，不需要建造觇标，作业成本低，大大降低了布网费用。

③ 全天候作业。在任何时间、任何气候条件下，均可以进行 GPS 观测，大大方便了测量作业，有利于按时、高效完成控制网布设。

④ 观测时间短。采用 GPS 布设一般等级的控制网时，在每个测站上的观测时间一般在 $1 \sim 2$ h，采用快速静态定位的方法，观测时间更短。

⑤ 观测、处理自动化。采用 GPS 布设控制网，数据观测和处理过程均是高度自动化的。

（2）GPS 静态作业的选点及布网

①GPS 网布设形式和实施方案：GPS 静态网的布设形式通常有点连式、边连式和边点混合式三种形式。

② 静态外业操作流程：放置脚架，对中整平，安置好仪器；量取天线高；打开接收机电源，接收机跟踪多于 4 颗以上卫星时，卫星指示灯慢闪，打开数据记录灯，此时开始记录数据（注：一定要保证数据记录灯亮，否则没有记录数据）；认真填写外业记录表；结束测量时，先关闭数据记录灯，再关闭接收机电源。

③ 内业数据处理：内业数据处理一般都是采用 GPS 接收机生产厂家配套软件进行，如 Trimble 公司的配套后处理软件 Trimble geomatics office，它是基于 Microsoft Windows 的多任务操作系统，可以进行 GPS 数据后处理及 RTK 测量数据处理。它可以处理所有 Trimble GPS 的原始测量数据、其他品牌的 GPS 数据（RINEX）、传统光学测量仪器采集的数据以及激光测距仪数据。

整个软件包由多个模块构成，包括数据通信模块、星历预报模块、静态后处理模块、动态计算模块、坐标转换模块、网平差模块、RTK 测量数据处理模块、DTMlink 模块和 ROADlink 模块。

（二）高程控制测量

高程控制测量常用方法有水准测量和三角高程测量。

1.水准测量

用水准测量法布设高程控制网时，应根据《规范》要求确定施测等级，并按照相关技术要求进行外业及内业计算工作。

2. 三角高程测量

山区或困难地区，可以采用三角高程测量的方法建立高程控制网，根据《规范》要求确定施测等级，并按照相关技术要求进行外业及内业计算工作。在三角高程路线的各边上，一般应进行往返测，又称对向观测（或称双向观测），即由 A 向 B 观测（称为直觇），又由 B 向 A 观测（称为反觇）。由 B 向 A 观测时可消除地球曲率和大气折光影响。

二、施工放样

（一）放样点位常用方法

放样点位的常用方法有极坐标法、全站仪坐标法、距离交会法、角度交会法、直接坐标法（如 GPS-RTK 法）等，采用经纬仪、全站仪、钢尺和 GPS 接收机进行。

1. 极坐标法

设 A、B 为已知点，P 为待放样点，其设计坐标为已知。在 A 上架经纬仪，放样一个角口，在放样出的方向上标定一个 P 点，再从 A 出发沿 AP 方向放样距离 S，即得待放样点的位置。用某种标志在实地表示出 P 位置。

2. 全站仪坐标放样法

极坐标法放样，需要事先根据坐标计算放样元素，而放样元素计算是要根据仪器架设位置而定的，有时现场仪器架设位置会有变化，这就需要重新计算放样元素。而用全站仪坐标放样法，就不需要事先计算放样元素，只要提供坐标就行，而且操作十分方便。

全站仪架设在已知点 A 上，只要输入测站点 A、后视点 B 以及待放样点 P 的三点坐标，瞄准后视点定向，按下反算方位角键，则仪器会自动将测站与后视的方位角设置在该方向上，然后按下放样键，仪器自动在屏幕上用左右箭头提示，应该将仪器往左或右旋转，这样就可使仪器到达设计的方向线上，接着通过测距离，仪器自动提示棱镜前后移动，直到放样出设计距离，这样就能十分方便地完成点位放样。

（二）高程放样

1. 水准仪法放样

高程放样时，地面有水准点 A，其高程已知，设为 H_A；待定点 B 的设计高程为 H_B，要求在实地定出与该设计高程相应的水平线或待定点顶面。高程放样一般用水准仪。α 为水准点上水准尺的读数。待放样点上水准尺的读数 β 可由下式算得。

$$\beta = (H_A + \alpha) - H_B$$

当放样的高程点与水准点之间的高差很大时（如向深基坑或高楼传递高程时），

可以用悬挂钢尺代替水准尺，以放样设计高程。悬挂钢尺时，零刻画端朝下，并在下端挂一个质量相当于钢尺鉴定时拉力的重锤，在地面上和坑内各放一次水准仪。设地面放仪器时对 A 点尺上的读数为 a_1，对钢尺的读数为 b_1；在坑内放仪器时对钢尺读数为 a_2，则对 B 点尺上的读数为 b_2。

由 $H_B - H_A = h_{AB} = (a_1 - b_1) + (a_2 - b_2)$ 得 $b_2 = a_2 + (a_1 - b_1) h_{AB}$。

用逐渐打入木桩或在木桩上画线的方法，使立在 B 点的水准尺上读数为 b_2，这样就可以使 B 点的高程符合设计要求。当对高程放样精度要求较高时，宜在待放样高程处埋设高度可调整的标志。放样时调节螺杆可使标志顶端精确升降，直到标志顶面高程达到设计高程时为止，然后旋紧螺母以限制螺杆升降，为了更加牢固，往往还需采用点焊等方法使螺杆不能再升降。

2. 全站仪无仪器高作业法放样

对一些高低起伏较大的工程放样，如大型体育馆的网架、桥梁构件、厂房及机场屋架等，用水准仪放样就比较困难，这时可用全站仪无仪器高作业法直接放样高程。

三、横断面测量

绘制横断面图的工作量较大，为提高工效，防止错误，测绘人员应多在现场边测边绘，这样既可当场出图，省略记录，又可及时核对，发现问题，及时纠正，以保证横断面图的质量。

横断面图的比例尺一般是 1∶200 或 1∶100，横断面图通常绘制在米格纸上，图幅为 350 mm × 500 mm，每隔 1 cm 有一细线条，每隔 5 cm 有一粗线条，细线间一小格为 1 mm。

绘图时以一条纵向粗线为中线，以纵线、横线相交点为中桩位置，向左右两侧绘制。先标注中桩的桩号，再用铅笔根据水平距离和高差，将变坡点点在图纸上，然后用小三角板将这些点连接起来，这样就得到横断面的地面线。显然一幅图上可以绘制多个断面图，一般绘图顺序是从图纸左下方起，自下而上、由左向右，依次按桩号绘制。

根据路基横断面图可计算线路挖、填方数量。通常情况下，路基横断面图下方用 AW 表示挖方横断面面积，用 A 表示横断面填方面积。只要把各相邻断面填、挖方体积计算出来，予以汇总就可求得施工标段的总方量。计算步骤如下。

① 求相邻两横断面的平均面积 $(A_1 + A_2)/2$。

② 求相邻两横断面间距。

③ 计算土石方工程量，并累计。

由于施工段一般都较长，少则一两千米，多则几千米，每 25 m 一个横断面，每千米 40 多个横断面，虽然计算简单，但量大而繁。为了准确快速地运算，可将公式编写成程序用计算机计算。

四、地形图测绘

地形图能全面、客观地反映地面地形地物情况，因此被广泛应用于各种工程建设中。地形图的测绘方法现在主要有全站仪数字化成图、摄影测量成图、遥感成图等。这里简单介绍全站仪数字化成图方法。

（一）野外碎部点采集

一般用"解算法"进行碎部点测量采集，将所测点位三维坐标（x，y，H）及其绘图信息储存在仪器内存或电子手簿中，同时还要记录测站参数、距离、水平角和竖直角的碎部点位置、信息及编码、点号、连接点和连接线形四种信息，在采集碎部点时要及时绘制观测草图。

（二）数据传输

将仪器或电子手簿与计算机用数据通信线连接，把野外观测数据传输到计算机中，每次观测的数据要及时传输，避免数据丢失。

（三）数据处理

数据处理通常分为以下两个部分。

1. 数据转换

数据处理是对野外采集的数据进行预处理，检查可能出现的各种错误，把野外采集到的数据编码，使测量数据转化成绘图系统所需的编码格式。

2. 数据计算

数据计算是针对地貌关系的，当测量数据输入计算机后，生成平面图形，建立图形文件，绘制等高线。

（四）图形处理与成图输出

编辑、整理经数据处理后所生成的图形数据文件，对照外业草图，修改整饰新生成的地形图，补测、重测存在漏测或测错的地方，然后加注高程、注记等，进行图幅整饰，最后成图输出。

第二章　路基路面施工技术

第一节　路基施工

路基是公路工程的重要组成部分，是路面的基础。路基质量的好坏直接影响到路面的使用质量。路面的损坏往往与路基排水不畅、压实度不够强度低等因素有直接相关，而且修复难度大、费用高。由此可见，确保路基稳定对提高路面使用品质十分重要，故而，路基工程应严格按照有关公路设计与施工的标准、规范的规定进行精心设计、精心施工，并依据当地自然条件，因地制宜，以确保路基具有足够的强度、稳定性和经济合理性。

公路路基是路面的基础，是整个公路构造的重要组成部分，与路面共同承担行车载荷。就结构而言，路基是指路面基层以下部分一定范围的土体，包括为获得具有均匀承载能力的路基面进行的局部换土部分，回填、移挖作填连接处的缓和区段部分，均属于路基的组成部分。

一、路基和路基工程

（一）基本要求

由于路基在公路中的重要作用，路基设计中，除要求路基有正确、合理的断面尺寸外，还应满足以下要求。

1.具有足够的整体稳定性

路基是在地面上填筑或开挖而建成的，路基修建成后，一般都改变了原地面的自然平衡状态。为防止路基在行车荷载、自重和自然因素作用下产生变形，失去整体稳定性，造成破坏，就必须采取一定的措施，比如排水、支撑、加固等来确保路基的整体稳定性。

2.具有足够的强度

路基的强度，是指路基抵抗变形的能力。在公路路面的行车荷载路面和路基自身的重力以及自然因素（地质、水文和气候等）的影响下，路基会发生变形。过大的变形会降低路面的使用状况，甚者会造成破坏。所以，为确保路基不发生超过允许范围的变形，要求路基必须具有足够的强度。

3. 具有足够的水温稳定性

路基在地面水和地下水的作用下，其强度将发生显著降低，尤其是在季节性冰冻地区，由于周期性的冻融作用，土体会发生冻胀和水分聚积，导致路基填土松软，强度急剧下降。因此对土质路基不仅要求具有足够的强度，而且应确保在最不利的水温条件下，路基不会冻胀和强度不致显著降低，这就要求路基具有足够的水温稳定性。

（二）路基的断面形式

按照路基设计标高和原地面的位置关系，通常分为路堤路堑、半填半挖路基等几种形式。高于原地面的填方路基称为路堤，低于原地面的挖方路基称为路堑，介于两者之间的称为半填半挖路基。

（三）路基的构造及技术要求

1. 路基的宽度和高度

路基宽度，即路基顶面包括路肩，中间带部分的宽度。如前所述，路基宽度按照公路等级要求确定。路基的设计标高，普通公路为路基边缘高度，有中央分隔带的公路，为中央分隔带边缘的高度。路基高度一般指路基填挖深度。技术上对路基高度要求主要指填土路基填土部分的高度不应小于规定的最小限度，应使路肩边缘高出路基两侧地面水平高度，并且考虑地下水、毛细水和冰冻的作用，不致影响路基的强度和稳定性，应根据线路通过地区的气候、地质、水文等确定。

2. 路基边坡

路基边坡，指由填方和挖方所形成的土斜坡面，分别称作填方边坡和挖方边坡。为了路基的坚固稳定，边坡要求有一定的坡度，其大小应确保各种土壤均能达到自然稳定而不坍塌。

（四）路基工程的特点

从工程性质和结构特点来说，公路路基是用土壤或石料修筑而成的一种线性结构物。由上述路基的结构和基本要求可知，路基工程除路基本体的填挖作业外，还包括路基排水工程和路基防护以及加固工程等。

路基本体的开挖和填筑工程量占整个工程的比重最大，包括岩土爆破、表土处理、碾压密实等内容。路基的排水设施是为了确保迅速排泄路基范围内的地面水，同时对可能影响路基稳定的地下水进行拦截或降低水位而修筑的。由于水的浸湿，常发生路基边坡失稳、路基沉落、翻浆冒泥、路堑边坡崩塌、滑坡等现象。为了确保路基经常处于干燥、坚固稳定的状态，各级公路应根据沿线降水与地质水文等具体情况，设置必要的地面排水、地下排水、路基边坡排水等设施，并与沿线桥涵配合形成良好的排水系统，这就是路基排水工程的内容。

公路损坏，包括因地震及暴雨等异常气候所产生的灾害情况。由于边坡及自然坡面塌方而引起的破坏占有相当大的比例。路基的防护和加固工程就是以确保公路交通安全，消除边坡及与自然坡面稳定有问题的危险地段为目的，依据当地水文、地质及筑路材料等情况，采取有效的防护措施，防治路基土壤流失、坡面风化、剥落等路基病害，以确保路基安全，是路基工程的一个重要内容。

二、路基土

自然界的土是在各种不同成土环境里形成的，其组成、结构、成分以及物理、化学、力学性质千差万别，加之成土作用所经历的年代也有长短，故土的种类繁多。在工程建设中为了正确评价土的工程特性，并从中测得其指标数据，以便采取合理的设计施工方案，必须对土进行工程分类。

目前，我国工程界对于土质分类法尚无统一完整的体系和标准。各部门行业因工程对象不同，研究问题的出发点不同，故对土质分类的目的、要求与方法，以及对有关指标取值界限的数据也有所差异。公路路基土分类采用交通运输部颁布的《公路土工试验规程》（TJ 051—93）的分类方法。

三、路堤施工

填方路堤施工是公路工程施工中一个非常重要的环节，需要精心组织，精心施工，确保工程质量。对于高速公路这种特殊的交通功能，对路基施工质量有着更高的要求。因此，路堤施工必须从基底处理、填料选择、压实、排水、防护等各方面加以重视，依靠科技进步，采用新技术、新材料、新的检测手段，进而确保路基具有足够的稳定性和耐久性。

四、路堑施工

路堑开挖是路基施工中工程量最大，最普遍的施工内容，有多种施工机械，适宜于使用并能充分发挥机械的优势。所以，路堑开挖主要采用机械化施工。从作业程序上说，路堑施工较为简单，无非是按一定要求把土挖掘并运到弃土地点，不像路堤填筑有材料选择、分层碾压密实等问题存在。但是，从施工经验和公路使用的角度看，路基上发生的问题，却大多出在路堑上。例如，路堑施工往往成为整个工程的控制工程，影响工期。施工中常发生塌方、落石等事故。在道路使用过程中，路堑地段又是塌方、滑坡、翻浆、冒泥、冻害等路基病害的多发区段，而这些又在很大程度上与路堑施工得当与否有着密切的关系。比如因开挖坡度不合适或弃土太近，使土体失去平衡而发生塌方；由于排水不良造成土体松软发生边坡溜滑；由于没有及时修筑挡土墙等防护工程而发生滑坡现象。因此，在路堑施工中，对采取的作业方式、开挖步骤、弃土位置等应予充分重视，进行全面规划，确保有较高的质量和效率。所以，在挖掘作业特别是深挖掘作业时，应将粗加工和挖掘作业同时进行，使坡面作业尽量减少；并且必须经常不断地检查尺寸；单面挖掘，单面堆土时，应尽量避免土堆太高；即使设计上没有防滑措施，也要将基底面进行阶梯挖掘，才比较合理。

第二节　路面施工

路面，是指用各种筑路材料铺筑在公路路基上供车辆行驶的构造物，是道路工程的一个重要组成部分。最早修建公路和铺筑路面的历史可追溯到古巴比伦和埃及，但是最为宏伟的工程应属古罗马。古罗马时的路面概念是在有一定强度的地基上摆放大石块，再在上面用小石块和青石杂填隙，近似于现在的骨架结构，这就是公路的原始概念。后来，为了方便在沼泽地等软土地区行走，又采用圆木和厚木板拼砌成类似于木筏的结构，这也是早期路面的概念。较早时的简易公路主要考虑了以下几个方面：路面设计要体现路基情况；采用"新"材料，如碎石；有效的排水；基层的设置等。到 19 世纪后 20 年，城市路面开始使用水泥和沥青等材料，路面设计开始考虑环境因素、路面抗滑和舒适等方面，可是对于路面的功能和结构却没有更深入的认识。近年来，在路面结构设计、路面材料和施工机械及工艺等方面都有了更深入地研究和认识，尤其是新材料、新工艺、新技术的广泛应用，使得路面有了长足的发展。

一、路面的概念

路面是在路基顶面的行车部分用各种筑路材料或混合料分层铺筑的层状结构物。

从横断面方向看，高速、一级公路的表面一般是由行车道、中间带、硬路肩和土路肩组成，二、三、四级公路不含中间带。路面的横断面形式通常分为槽式横断面和全铺式横断面。路基填挖到设计标高位置后，在路基上按路面设计宽度范围将路基挖成与路面厚度相同的浅槽；或路基填筑到路床顶面位置后，按路面设计宽度范围在两侧的路肩部位培土（压实）形成与路面厚度相同的浅槽；也可采用半挖半培的方法形成浅槽，然后在浅槽内铺筑路面。一般公路路面都采用槽式横断面。

全铺式横断面是在路基全部宽度内都铺筑路面。在高等级公路建设中，有时为了将路面结构内部的水分迅速排出，在全宽范围内铺筑基层材料，确保水分由横向排入边沟。有时考虑到道路交通的迅速增长，为适应扩建的需要，将硬路肩及土路肩的位置全部按行车道标准铺筑面层。在盛产石料的山区或较窄的路基上，也可全宽铺筑砂石路面。

二、公路对路面的基本要求

为了确保汽车能全天候的在路面上安全、快速、舒适行驶，对路面提出如下基本要求。

1. 具有足够的承载能力

路面结构的承载能力包括强度和刚度两个方面。路面结构的强度，是指抵抗车轮荷载引起的各个部位的各种应力（如压应力、拉应力、剪应力等），确保不发生压碎、拉断、剪切等各种破坏的能力。路面结构的刚度，是指抵抗车轮荷载作用下引起的变形，确保不发生过量的变形，不发生沉陷、波浪或车辙等病害的能力。

需要强调的是，这里的强度应包括修建路面的原材料（如砂石、水泥等）以及复合材料（如水泥混凝土、沥青混凝土）和路面结构的强度。

2. 具有足够的稳定性

路面结构的稳定性，是指路面结构在水和温度等自然因素的作用下，能较好地保持其设计要求的几何形态及物理、力学性能的能力。路面结构的稳定性主要囊括温度稳定性（高温稳定性和低温抗裂性）、水稳定性、沥青路面的大气稳定性等。

3. 具有足够的表面平整度

表面平整度通常以不平整度值（即表面纵向凹凸量的偏差值）作为指标来衡量。相对来说，表面平整度是一项宏观控制指标。不平整的路面表面会增大行车阻力，同时使车辆产生附加的振动作用。这种振动会造成行车颠簸，影响行车的速度和安全、驾驶的平稳和乘客的舒适感。并且，振动作用还会对路面施加冲击力，进而加剧路面和汽车机件的损坏以及轮胎的磨损，并增大燃油的消耗。另外，不平整的路面还会积滞雨水，加速路面的破坏。所以，要求路面具有与公路等级相应的足够的平整度。

4. 具有足够的表面抗滑性能

路面表面抗滑性能又称粗糙度，是指路面能够提供汽车车轮在其上安全行驶所需要的充足附着力（或称摩擦力）的性能。通常用摩擦系数或构造深度来表示。路面表面要求平整，但不能光滑。汽车在光滑的路面上行驶，车轮与路面之间缺乏足够的附着力（或称摩擦力）。雨天高速行车、紧急制动或突然起动、爬坡或转弯时，车轮易产生空转或打滑，致使行车速度降低，燃料消耗增加，甚至引起交通事故。

5.具有足够的耐久性

通常所说的耐久性，主要是指路面在设计规定的年限内满足各级公路相应的承载能力、行车速度、舒适性、安全性的性能。路面结构在行车荷载和冷热、干湿气候因素的多次重复作用下，路面材料的性能产生老化衰变，路面使用性能将逐步降低，渐渐产生疲劳破坏和塑性形变累积，缩短路面的使用年限。所以，路面结构必须具备足够的抗疲劳强度以及抗老化和抗累积形变的能力，以保持或延长路面的使用寿命。

6.具有尽可能低的扬尘性和噪声

汽车在砂石路面上或灰尘较多的其他路面上行驶时，车身后面所产生的真空吸引力会将面层表面或其中较细的颗粒吸出而飞扬尘土，甚至导致路面松散、脱落和坑洞等破坏。路面扬尘会加速汽车机件的损坏，影响行车视距，降低行车速度，并且对乘客和沿线居民的环境卫生以及货物和路旁农作物都带来不良影响。因此，要求路面在行车过程中尽量减少扬尘。汽车在路面上行驶时，除发动机等噪声外，路面不平整引起车身的振动也是噪声的来源。为降低噪声，也应提高路面施工的平整度工艺。另外，路面材料组成不同，汽车在路面上行驶时产生的噪声也不同。

7.满足规范要求

路面断面形式及尺寸必须符合《公路工程技术标准》（JTG B01—2014）的有关规定。

三、路面结构层次

行车荷载和自然因素对路面的影响，随深度的增加而逐渐减弱。所以，对路面材料的强度、抗变形能力和稳定性的要求也随深度的增加而逐渐降低。为了适应这一特点，路面结构通常是分层铺筑的，即根据使用要求、受力状况、土基支承条件和自然因素影响程度的不同，分成若干层次。按照各个层次功能的不同，沥青路面结构层一般可划分为面层、基层、底基层和垫层等；水泥混凝土路面结构层一般划分为面层、基层和垫层等三个层次。

1.面层

面层是直接承受车轮荷载反复作用和自然因素影响的结构层，它承受较大的行车荷载的垂直力、水平力和冲击力的作用，同时还受到降水的侵蚀和气温变化的影响。面层应具备较高的强度、刚度，较好的水稳定性和温度稳定性，而且应当耐磨、不透水，其表面还应有良好的抗滑性和平整度。

2.基层与底基层

基层是直接位于沥青路面面层下的主要承重层，或直接位于水泥混凝土面板下的结构层；底基层是在沥青路面基层下铺筑的次要承重层，或在水泥混凝土路面基层下铺筑的辅助层。

基层承受由面层传递下来的车轮荷载的反复作用（主要是垂直力作用），并将其传递到下面的底基层或垫层和土基中。在沥青路面结构中,基层是主要承重层,它需具有良好的稳定性、耐久性和较高的承载能力,并具有良好的应力扩散能力;底基层是次要承重层,对底基层材料质量的要求较低,可使用当地材料来修筑。在水泥混凝土路面结构中,基层承受的垂直力作用较小,但应具有足够的抗冲刷能力和一定的刚度。

四、功能结构层

为了加强沥青路面各结构层的层间接触,避免层间产生滑动位移,保持路面结构的整体性而设置的沥青或沥青混合料联结层,称为功能结构层,包括透层、黏层、封层等三种。这些功能结构层不作为路面力学计算模型中的结构层,在路面厚度计算中不计其厚度。另外,用于排除路面结构内部水的排水层以及路面结构中按防冻要求设置的防冻层,也被称为功能结构层。

1. 透层

用于非沥青类材料层上,能透入表面一定深度,增强非沥青类材料层与沥青混合料层整体性的功能层,称为透层,也称为透层沥青或透层油。

沥青类面层下的级配沙砾、级配碎石基层及无机结合料稳定土或粒料的半刚性基层上必须浇洒透层沥青。基层上设置下封层时,透层油不宜省略。

2. 黏层

路面结构中起黏结作用的功能层,称为黏层,也称为黏层沥青或黏层油。黏层是加强面层间结合的一种措施。满足下列情况之一时,必须喷洒黏层油。

(1)双层式或三层式热拌热铺沥青混合料路面的沥青层之间。

(2)水泥混凝土路面、沥青稳定碎石基层或旧沥青路面上加铺沥青层。

(3)路缘石、雨水口、检查井等构造物与新铺沥青混合料接触的侧面。

3. 封层

路面结构中用以阻挡水下渗的功能层,称为封层。其中,铺筑在沥青面层表面的封层称为上封层,铺筑在沥青面层下面、基层表面的封层称为下封层。目前广泛使用的封层有稀浆封层和微表处两种类型。

稀浆封层,是指用适当级配的石屑或砂、填料(水泥、石灰、粉煤灰、石粉等)与乳化沥青、外掺剂和水,按一定比例拌和而成的流动状态的沥青混合料,将其均匀地摊铺在路面上形成的沥青封层;微表处,是指采用适当级配的石屑或砂、填料(水泥、石灰、粉煤灰、石粉等)与聚合物改性乳化沥青、外掺剂和水按一定比例拌和而成的流动状态的沥青混合料,将其均匀地摊铺在路面上形成的沥青封层。

五、热拌沥青混合料路面施工技术

（一）一般规定

1. 热拌沥青混合料（HMA）适用于各类等级公路的沥青路面。其种类按集料公称最大粒径、矿料级配、空隙率划分。

2. 各层沥青混合料应满足所在层位的功能性要求，便于施工，不方便离析。各层应连续施工并联结成为一个整体。当发现混合料结构组合及级配类型的设计不合理时，应进行修改、调整，以确保沥青路面的使用性能。

3. 沥青面层集料的最大粒径宜从上至下逐渐增大，并应与压实层厚度相匹配。对热拌热铺密级配沥青混合料，沥青层一层的压实厚度不宜小于集料公称最大粒径的 3 倍，对 SMA 和 OGFC 等嵌挤型混合料不宜小于公称最大粒径的 2.5 倍，以减少离析，便于压实。

（二）施工准备

1. 铺筑沥青层前，应检查基层或下卧沥青层的质量，不符合要求的不得铺筑沥青面层。旧沥青路面或下卧层已被污染时，必须清洗或经铣刨处理后方可铺筑沥青混合料。

2. 石油沥青加工及沥青混合料施工温度应根据沥青标号及黏度、气候条件、铺装层的厚度确定。

（1）普通沥青结合料的施工温度宜根据在 135 ℃及 175 ℃条件下测定的黏度—温度曲线按规定确定。缺乏黏度—温度曲线数据时，可依据实际情况确定使用高值或低值。当表中温度不符实际情况时，允许做适当调整。

（2）聚合物改性沥青混合料的施工温度根据实践经验并参照规定选择。通常宜较普通沥青混合料的施工温度提高 10~20 ℃。对采用冷态胶乳直接喷入法制作的改性沥青混合料，集料烘干温度应进一步提升。

（3）SMA 混合料的施工温度应视纤维品种和数量、矿粉用量的不同，在改性沥青混合料的基础上作适当提高。

（三）混合料的拌制

1. 沥青混合料必须在沥青拌和厂（场、站）采用拌和机械拌制。

（1）拌和厂的设置必须符合国家有关环境保护、消防、安全等规定。

（2）拌和厂与工地现场距离应充分考虑交通堵塞的可能，确保混合料的温度下降不超过要求，且不致因颠簸造成混合料离析。

（3）拌和厂应具有完备的排水设施。各种集料必须分隔贮存，细集料应设防雨顶棚，料场及场内道路应做硬化处理，禁止泥土污染集料。

2. 沥青混合料可采用间歇式拌和机或连续式拌和机拌制。高速公路和一级公路宜采用间歇式拌和机拌和。连续式拌和机使用的集料必须稳定不变，一个工程从多处进料、料源或质量不稳定时，不得采用连续式拌和机。

3. 沥青混合料拌和设备的各种传感器必须定期检定，周期不少于每年一次。冷料供料装置需经标定得出集料供料曲线。

4. 间歇式拌和机应满足下列要求。

（1）总拌和能力满足施工进度要求。拌和机除尘设备完好，能达到环保要求。

（2）冷料仓的数量满足配合比需要，通常不宜少于 6 个。具有添加纤维、消石灰等外掺剂的设备。

5. 集料与沥青混合料取样应符合现行试验规程的要求。从沥青混合料运料车上取样时必须在设置取样台分几处采集一定深度下的样品。

6. 集料进场宜在料堆顶部平台卸料，经推土机推平后，铲运机从底部按顺序竖直装料，减小集料离析。

7. 高速公路和一级公路施工用的间歇式拌和机必须配备计算机设备，拌和过程中逐盘收集并打印各个传感器测定的材料用量和沥青混合料拌和量、拌和温度等各种参数，每个台班结束时打印出一个台班的统计量，按照《公路沥青路面施工技术规范》（JTGF40—2004）中附录中的方法，进行沥青混合料生产质量及铺筑厚度的总量检验，总量检验的数据有异常波动时，应立刻停止生产，分析原因。

8. 沥青混合料的生产温度应符合要求。烘干集料的残余含水量不得大于 1%。

9. 拌和机的矿粉仓应配备振动装置以防止矿粉起拱。添加消石灰、水泥等外掺剂时，宜增加粉料仓，也可由专用管线和螺旋升送器直接加入拌和锅，若与矿粉混合使用时应注意二者因密度不同发生离析。

10. 拌和机必须有二级除尘装置，经一级除尘部分可直接回收使用，二级除尘部分可进入回收粉仓使用（或废弃）。对因除尘造成的粉料损失应补充等量的新矿粉。

11. 沥青混合料拌和时间依据具体情况经试拌确定，以沥青均匀裹覆集料为度。间歇式拌和机每盘的生产周期不宜少于 45 s（其中干拌时间不少于 10 s）。改性沥青和 SMA 混合料的拌和时间可适当延长。

12. 间歇式拌和机的振动筛规格要与矿料规格相匹配，最大筛孔宜略大于混合料的最大粒径，其余筛的设置应考虑混合料的级配稳定，并尽量使热料仓大体均衡，不同级配混合料必须配置不同的筛孔组合。

13. 间隙式拌和机宜备有保温性能好的成品储料仓，贮存过程中混合料温降不得大于 10 ℃ 且不能有沥青滴漏，普通沥青混合料的贮存时间不得超过 72 h，改性沥青混合料的贮存时间不宜超过 24 h，SMA 混合料只限当天使用，OGFC 混合料宜随拌随用。

14. 生产添加纤维的沥青混合料时，纤维必须在混合料中充分分散、拌和均匀。拌和机应配备同步添加投料装置，松散的絮状纤维可在喷入沥青的同时或稍后采用风送设备喷入拌和锅，拌和时间宜延长 5 s 以上。颗粒纤维可在粗集料投入的同时自动加入，经 5~10 s 的干拌后，再投入矿粉。工程量很小时也可分装成塑料小包或者由人工量取直接投入拌和锅。

15. 使用改性沥青时应随时检查沥青泵、管道、计量器是否受堵，堵塞时应及时清洗。

16. 沥青混合料出厂时应逐车检测沥青混合料的重量和温度，记录出厂时间，签发运料单。

（四）混合料的运输

1. 热拌沥青混合料宜采用较大吨位的运料车运输，但不得超载运输，或急刹车、急弯掉头使透层、封层造成损伤。运料车的运力应稍有富余，施工过程中摊铺机前方应有运料车等候。对高速公路、一级公路，宜待等候的运料车多于 5 辆后开始摊铺。

2. 运料车每次使用前后必须清扫干净，在车厢板上涂一薄层防止沥青黏结的隔离剂或防粘剂，但不得有余液积聚在车厢底部。从拌和机向运料车上装料时，应多次挪动汽车位置，平衡装料，以减少混合料离析。运料车运输混合料宜用雨布覆盖保温、防雨、防污染。

3. 运料车进入摊铺现场时，轮胎上不可沾有泥土等可能污染路面的赃物，否则宜设水池洗净轮胎后进入工程现场。沥青混合料在摊铺地点凭运料单接收，如果混合料不符合施工温度要求，或已经结成团块、已遭雨淋的不得铺筑。

4. 摊铺过程中运料车应在摊铺机前 100~300 mm 处停住，空挡等候，由摊铺机推动前进开始缓缓卸料，避免撞击摊铺机。在有条件时，运料车可将混合料卸入转运车经二次拌和后向摊铺机连续均匀的供料。运料车每次卸料必须倒净，特别是对改性沥青或 SMA 混合料，若有剩余，应及时清除，防止硬结。

5. SMA 及 OGFC 混合料在运输、等候过程中，如发现有沥青结合料沿车厢板滴漏时，应采取措施易于避免。

（五）混合料的摊铺

1. 热拌沥青混合料应采用沥青摊铺机摊铺，在喷洒有粘层油的路面上铺筑改性沥青混合料或 SMA 时，宜使用履带式摊铺机。摊铺机的受料斗应涂刷薄层隔离剂或防黏结剂。

2. 铺筑高速公路、一级公路沥青混合料时，一台摊铺机的铺筑宽度不宜超过 6 m（双车道）~7.5 m（三车道以上），通常宜采用两台或更多台数的摊铺机前后错开

10~20 m 成梯队方式同步摊铺，两幅之间应有 30~60 mm 宽度的搭接，并且躲开车道轨迹带，上、下层的搭接位置宜错开 200 mm 以上。

3. 摊铺机开工前应提前 0.5~1 h 预热熨平板不低于 100 ℃。铺筑过程中应选择熨平板的振捣或夯锤压实装置具有适宜的振动频率和振幅，以提高路面的初始压实度。熨平板加宽连接应仔细调节至摊铺的混合料没有明显的离析痕迹。

4. 摊铺机必须缓慢、均匀、连续不间断地摊铺，不可随意变换速度或中途停顿，以提高平整度，减少混合料的离析。摊铺速度宜控制在 2~6 m/min 的范围内。对改性沥青混合料及 SMA 混合料宜放慢至 1~3 m/min。当发现混合料出现明显的离析、波浪、裂缝、拖痕时，需分析原因，予以消除。

5. 摊铺机应采用自动找平方式，下面层或基层宜采用钢丝绳引导的高程控制方式，上面层宜采用平衡梁或雪橇式摊铺厚度控制方式，中面层根据情况选用找平方式。直接接触式平衡梁的轮子不得黏附沥青。铺筑改性沥青或 SMA 路面时宜采用非接触式平衡梁。

6. 沥青路面施工的最低气温应符合要求，寒冷季节遇大风降温，不能确保迅速压实时不得铺筑沥青混合料。每天施工开始阶段宜采用较高温度的混合料。

7. 沥青混合料的松铺系数应根据混合料类型由试铺试压确定。摊铺过程中应随时检查摊铺层厚度及路拱、横坡。

8. 摊铺机的螺旋布料器应相应于摊铺速度调整到保持一个稳定的速度均衡地转动，两侧应保持有不少于送料器 2/3 高度的混合料，以减少在摊铺过程中混合料的离析。

9. 用机械摊铺的混合料，不宜用人工反复修整。当不得不由人工做局部找补或更换混合料时，需仔细进行，特别严重的缺陷应整层铲除。

10. 在路面狭窄部分、平曲线半径过小的匝道或加宽部分，以及小规模工程不能采用摊铺机铺筑时可用人工摊铺混合料。人工摊铺沥青混合料应符合下列要求。

（1）半幅施工时，路中一侧宜事先设置挡板。

（2）沥青混合料宜卸在铁板上，摊铺时应扣锹布料，不得扬锹远甩。铁锹等工具宜沾防黏结剂或加热使用。

（3）边摊铺边用刮板整平，刮平时应轻重一致，控制次数，严防集料离析。

（4）摊铺不得中途停顿，并加快碾压。如因故不能及时碾压时，应立即停止摊铺，并对已卸下的沥青混合料覆盖苫布保温。

（5）低温施工时，每次卸下的混合料应覆盖苫布保温。

11. 在雨季铺筑沥青路面时，应加强与气象台（站）的联系，已摊铺的沥青层因遇雨未行压实的应予铲除。

（六）沥青路面的压实及成型

1. 压实成型的沥青路面应满足压实度及平整度的要求。

2. 沥青混凝土的压实层最大厚度不宜大于 100 mm，沥青稳定碎石混合料的压实层厚度不宜大于 120 mm。但当采用大功率压路机且经试验证明能达到压实度时允许增大到 150 mm。

3. 沥青路面施工应配备足够数量的压路机，选择合理的压路机组合方式及初压、复压、终压（包括成型）的碾压步骤，以达到最佳碾压效果。高速公路铺筑双车道沥青路面的压路机数量不宜少于 5 台。施工气温低、风大、碾压层薄时，压路机数量可适当增加。

4. 压路机应以慢而均匀的速度碾压，压路机的碾压速度应符合规定。压路机的碾压路线及碾压方向不应突然改变而导致混合料推移。碾压区的长度应大体稳定，两端的折返位置应随摊铺机前进而推进，横向不得在相同的断面上。

5. 压路机的碾压温度需符合要求，并根据混合料种类、压路机、气温、层厚等情况经试压确定。在不产生严重推移和裂缝的前提下，初压、复压、终压都应在尽可能高的温度下进行。并且不得在低温状况下作反复碾压，使石料棱角磨损、压碎，破坏集料嵌挤。

6. 沥青混合料的初压应符合下列要求。

（1）初压应在紧跟摊铺机后碾压，并保持较短的初压区长度，以尽快使表面压实，减少热量散失。对摊铺后初始压实度较大，经实践证明采用振动压路机或轮胎压路机直接碾压无严重推移而有良好效果时，可免去初压直接进入复压工序。

（2）通常宜采用钢轮压路机静压 1~2 遍。碾压时应将压路机的驱动轮面向摊铺机，从外侧向中心碾压，在超高路段则由低向高碾压，在坡道上应将驱动轮从低处向高处碾压。

（3）初压后应检查平整度、路拱，有严重缺陷时进行修整乃至返工。

7. 复压应紧跟在初压后进行，并有符合下列要求。

（1）复压应紧跟在初压后开始，且不得随意停顿。压路机碾压段的总长度应尽量缩短，通常不超过 60~80 m。采用不同型号的压路机组合碾压时宜安排每一台压路机做全幅碾压。防止不同部位的压实度不均匀。

（2）密级配沥青混凝土的复压宜优先采用重型的轮胎压路机进行揉搓碾压，以增加密水性，其总质量不宜小于 25 t，吨位不足时宜附加重物，使每一个轮胎的压力不小于 15 kN，冷态时的轮胎充气压力不小于 0.55 MPa，轮胎发热后不小于 0.6 MPa，且各个轮胎的气压大体相同，相邻碾压带应重叠 1/3~1/2 的碾压轮宽度，碾压至要求的压实度为止。

（3）对粗集料为主的较大粒径的混合料，尤其是大粒径沥青稳定碎石基层，宜优先采用振动压路机复压。厚度小于 30 mm 的薄沥青层不宜采用振动压路机碾压。振动压路机的振动频率宜为 35~50 Hz，振幅宜为 0.3~0.8 mm。层厚较大时选用高频率大振幅，以产生较大的激振力，厚度较薄时采用高频率低振幅，以避免集料破碎。相邻碾压带重叠宽度为 100~200 mm。振动压路机折返时应先暂停振动。

（4）当采用三轮钢筒式压路机时，总质量不宜小于 12 t，相邻碾压带宜重叠后轮的 1/2 宽度，并不应少于 200 mm。

（5）对路面边缘、加宽及港湾式停车带等大型压路机难于碾压的部位，宜采用小型振动压路机或振动夯板作补充碾压。

8.终压应紧接在复压后进行，如经复压后已无明显轨迹时可免去终压。终压可选用双轮钢筒式压路机或关闭振动的振动压路机碾压不宜少于 2 遍，至无明显轨迹为止。

9.SMA 路面的压实要符合以下要求。

（1）除沥青用量较低，经试验证明采用轮胎压路机碾压有良好效果外，不宜采用轮胎压路机碾压，以防将沥青结合料搓揉挤压上浮。

（2）SMA 路面宜采用振动压路机或钢筒式压路机碾压。振动压路机应遵循紧跟、慢压、高频、低幅的原则，即紧跟在摊铺机后面，采取高频率、低振幅的方式慢速碾压。如发现 SMA 混合料高温碾压有推拥现象，应复查其级配是否合适。

10.OGFC 宜采用小于 12 t 的钢筒式压路机碾压。

11. 碾压轮在碾压过程中应保持清洁，有混合料粘轮应立即清除。对钢轮可涂刷隔离剂或防黏结剂，但不准刷柴油。当采用向碾压轮喷水（可添加少量性剂）的方式时，必须严格控制喷水量且成雾状，不得漫流，以防混合料降温过快。轮胎压路机开始碾压阶段，可适当烘烤、涂刷少量隔离剂或防黏结剂，也可少量喷水，并先到高温区碾压使轮胎尽快升温，随后停止洒水。轮胎压路机轮胎外围宜加设围裙保温。

12. 压路机不得在未碾压成型路段上转向、调头、加水或停留。在当天成型的路面上，不可停放各种机械设备或车辆，不得散落矿料、油料等杂物。

（七）接缝

1.沥青路面的施工必须接缝紧密、连接平顺，不得产生明显的接缝离析。上下层的纵缝应错开 150 mm（热接缝）或 300~400 mm（冷接缝）以上。相邻两幅及上下层的横向接缝均应错位 1 m 以上。接缝施工应用 3 m 直尺检查，确保平整度符合要求。

2.纵向接缝部位的施工应符合下列要求。

（1）摊铺时采用梯队作业的纵缝应采用热接缝，将已铺部分留下 100~200 mm 宽暂不碾压，作为后续部分的基准面，然后作跨缝碾压以消除缝迹。

（2）当半幅施工或因特殊要素而产生纵向冷接缝时，宜加设挡板或加设切刀切齐，也可在混合料尚未完全冷却前用镐刨除边缘留下毛槎的方式，但不宜在冷却后采用切割机作纵向切缝。加铺另半幅前应涂洒少量沥青，重叠在已铺层上 50~100 mm，再铲走铺在前半幅上面的混合料，碾压时由边向中碾压留下 100~150 mm，再跨缝挤紧压实，或者先在已压实路面上行走碾压新铺层 150 mm 左右，然后压实新铺部分。

3. 高速公路和一级公路的表面层横向接缝应采用垂直的平接缝，以下各层可采用自然碾压的斜接缝，沥青层较厚时也可作阶梯形接缝。其他等级公路的各层都可采用斜接缝。

4. 斜接缝的搭接长度与层厚有关，宜为 0.4~0.8 m。搭接处应洒少量沥青，混合料中的粗集料颗粒应予以剔除，并补上细料，搭接平整，充分压实。阶梯形接缝的台阶经铣刨而成，并洒粘层沥青，搭接长度不宜小于 3 m。

5. 平接缝宜趁尚未冷透时用凿岩机或人工垂直刨除端部层厚不足的部分，使工作缝成直角连接。当采用切割机制作平接缝时，宜在铺设当天混合料冷却但尚未结硬时进行。刨除或切割不得损伤下层路面。切割时留下的泥水必须冲洗干净，待干燥后涂刷粘层油。铺筑新混合料接头应使接槎软化，压路机先进行横向碾压，再纵向碾压成为一体，充分压实，连接平顺。

（八）开放交通及其他

1. 热拌沥青混合料路面应待摊铺层完全自然冷却，混合料表面温度低于 50 ℃后，方可开放交通。需要提早开放交通时，可洒水冷却降低混合料温度。

2. 沥青路面雨期施工应符合下列要求。

（1）关注气象预报，加强工地现场、沥青拌和厂及气象台站之间的联系，控制施工长度，各项工序紧密衔接。

（2）运料车和工地应备有防雨设施，并做好基层及路肩排水。

（3）铺筑好的沥青层应严格控制交通，做好保护，保持整洁，不可造成污染，不准在沥青层上堆放施工产生的土或杂物，严禁在已铺沥青层上制作水泥砂浆。

六、常温沥青混合料路面施工技术

（一）一般规定

1. 冷拌沥青混合料适用于三级及三级以下的公路的沥青面层、二级公路的罩面层施工以及各级公路沥青路面的基层、连接层或整平层。冷拌改性沥青混合料可用于沥青路面的坑槽冷补。

2. 冷拌沥青混合料宜采用乳化沥青或液体沥青拌制，也可采用改性乳化沥青。

3. 冷拌沥青混合料宜采用密级配沥青混合料，当采用半开级配的冷拌沥青碎石混合料路面时应铺筑上封层。

（二）冷拌沥青混合料路面施工

1. 冷拌沥青混合料宜采用拌和厂机械拌和及沥青摊铺机摊铺的方式。缺乏厂拌条件时也可采用现场路拌及人工摊铺方式。冷拌沥青混合料施工需注意防止混合料离析。

2. 当采用阳离子乳化沥青拌和时，宜先用水使集料湿润，如果湿润后仍难于与乳液拌和均匀时，应改用破乳速度更慢的乳液，或者用1%~3%浓度的氯化钙水溶液代替水润湿集料表面。

3. 混合料适宜的拌和时间应根据实际情况调节并通过试拌确定，矿料中加进乳液后的机械拌和时间不宜超过30 s，人工拌和时间不宜超过60 s。

4. 已拌好的混合料应立刻运至现场进行摊铺，并在乳液破乳前结束。在拌和与摊铺过程中已破乳的混合料，应予废弃。

5. 乳化沥青冷拌混合料摊铺后宜采用6 t左右的轻型压路机初压1~2遍，使混合料初步稳定，再用轮胎压路机或钢筒式压路机碾压1~2遍。当乳化沥青开始破乳、混合料由褐色变成黑色时，改用12~15 t轮胎压路机碾压，将水分挤出，复压2~3遍后停止，待晾晒一段时间，水分基本蒸发后继续复压至密实为止。当压实过程中有推移现象时应停止碾压，待稳定后再碾压。当天不能完全压实时，可在较高气温状态下补充碾压。当缺乏轮胎压路机时，也可采用钢筒式压路机或较轻的振动压路机碾压。

6. 乳化沥青混合料路面的上封层应在压实成型、路面水分完全蒸发后加铺。

7. 乳化沥青混合料路面施工结束后宜封闭交通2~6 h，并注意做好早期养护。开放交通初期，应设专人指挥，车速不能超过20 km/h，不可刹车或掉头。

8. 冷拌沥青混合料施工遇雨应立即停止铺筑，以防雨水将乳液冲走。

（三）冷补沥青混合料

1. 用于修补沥青路面坑槽的冷补沥青混合料宜采用适宜的改性沥青结合料制造，并具有良好的耐水性。

2. 冷补沥青混合料的矿料级配宜按照要求执行。沥青用量通过试验并根据实际使用效果确定，通常宜为4%~6%。其级配应符合补坑的需要，粗集料级配必须具有充分的嵌挤能力，以便在未经充分碾压的条件下可开放通车碾压而不松散。

3. 冷补沥青混合料的质量宜符合下列要求。

（1）制造冷补沥青混合料的集料必须符合《公路沥青路面施工技术规范》（JTGF40-2004）热拌沥青混合料集料的质量要求。

（2）有良好的低温操作和易性。用于冬季寒冷季节补坑的混合料，应在松散状

态下经 –10 ℃的冰箱保持 24 h 无明显的凝聚结块现象，且能用铁铲方便地拌和操作。

（3）有良好的耐水性，混合料按水煮法或水浸法检验的抗水剥落性能（裹覆面积）不得小于 95%。

（4）冷补沥青混合料应有足够的黏聚性，马歇尔试验稳定度宜不小于 3 kN。

① 黏聚性试验方法。将冷补材料 800 g 装入马歇尔试模中，放入 4 ℃恒温室中 2~3 h，取出后双面各击实 5 次，制作试件，脱模后放在标准筛上，将其直立并使试件沿筛框来回滚动 20 次，破损率不得大于 40%。

② 冷补沥青混合料马歇尔试验方法。称混合料 1180 g 在常温下装入试模中，双面各击实 50 次，连同试模一起以侧面竖立方式置于 110 ℃烘箱中养生 24 h，取出后再双面各击实 25 次，再连同试模在室温中竖立放置 24 h，脱模后在 60 ℃恒温水槽中养生 30 min，进行马歇尔试验。

七、透层、粘层施工技术

（一）透层

1. 沥青路面各类基层都必须喷洒透层油，沥青层必须在透层油完全渗透入基层后方可铺筑。基层上设置下封层时，透层油不宜省略。气温低于 10 ℃或大风、即将降雨时不可喷洒透层油。

2. 根据基层类型选择渗透性好的液体沥青、乳化沥青、煤沥青作透层油，喷洒后通过钻孔或挖掘确认透层油渗透入基层的深度宜不小于 5 mm（无机结合料稳定集料基层）~10 mm（无结合料基层），并能与基层联结成为一体。

3. 透层油的黏度通过调节稀释剂的用量或乳化沥青的浓度得到适宜的黏度，基质沥青的针入度一般宜不小于 100。透层用乳化沥青的蒸发残留物含量允许根据渗透情况适当调整，当使用成品乳化沥青时可通过稀释得到要求的黏度。透层用液体沥青的黏度通过调节煤油或轻柴油等稀释剂的品种和掺量经试验确定。

4. 透层油的用量通过试洒确定，不宜超出相关要求的范围。

5. 用于半刚性基层的透层油宜紧接在基层碾压成型后表面稍变干燥但尚未硬化的情况下喷洒。

6. 在无结合料粒料基层上洒布透层油时，宜在铺筑沥青层前 1~2 d 洒布。

7. 透层油宜采用沥青洒布车一次喷洒均匀，使用的喷嘴宜根据透层油的种类和黏度选择并确保均匀喷洒，沥青洒布车喷洒不均匀时宜改用手工沥青洒布机喷洒。

8. 喷洒透层油前应清扫路面，遮挡防护路缘石及人工构造物避免污染，透层油必须洒布均匀，有花白遗漏应人工补洒，喷洒过量的立即洒布石屑或砂吸油，必要时做适当碾压。透层油洒布后不得在表面形成能被运料车和摊铺机粘起的油皮，透层油达不到渗透深度要求时，需更换透层油稠度或品种。

9. 透层油洒布后的养生时间随透层油的品种和气候条件由试验确定，确保液体沥青中的稀释剂全部挥发，乳化沥青渗透且水分蒸发，然后尽早铺筑沥青面层，防止工程车辆损坏透层。

（二）粘层

1. 满足下列情况之一时，必须喷洒粘层油。

（1）双层式或三层式热拌热铺沥青混合料路面的沥青层之间。

（2）水泥混凝土路面、沥青稳定碎石基层或旧沥青路面层上加铺沥青层。

（3）路缘石、雨水口，检查井等构造物与新铺沥青混合料接触的侧面。

2. 粘层油宜采用快裂或中裂乳化沥青、改性乳化沥青，也可采用快、中凝液体石油沥青，其规格和质量应满足《公路沥青路面施工技术规范》（JTGF40-2004）的要求，所使用的基质沥青标号宜与主层沥青混合料一致。

3. 粘层油品种和用量，应根据下卧层的类型通过试洒确定。当粘层油上铺筑薄层大空隙排水路面时，粘层油的用量宜增加到 0.6~1.0 L/m²。在沥青层之间兼作封层而喷洒的粘层油宜采用改性沥青或改性乳化沥青，其用量宜不少于 1.0 L/m²。

4. 粘层油宜采用沥青洒布车喷洒，并选择适宜的喷嘴，洒布速度和喷洒量保持稳定。当采用机动或手摇的手工沥青洒布机喷洒时，必须由熟练的技术工人操作，均匀洒布。气温低于 10 ℃时不得喷洒粘层油，寒冷季节施工不得不喷洒时可以分成两次喷洒。路面潮湿时不可喷洒粘层油，用水洗刷后需待表面干燥后喷洒。

5. 喷洒的粘层油必须成均匀雾状，在路面全宽度内均匀分布成一薄层，不得有洒花漏空或成条状，也不能有堆积。喷洒不足的要补洒，喷洒过量处应予刮除。喷洒粘层油后，严禁运料车外的其他车辆和行人通过。

6. 粘层油宜在当天洒布，待乳化沥青破乳、水分蒸发完成，或稀释沥青中的稀释剂基本挥发完成后，紧跟着铺筑沥青层，确保粘层不受污染。

八、道路水泥混凝土面层施工原材料技术要求

（一）水泥

1. 特重、重交通路面宜采用旋窑道路硅酸盐水泥，也可以采用旋窑硅酸盐水泥或普通硅酸盐水泥；中、轻交通的路面可采用矿渣硅酸盐水泥；低温天气施工或有快通要求的路段可采用 R 型水泥，另外宜采用普通型水泥。

2. 水泥进场时每批量应附有化学成分、物理、力学指标合格的检验证明。

3. 选用水泥时，除满足强度要求和各项化学、物理指标外，还需通过混凝土配合

比试验，根据其配制弯拉强度、耐久性和工作性优选适宜的水泥品种、强度等级。

4. 采用机械化铺筑时，宜选用散装水泥。散装水泥的夏季出厂温度：南方不宜高于 65 ℃，北方不宜高于 55 ℃；混凝土搅拌时的水泥温度：南方不宜高于 60 ℃，北方不宜高于 50 ℃，且不宜低于 10 ℃。

5. 当贫混凝土和碾压混凝土用作基层时，可使用各种硅酸盐类水泥。不掺用粉煤灰时，宜使用强度等级 32.5 级以下的水泥。掺用粉煤灰时，只能使用道路水泥、硅酸盐水泥、普通水泥。水泥的抗压强度、抗折强度、安定性和凝结时间必须检验合格。

（二）粉煤灰及其他掺合料

1. 混凝土路面在掺用粉煤灰时，需掺用质量指标符合规定的电收尘 I 、II 级干排或磨细粉煤灰，不可使用 II 级粉煤灰。贫混凝土、碾压混凝土基层或复合式路面下面层应掺用符合规定的 1 级或 2 级以上粉煤灰，不得使用等外粉煤灰。

2. 粉煤灰宜采用散装灰，进货应有等级检验报告。应确切了解所用水泥中已经加入的掺合料种类和数量。

3. 路面和桥面混凝土中可使用硅灰或磨细矿渣，使用前应经过试配检验，确保路面和桥面混凝土弯拉强度、工作性、抗磨性、抗冻性等技术指标合格。

（三）粗集料

1. 粗集料应使用质地坚硬、耐久、洁净的碎石、碎卵石和卵石。高速公路、一级公路、二级公路以及有抗冻（盐）要求的三、四级公路混凝土路面使用的粗集料级别应不低于 II 级，无抗（盐）冻要求的三、四级公路混凝土路面、碾压混凝土及贫混凝土基层可使用四级粗集料。有抗（盐）冻要求时，1 级集料吸水率不应大于 1.0%，II 级集料吸水率不应大于 2.0%。

2. 用于路面和桥面的混凝土的粗集料不得使用不分级的统料，应按最大公称粒径的不同采用 2~4 个粒级的集料进行掺配，并应符合合成级配的要求。卵石最大公称粒径不宜大于 19.0 mm，碎卵石最大公称粒径不宜大于 26.5 mm，碎石最大公称粒径不应大于 31.5 mm。贫混凝土基层粗集料最大公称粒径不应大于 31.5 mm，钢纤维混凝土与碾压混凝土粗集料最大公称粒径不宜大于 19.0 mm。碎卵石或碎石中粒径小于 75 μm 的石粉含量不宜大于 1.0%。

（四）细集料

1. 细集料应采用质地坚硬、耐久、洁净的天然砂、机制砂或混合砂。高速公路、一级公路、二级公路以及有抗（盐）冻要求的三、四级公路混凝土路面使用的砂应不低于 II 级，无抗（盐）冻要求的三、四级公路混凝土路面、碾压混凝土及贫混凝土基层可采用 II 级砂。特重、重交通混凝土路面宜使用河砂，砂的硅质含量不应低于 25%。

2. 细集料的级配要求应符合规定，路面和桥面用天然砂宜为中砂，也可使用细度模数在 2.0~3.5 之间的砂。同一配合比用砂的细度模数变化范围不应超过 0.3，否则，应分别堆放，并调整配合比中的砂率后使用。

3. 路面和桥面混凝土所使用的机制砂除要符合规定外，还应检验砂浆磨光值，其值宜大于 35，不宜使用抗磨性较差的泥岩、页岩、板岩等水成岩类母岩品种生产机制砂。配制机制砂混凝土应同时掺引气高效减水剂。

4. 在河砂资源紧缺的沿海地区，二级及二级以下公路混凝土路面和基层可使用淡化海砂，缩缝设传力杆混凝土路面不宜使用淡化海砂；钢筋混凝土及钢纤维混凝土路面和桥面不得使用淡化海砂。尚应符合下述规定。

（1）淡化海砂带入每立方米混凝土中的含盐量不可大于 1.0 kg。

（2）淡化海砂中碎贝壳等甲壳类动物残留物含量不应大于 1.0%。

（3）与河砂对比试验，淡化海砂要对砂浆磨光值、混凝土凝结时间、耐磨性、弯拉强度等无不利影响。

5. 水

饮用水可直接作为混凝土搅拌和养护用水。对水质有疑问时，需检验下列指标，合格者方可使用。

（1）硫酸盐含量小于 0.0027 mg/ mm^3。

（2）含盐量不能超过 0.005 mg/ mm^3。

（3）pH 不得小于 4。

（4）不能含有油污、泥和其他有害杂质。

6. 外加剂

（1）外加剂的产品质量应符合各项技术指标。供应商应提供有相应资质的外加剂检测机构的品质检测报告，检测报告应说明外加剂的主要化学成分，认定对人员无毒副作用。

（2）引气剂应选用表面张力降低值大、水泥稀浆中起泡容量多而细密、泡沫稳定时间长、不溶残渣少的产品。有抗冰（盐）冻要求地区，各交通等级路面、桥面、路缘石、路肩及贫混凝土基层必须使用引气剂；无抗冰（盐）冻要求地区，二级及二级以上公路路面混凝土中应使用引气剂。

（3）各交通等级路面、桥面混凝土宜选用减水率大、坍落度损失小、可调控凝结时间的复合型减水剂。高温施工宜使用引气缓凝（保塑）（高效）减水剂，低温施工宜使用引气早强（高效）减水剂。选定减水剂品种前，必须与所用的水泥进行适应性检验。

（4）处在海水、海风、氯离子、硫酸根离子环境或冬季撒除冰盐的路面或桥面钢筋混凝土、钢纤维混凝土中宜掺阻锈剂。

7. 钢筋

（1）各交通等级混凝土路面、桥面和搭板所用钢筋网、传力杆、拉杆等钢筋应符合国家有关标准的技术要求。

（2）各交通等级混凝土路面、桥面和搭板所用钢筋应顺直，不得有裂纹、断伤、刻痕、表面油污和锈蚀。传力杆钢筋加工应锯断，不得挤压切断；断口应垂直、光圆，用砂轮打磨掉毛刺，并加工成 2~3 mm 圆倒角。

8. 钢纤维

（1）用于公路混凝土路面和桥面的钢纤维除应满足《混凝土用钢纤维》（YB/T 151-1999）的规定外，还应符合下列技术要求。

① 单丝钢纤维抗拉强度不宜小于 600 MPa。

② 钢纤维长度应与混凝土粗集料最大公称粒径相匹配，最短长度宜大于粗集料最大公称粒径的 1/3；最大长度宜大于粗集料最大公称粒径的 2 倍；钢纤维长度与标称值的偏差不应超过 ±10%。

（2）路面和桥面混凝土中，宜使用防锈蚀处理的钢纤维及有锚固端的钢纤维。不得使用表面磨损前后裸露尖端导致行车不安全的钢纤维。不宜使用搅拌易成团的钢纤维。

9. 接缝材料

（1）应选用能适应混凝土面板膨胀和收缩、施工时不变形、弹性复原率高、耐久性好的胀缝板。高速公路、一级公路宜采用塑胶、橡胶泡沫板或沥青纤维板，其他公路可采用各种胀缝板。

（2）填缝材料应具有与混凝土板壁黏结牢固、回弹性好、不溶于水、不渗水、高温时不挤出、不流淌、抗嵌入能力强、耐老化龟裂，负温拉伸量大，低温时不脆裂、耐久性好等特点。填缝料有常温施工式和加热施工式两种。常温施工式填缝料主要有聚（氨）酯、硅树脂类，氯丁橡胶、沥青橡胶类等。加热施工式填缝料主要有沥青玛碲脂类、聚氯乙烯胶泥类、改性沥青类等。高速公路、一级公路应优先使用树脂类、橡胶类或改性沥青类填缝材料，并宜在填缝料中加入耐老化剂。

（3）填缝时应使用背衬垫条控制填缝形状系数。背衬垫条要具有良好的弹性、柔韧性，不吸水，耐酸碱腐蚀和高温不软化等性能。背衬垫条材料有聚氨酯、橡胶或微孔泡沫塑料等，其形状应为圆柱形，直径要比接缝宽度大 2~5 mm。

第三章　桥梁工程技术

第一节　桥梁的组成分类及施工技术

一、桥梁的组成和分类

（一）桥梁的组成

1. 组成结构

概括来讲，桥梁由上部结构、下部结构、支座系统和附属设施等四个基本部分组成。上部结构通常又称桥跨结构，是在线路中断时跨越障碍的主要承重结构；下部结构包括桥墩、桥台和基础；桥梁附属设施包括桥面系、伸缩缝、桥头搭板和锥形护坡等，桥面系包括桥面铺装（或称行车道铺装）、排水防水系统、栏杆（或防撞栏杆）、灯光照明等。

2. 相关术语名称

（1）净跨径。对于梁式桥是设计洪水位上相邻两个桥墩（或桥台）之间的净距，用 l0 表示；对于拱式桥则是每孔拱跨两个拱脚截面；最低点之间的水平距离。

（2）总跨径。是多孔桥梁中各孔净跨径的总和，也称桥梁孔径（∑l0），其反映了桥下宣泄洪水的能力。

（3）计算跨径。对于具有支座的桥梁，是指桥跨结构相邻两个支座中心之间的距离，用 l 表示。对于拱式桥拱圈（或拱肋）各截面形心点的连线称为拱轴线，计算跨径为拱轴线两端点之间的水平距离。

（4）桥梁全长。简称桥长，是桥梁两端两个桥台的侧墙或八字墙后端点之间的距离，以 L 表示。对于无桥台的桥梁为桥面系行车道的全长。

（5）桥梁高度。简称桥高，是指桥面与低水位之间的高差或为桥面与桥下线路路面之间的距离。桥高在某种程度上反映了桥梁施工的难易性。

（6）桥下净空高度。是设计洪水位或计算通航水位至桥跨结构最下缘之间的距离，以 H 表示，其应确保能安全排洪，并不可小于对该河流通航所规定的净空高度。

（7）桥梁建筑高度。是桥上行车路面（或轨顶）标高至桥跨结构最下缘之间的距离，其不仅与桥梁结构的体系和跨径的大小有关，而且还随行车部分在桥上布置的高度位置而异。公路（或铁路）定线中所确定的桥面（或轨顶）标高，与通航净空顶部标高之差，又称为容许建筑高度。桥梁的建筑高度不可大于其容许建筑高度，否则就不能确保桥下的通航要求。

（8）净矢高。是从拱顶截面下缘至相邻两拱脚截面下线最低点之连线的垂直距离，用 f_0 表示；矢高，是从拱顶截面形心至相邻两拱脚截面形心之连线的垂直距离，用 f 表示。

（9）矢跨比。是拱桥中拱圈（或拱肋）的计算矢高 f 与计算路径 l 之比（f/l），也称拱矢度，其是反映拱桥受力特性的一个重要指标。

（二）桥梁的分类

1. 桥梁的基本体系。按结构体系划分，有梁式桥、拱桥、刚架桥、悬索桥等四种基本体系。还有其他几种由基本体系组合而成的组合体系等。

（1）梁式体系。是古老的结构体系。梁作为承重结构是以其抗弯能力来承受荷载的。梁分简支梁、悬臂梁、固端梁和连续梁等。悬臂梁、固端梁和连续梁都是利用支座上的卸载弯矩去减少跨中弯矩，使梁跨内的内力分配更合理，以同等抗弯能力的构件断面就可建成更大跨径的桥梁。

（2）拱式体系。其主要承重结构是拱肋（或拱箱），以承压为主，可以采用抗压能力强的圬工材料（石、混凝土与钢筋混凝土）来修建。拱分单铰拱、双铰拱、三铰拱和无铰拱。拱是有水平推力的结构，对地基要求较高，一般常建于地基良好的地区。

（3）刚架桥。是介于梁与拱之间的一种结构体系，其是由受弯的上部梁（或板）结构与承压的下部柱（或墩）整体结合在一起的结构。因梁与柱的刚性连接，梁因柱的抗弯刚度而得到卸载作用，整个体系是压弯结构，也是有推力的结构。刚架分直腿刚架与斜腿刚架。刚架桥施工较复杂，一般用于跨径不大的城市桥或公路高架桥和立交桥。

（4）悬索桥。就是指以悬索为主要承重结构的桥。其主要构造是：缆、塔、锚、吊索及桥面，一般还有加劲梁。其受力特征是：荷载由吊索传至缆，再传至锚墩，传力途径简捷、明确。悬索桥的特点是：构造简单，受力明确；在同等条件下，跨径越大，单位跨度的材料耗费越少、造价越低。悬索桥是大跨桥梁的主要形式。

（5）组合体系。①连续刚构：连续刚构是由梁和刚架相结合的体系，其是预应力混凝土结构采用悬臂施工法而发展起来的一种新体系。②梁、拱组合体系：这类体系中有系杆拱、桁架拱、多跨拱梁结构等。它们利用梁的受弯与拱的承压特点组成联合结构。③斜拉桥：其是由承压的塔、受拉的索与承弯的梁体组合起来的一种结构体系。

2. 桥梁的其他分类

（1）按用途划分：有公路桥、铁路桥、公路铁路两用桥、农桥、人行桥、运水桥（渡槽）及其他专用桥梁（比如通过管路、电缆等）。

（2）按桥梁全长和跨径的不同分。有特大桥、大桥、中桥和小桥等。

（3）按主要承重结构所用的材料划分。有圬工桥（包括砖、石、混凝土桥）、钢筋混凝土桥、预应力混凝土桥、钢桥和木桥等。

（4）按跨越障碍的性质分。有跨河桥、跨线桥（立体交叉）、高架桥和栈桥等。

（5）按上部结构的行车道位置分。有上承式桥、下承式桥和中承式桥等。

二、桥梁下部结构施工

（一）桥梁基础施工

桩是竖直或微倾斜的基础构件，它的截面尺寸比长度小得多。桩被设置在土中，把作用于上部结构的荷载和力传递给地基土。桩的长度与设置方法，以及桩的工作方式，都会有很大变化。因此，桩很容易适应于不同情况和要求。桩基础是桥梁基础中的常用形式。

1. 桩和桩基础的类型及特点

桩基础绝大多数采用钢筋混凝土桩，个别情况用木桩或钢桩等。桩的种类繁多，分类方法很多，常见的有如下几种。

（1）按材料分类

钢筋混凝土桩；预应力钢筋混凝土桩；高强度混凝土桩；钢管混凝土桩；钢桩；木桩；板桩等。

（2）按受力条件分类

按桩与周围上的作用性质可以分为摩擦桩与柱桩等。

（3）按施工方法分类

①钻（挖）孔灌注桩。机械挖土成孔的全套筒桩；反循环钻孔桩；抓钻成孔桩；人工挖土桩；换土桩等。

②打入桩、振动下沉桩及管柱基础预应力混凝土桩；钢管桩；高强度混凝土桩（高压蒸气养护桩）；钢筋混凝土桩；混凝土桩；木桩等。

③其他

桩基础网状基础。

2. 桩与桩基

（1）单桩与桩群

单桩有时也作为独立的基础，但通常由两根或两根以上的桩组成桩群支撑桩顶的承台作桥梁基础，桩与承台联结时必须牢固可靠。

（2）承台

分低桩承台和高桩承台。

①低桩承台底面位于局部冲刷线以下，埋置深度符合规定要求，不承受水平力（被周围土压力抵消），仅承受轴向压力，无水平位移产生。

②高桩承台底面位于局部冲刷线以上，埋置深度小于规定要求，不仅承受轴向力，还承受弯矩和水平剪力，常发生水平位移，这对设置斜桩及稳定有利。

（3）基桩的排列主要有行列式和梅花式，在立面有竖直桩和斜桩。采用行列式时施工方便；梅花式可用于承台面积少，桩基根数多时，但是施工不如行列式方便。

3. 钻（挖）孔灌注桩基础的施工

钻（挖）孔灌注桩施工包括用人工开挖或机械钻（挖）成孔，就地灌注混凝土或钢筋混凝土，使之成桩而构成桥梁基础。

（1）挖孔灌注桩的施工

①挖孔桩的施工条件

挖孔桩适用于无水或少水的各种土层，地表陡峻土中多漂石、块石的山区地带。挖孔桩基础施工具有开挖机具简单，不受地形限制，适应性强，形状、孔径和设备不受限制，容易确保质量，施工进度快，劳力耗费少，造价低等特点。但是其作业面小，桩不宜过长，竖井不宜挖得过深，方桩的边长或圆柱形桩孔径不宜小于 1.4 m，孔深不能大于 15 m。

②开挖桩孔

开挖前，应整平桩位附近的地面、清除杂物、换填软土、夯打密实、在四周设置临时防护。若桩位于浅水区，可采用围堰开挖，并在孔周挖排水沟，搭雨棚提升设备，布置出渣道路，即把弃渣地点设在距桩孔 10 m 以外，以免坍塌，堵塞孔道。

挖孔应根据桩位处地质、水文、土质条件安全可靠，快速等原则因地制宜地进行。开挖顺序一般由土质及桩孔布置决定，不能在相邻两孔同时开挖，以免因间隔薄和支承力不足造成塌孔。在一墩有四孔时，需对角或间隔开挖，若桩孔间隔较大，土质较好也可同时开挖。作业工具可用铲、镐、锹等，若遇到顽石时，可使用爆破手段。孔壁支护可采取预制或现浇混凝土、小井圈及安装木框架、竹篱、柳条、荆笆等方法。框架护壁适用于孔壁基本稳定，局部坍落不严的桩孔，它比较方便，可随挖随支，使施工有连续性；混凝土护壁可用于各种地层，强度高，安全性好，特别是喷射混凝土支护更具有特色，这种护壁不需拆除而成为基础的一部分；预制钢筋混凝土圆筒支护适用于圆形基础，防止孔壁坍落的效果高，但与孔壁联结不牢，不易顺利下沉，也难确保位置正确，灌注基础时又难取出，若改用就地灌注混凝土圆筒支护，则能避免以上弱点，但进度慢，开挖与支护不能同时进行。

挖孔桩时应注意以下事宜。

A. 严格控制桩孔净空尺寸和平面位置，孔中线误差不能大于桩长 15%，截面尺寸应符合设计要求。

B. 做好排水防水工作，阻止水在井壁浸流，造成塌孔。

C. 摩擦桩的支撑不能采用无法拆除的木框架，对在截面上出现拉应力的混凝土护壁，不能作为桩的部分，其标号不能低于桩身混凝土。

D. 要注意施工安全，孔内应有照明，提取土碴的机具，操作人员应戴安全帽，系安全绳，井口围护要高出地面 0.2~0.3 m；要防止土石等杂物掉入孔内伤人；施工暂停时，要罩盖孔口，桩深超过 10 m 时，应有通风设备以防 CO_2 浓度过大，引起井下工人中毒。

E. 孔内爆破要用电力引爆，采用多次浅眼爆炸时应严格控制药量，爆破前井内人员要撤离至安全地带，爆破后应先通风排烟，经检查无毒后，才可孔内除渣。

F. 桩孔开挖及支护应连续作业，不宜中途停顿，以防坍孔。

③灌注桩身

终孔后应立刻对桩孔的净空尺寸，孔底地质情况进行检查，满足设计要求时，则可清洗孔底，放出桩轴线，灌注桩身。孔桩的配筋，可在孔内绑扎或孔外预扎，灌注用混凝土坍落度一般为 7~9 cm，若用导管灌注时，可让混凝土从管中自由坠落，导管应对准桩心，孔底水深不得超过 5 cm，灌注速度要快，使混凝土对孔壁压力尽快地大于渗水处的水压力，并要求一次连续灌完。在干燥无水或少水处，可采用一般灌筑的方法，可让混凝土沿串筒或导管流下。若桩孔底渗水量上升速度大于 6 mm/h，水难以排除，可采用水中灌注方法。当灌注至桩顶后，应将离析的拌合物和水泥浮浆清除干净。灌注时切忌拆除孔壁支护。若地质条件允许，可采用可拆式钢护筒（或钢筋混凝土护筒），在灌注和拆筒过程中，应始终使混凝土面比护筒底端最少高出 1.5~2.0 m。

（2）钻孔机具

钻孔机具主要有旋转钻机，冲击钻机和冲抓钻机三类，它们主要由钻头、抽渣筒、钻架及升降钻进工具等组成，并通过护筒用卷筒的齿轮驱动钻机成孔。

①旋转式钻机

旋转式钻机适用于冲积层较厚的黏性土，砂性土、砂卵石等土层，还可钻进软岩或风化岩层，钻孔直径可达 1.5 m。按照成孔时泥浆循环程序分为正循环和反循环钻机。

转盘上设有驱动钻杆的回转机构，钻头（钻具）用于正循环钻机的有回转式刺猬钻头，圆柱式和鱼尾，笼式，三翼式钻头等。

② 冲击式钻机

冲击式钻机适用于各种土壤，粘砂土，砂黏土，沙砾和岩层。尤其是对漂卵石和基岩钻孔比其他型号钻机效果更好。

③ 冲抓式钻机

冲抓式钻机适用于黏性土，砂黏土类碎石（夹粒径 50~100 mm），含量在 40% 以内的卵石，软松而无地下水的地层不宜在大漂石和基岩中钻孔。它主要由冲抓锥，钻架，起吊设备等组成。冲抓锥由锥身及锥瓣两部分组成；钻架可用木料或型钢加工制造；起吊设备主要是卷扬机，其牵引力要大于锥头及碴的总重量。

④ 人力推钻

人力推钻适用于软土、软塑或硬塑的黏土，砂性土（粉砂到粗砂），沙砾和砂卵石等地层。可用简易的旋转钻头配置必要的钻架，钻杆，卷扬机和其他辅助设备作业。钻架用木或钢制，有三脚扒杆，三脚架和四脚架等；钻头有土锥，大锅卵石锥，螺旋锥等形式，土锥适用于松散土层，这是一种提升锥头，锥身一般用 3 mm 厚的钢板制作，支架为钢筋，同大锅卵石锥一样顶部有很小的扩孔力，锥底很短，并且带锥尖，钻孔时，被切削的土块砂石钻头腹膛内，当装满后即暂停，提出钻头，打开底部清除钻渣后继续钻进；螺旋锥的作用是把紧密的卵石层搅松，将卵石挤进孔壁，它一般与大锥钻头配合使用，可以用圆钢制作。

（3）钻孔桩施工工艺

① 基本情况

销孔桩工艺适用性强，不受地质条件限制，能够在松软地层和地下水严重发育地区施工，钻孔深度可达 100 m 以上。按力学性能可分为摩擦桩和柱桩，按承台位置可分为高桩和低桩承台；按施工方法有冲击成孔、旋转成孔和冲抓成孔桩等。桩孔大都采用圆形，孔径大小根据钻头尺寸确定，常比钻头直径大 10~15 cm。终孔后一般灌注水下混凝土成桩。

② 钻孔的准备工作

钻孔前需做好布置场地，桩位测量，埋设护筒，安装钻机，准备和回收泥浆等项工作。

A. 布置钻孔场地

浅水区可采用筑岛法钻孔；深水区可搭设工作平台钻孔，平台应能牢固地支承钻机操作和方便的撤出。若水流平稳，钻机可在船上作业；若流速较大，河床可整理平顺时，则用钢筋混凝土薄壁围堰或沉井浮运就位灌水下沉落床，在堰内安护筒钻孔。场地布置应对施工用水泥浆供应、排防水、动力供应，桩身灌注、钢筋骨架的绑扎和吊运等作统一安排。

B. 埋设护筒

埋设方法由桩位处的地质和水文情况决定。在旱地，浅水和深水处可分别用挖埋法，筑岛法，平台沉入法等。埋设护筒的目的是固定桩位，保护桩孔口不坍塌；隔离地面水，保持孔内水位高出施工水位；维护孔壁及钻孔导向等。护筒按结构形式可以分为拼合式和整节式；按材料又可分为钢护筒、木护筒和钢筋混凝土护筒。木护筒一般厚 3~5 cm、重量轻、使用方便，易损坏，不宜在深水中作业；钢护筒厚约 2~4 mm，拼装和接长方便，适应性强，可多次使用；护筒应坚实，不漏水，能多次使用，内径应比桩孔直径大；应比机动冲击，冲抓和旋转钻的内径约大 20~30 cm，其高根据地质、地下水位和施工水位而定。旱地护筒应高出地面约 30 cm；桩口处于水上，地质良好不易坍孔时，可高出施工水位 1.0~1.5 m；桩口处于水上，地质不良，容易坍孔时，可高出 1.5~2.0 m；当钻孔内有承压水时，护筒应高出稳定水位 1.5~2.0 m；有潮水涨落时，应高出最高潮水位 1.0~1.5 m。旱地或浅水区埋设护筒时，底部应埋入天然地基土层内，与四周接触一定范围内，应夯填黏土，防止漏水。若旱地土质紧密防漏，护筒可用挖埋法安设；浅水中用筑岛法埋设；在深水或河床松软覆盖土较厚处沉入的护筒，可先设导向设备定位，护筒吊起后沿导向设备下沉，并配合压重、射水、振动、抓泥或锤击等。底端沉到较坚实地层（或基桩施工）时，应沉至局部冲刷线以下，且不能小于 0.5~1.0 m，以防底端穿孔向外漏水、漏泥浆或由护筒外向孔内翻砂，而导致底脚悬空坍孔，此外，还要防止混凝土由底端向外漏失。

C. 泥浆工作

泥浆的作用是在钻孔时悬浮钻渣、加固孔壁、防止坍孔、起护壁作用。同时，还可以冷却钻头，避免钻头冲击时因摩擦产生高温而变形。泥浆用黏土制作，黏土应经严格挑选，不得含砂、石、石膏等杂物。优质的黏土干块、碎块放入水中不分解而只膨胀，用刀切开时应呈光滑、明亮的表面。亚黏土的塑性不得小于 15%，大于 0.1 mm 的颗粒不得超过 6%。泥浆可用搅拌机或其他简易方法加水制作，并应尽快灌注到孔底。旋转钻孔泥浆需要量大，如在漂卵石地层中钻孔 1 m³ 约需黏土 500~700 kg，故应设法回收泥浆重复使用，这需准备泥浆槽，沉淀池等设施，以供净化后循环使用。泥浆槽的长度不应小于 15 m，槽底坡度不得大于 1%；沉淀池的容积在使用反循环钻机时（包括供水池容积），约为钻机体积的 1.2~2.0 倍；使用正循环钻机时，约为钻机体积的 1/3~1/2。水中钻孔时，可将池和槽设在船上。泥浆泵的规格可结合钻杆内径、钻孔直径和深度、悬浮钻渣所需最小上升流速等因素，经计算泵压和流量后决定。回收时，由孔内抽出的泥浆通过槽流入池，经一定时间沉淀和净化后，将表层黏土再制泥浆，或者是在孔口安接荏盘，抽出的浆渣混合物倒入盘内经槽流入沉渣桶。为了加快浆渣流动，可在接荏盘出口处安上供水管，浆渣在沉渣桶停留后大部分沉淀下来，流动部分经 4×4 mm 孔眼的拦渣网坡度约为 3.5% 的回浆槽，又将部分钻渣沉淀于该槽内，最后由回浆槽流回桩孔内。回浆槽出口处有一道 10~12 cm 高的挡砂板，可拦阻一些砂粒，因而回到孔内的泥浆足以确保质量。调制钻孔及经循环净化的泥浆，根据钻孔方法与土层情况采用不同的性能指标。

D. 安装钻机

安装前应对钻架和各种钻具进行检查与维修：利用自身的动力移动就位，可用千斤顶逐步移位来校正钻机中心与桩位中心。底座和顶端应平稳，不允许产生位移和偏沉，一般可用枕木垫平塞紧；桅杆螺丝要拧紧并用对称的浪风绳将钻架固定。旋转钻机顶部的起重槽缘，固定钻杆的卡孔和护筒中心应处于一根竖直线上，以确保钻进的竖直度；冲击、冲抓钻架顶部滑轮边缘的铅锤线应对准桩孔中心，其偏差不得大于 2 cm。

③ 钻孔

钻孔方法主要有旋转、冲击和冲抓成孔，其中以旋转钻机和冲击钻机的成孔用的最普遍。在有潮水处钻孔要采用虹吸管或连通管等措施稳定钻孔内水位，防止坍孔翻砂。在钻孔内外水位差应始终保持在 1.0~1.5 m，使之在孔内形成静水压力，并起回壁作用。

A. 旋转式钻机成孔法

此法是利用钻头的旋转作用切削土层。成孔按泥浆循环程序分为正、反循环两种，在桥梁施工中用得最多是正循环钻机。

a. 正循环钻机旋转成孔

在钻进中以泥浆护壁，排渣。泥浆由泵输进钻杆内腔，经钻头出浆口射出，带同钻渣沿孔上升到孔口溢出流入槽内，返回沉淀池中净化，再供钻进使用。

b. 反循环钻机旋转成孔

反循环钻机与正循环钻机基本相同，仅在于正循环与反循环的钻头不同。反循环是利用真空泵将泥浆送全孔内与渣混合，并从钻杆下口吸进，通过钻杆中心排泄到沉淀池内回收再用。初钻时，先启动泥浆泵和转盘，使之空转，待泥浆进孔后才钻进。此时，应稍提吊起钻杆，控制钻进速度和垂度，同时进行孔壁支护，待成桩孔道有相当深度后，再按设计的尺度钻进。要控制钻进速度，在松软地层钻进过快会导致孔道偏斜，在坚硬地层钻进太快，会使钻机超荷而加大钻杆摇晃频率，则会造成钻头偏斜、停钻、损坏、扭断钻杆等事故。此外，要注意地层变化，把握节奏，每钻进 2 m 或地层变化处要捞取钻渣样品，以观测孔内地质土层情况，并应随时观测泥浆水位的变化、调整孔内水位差及泥浆稠度。操作时不可使钻杆顶端降到扶钻平台卡孔之下以防掉钻，连接钻锤与杆的钢丝绳稍放松，以免妨碍钻进。

B. 冲击式钻机成孔法

冲击成孔是钻机不停地迫使钢丝绳带动钻头一起一落地冲击土层，把泥沙、石块挤向孔壁被打成碎渣，使之悬浮在孔底泥浆中，被抽渣筒抽出，并不断扩大桩孔直径成桩。钻前应检查钻锤直径。初始造孔时，需用小冲程间断钻进，使初孔坚实、竖直、圆顺能起导向作用，且能防止孔口坍塌。钻头起落速度应均匀，不能突然加速，以免碰撞孔壁造成坍孔，深度超过钻锤的全高后则可另加冲程（约为 3~4 m）。坚硬的大漂卵石、岩石可用大冲程（不得超过 4~6 m）；松散地层可用中、小冲程，每次松绳量应比冲程稍多，以防打空锤和大松绳。应经常检查各种钻具，如果有不当之处，要及时修整、处理，并及时抽渣，添加黏土上，使钻锤能冲击新鲜地层。冲打表面热平后再冲钻。在抽渣、提钻、除上和中途停钻时，应随时检查并保持孔内规定的水位和泥浆稠度。钻孔时要注意安全，冲击钻锤起吊进出孔口处应严禁站人以防止钻锤撞击，发生伤亡事故。一旦发现钻头磨耗过大，要及时补焊。

C. 冲抓式钻机成孔法

冲抓成孔是靠钻机冲击土层并抓取钻渣。它由带离合器的动力装置通过钻架操纵钻锤冲抓土层或岩层，冲抓锤靠自重使锤上的抓土瓣锥尖张开插入土中，由动力提升锥头收拢抓土瓣将土抓出，弃于孔外。冲抓锥因起吊钢绳联结方式不同可分为单绳与双绳冲抓，作业时应以小冲程稳妥准确地进行，待锥具全部护筒后才能松锥。提锥应慢，冲击高度以 1.0~2.5 m 为度。对于坚硬地层可松开抓瓣，多次冲击，若无效果时再收紧抓瓣而改用冲击锥成孔。在钻渣被抽走后，应同时把护筒用泥浆或水灌满并注意防止钢丝绳互相扭花。

D. 斜桩成孔

钻斜桩孔一般采用旋转钻机，也不排斥用人工推钻或其他方法。为了防止钻杆扭断、挠曲而影响斜孔成桩的质量，钻杆的强度和刚度应比钻竖孔时更为可靠；为了确保斜桩的准确位置（斜度），护筒的形状要规则，其斜度应稍大 2~3 cm，在两端 0.5 m 处可做成喇叭口，使钻锤易通过；埋设的护筒要牢固不能因操作松动而影响桩位。每隔 10 m 时，锥上部钻杆处应设导向筒一个，钻孔深度不到 10 m 时也要设导向筒，简直径与钻孔相等，长度不小于 1.5 m，钻杆、卡口、护筒、导向筒的中心应在钻架同一斜度线上，该线应比设计斜度略大 1% ~3%，以抵消钻锥和钻杆因重力产生的误差，若设计中斜度较小，或桩较短，可采用低值，反之用高值。

钻斜孔桩，孔壁易坍塌，孔内水头、护壁用泥浆的比重、稠度都应比钻竖孔桩大。此外，还可掺入适量的 $NaNO_3$ 以改善泥浆性能。钻架底部的锚固应可靠，顶部要用通风缆固定，以防倾覆、变形和位移。在作业中还要经常对孔径、斜度、形状、深度进行检查，并及时纠正失误。

④ 清孔

终孔经检验合格后应立即清孔。其目的是清除基底残渣和泥浆沉淀物以确保灌注混凝土质量和桥基承载力。清孔的方法可根据设计要求、钻孔方式、设备条件和土层情况等决定。常用如下方法。

A. 抽浆清孔法

此法清孔比较彻底和干净，适用于摩擦桩或柱桩。可用空气吸泥机，水力吸泥机、真空吸泥泵、反循环钻机等作业。如采用空气吸泥机时，以风管将压缩空气输进排泥管，使泥浆形成密度小的稀浆和空气的混合物，在水柱的压力下，沿排泥管向外排出泥浆和沉渣，同时水泵向孔内注水，直至喷出清水或沉淀厚度达到要求为止。

B. 换浆清孔法

利用正循环旋转钻机不进尺继续循环换浆清孔，直至达到清理泥浆的要求。它主要用于各类不同上质的摩擦桩。

C. 掏渣清孔法

利用抽渣筒或大锅锥清掏孔底的粗粒残渣，适用于人工推钻、机动蜗杆、推钻、冲抓、冲击钻孔的各类土层的摩擦桩。掏渣清孔后，孔内泥浆比重不应大于1.3。

D. 喷射清孔法

常配合其他方法清孔。在灌注桩孔前，用高压射水或射风的方式对孔底冲洗数分钟，使沉淀物漂浮后，随即灌注水下混凝土。有时也可在灌注的导管内用空气吸泥机将残渣吸出。清孔排渣均应注意保持孔内水位，提管吸泥应避免碰撞孔壁。

（4）钻孔事故及处理方法

钻孔时常会因操作不当、机械磨损以及意外的因素而导致一些问题和事故，轻者影响施工进度，重者造成机械损坏人员伤亡。对钻孔中的事故应立即处理。通常以预防为主，处理为辅。

① 预防措施

应根据施工条件和方法制定必要的技术措施，比如应有严格的作业规程等。注意钻进中每一微细环节，发现问题苗头应及时做出相应的处理，杜绝事故发生。在冲击钻孔时，应控制冲击速度和冲程。要做好交接班和停钻工作，停钻时应盖好井口，以免掉钻；应做好各种钻具的稳定工作；在施工中要始终贯彻勤检查、勤出渣、多分析、做好记录等工作。

检查的主要内容包括：钻头升降时大绳是否可靠、夹具是否松动，安全套是否传动失灵；钻杆和吊杆上是否有裂纹，钻头直径是否符合规格尺寸；钻机是否有位移和偏沉；钻机是否有故障；孔径、孔形尺寸是否符合设计要求等。

② 坍孔的处理

坍孔包括孔口坍塌、护筒倾斜、沉陷、钻孔深度突然变浅，水位下落等现象。其产生的原因主要有：操作不当，冲击、冲抓锥头和抽渣筒倾倒，碰撞孔壁，大绳太松，钻头摆动损坏孔壁；护筒埋设不合要求（如高度不够），回填的质量差；泥浆稠度不够，比重小，不能形成坚硬的护壁；泥浆水位高度不够，对孔壁压力小；在向孔内加水时，因流速过大直接冲刷孔壁，造成冲击压力大于其极限强度；在松软土层的钻速太快；孔口排水差或因无接荐盘，抽出的浆渣四处漫流，使孔周的土壤处于饱和状态；孔壁暴露过久或清孔时风量太大，延续时间过久等。坍孔的处理办法如下：若护筒倾斜或下沉造成坍口，可以用草袋或黏土回填阻止其继续发展，待沉淀密实后，重新埋设护筒钻孔。若孔内水位不稳，水中含细水泡，钻头达不到应有的深度，可用黏土或黏土渗石子，片石分层回填至坍孔处以上 0.5 m 后再重钻。如果坍孔不严重，可加大泥浆比重继续钻进或将桩孔回填到坍孔位置以上后再钻进。若坍孔严重而影响钻机稳定，可用钢护筒沉至未坍处以上 1 m 处，周围用草袋装土填塞，固定护筒上端防止其偏斜下沉，护筒随钻进逐节加长（即用小沉井方式处理）。

③ 漏水漏浆的处理

孔内漏水漏浆时则不能保持孔内外水位差和孔内水头压力。漏水漏浆若是护筒造成时，可堵漏处，并用黏土将筒周夯实加固；若很严重或因埋设不妥造成时，则应重新埋设；因是孔壁松散，泥浆护壁较差造成时，应在孔内重新回填黏土，待沉淀密实一段时间后，再重新加强泥浆护壁，继续钻进。

④ 不规则孔形的处理

由于操作不当，如大绳、钻杆在护筒内水面的位置偏移中心时，会出现不规则孔形，使得桩孔在尺寸上达不到设计要求。若问题不严重时，可重新调整钻头和卡杆孔、继续钻进。若问题严重，应回填孔道重新钻孔。

A. 弯孔与斜孔

钻孔若碰到倾斜不平的岩层或软硬不均地层时，用大冲程猛冲或因缆风绳松紧不一致，钻机不稳，产生位移和不均匀下沉。钻架安装不正，护筒埋置不合理等会产生弯孔和斜孔。一般可用片石回填至不规则孔段以上 0.5~1.0 m 后，再小冲程钻进。如果因基岩倾斜而发生的弯孔，可用混凝土把弯孔填平，待其凝固到一定强度后再钻；若因钻机位移、偏斜下沉而弯孔，则应调整钻机后回填重钻。

B. 扩孔和缩孔

为孔径不规则地大于或小于孔桩直径的不良现象。扩孔是孔壁部分坍塌未做处理造成的，极易在堆积层，漂卵石层，块石层，卵石层中发现；缩孔是因钻头磨损和地层挤压造成的。处理此类孔形，一般应回填后重钻。扩孔要按坍口处理，缩孔要补焊钻头。若因地层挤压造成的，要及时调整钻进速度和泥浆稠度。操作时轻打稳打，勤松大绳，采用适当的冲程。

C. 梅花孔与探头石

梅花孔是钻头不适应地层的情况下冲打过甚，转向失灵；泥浆太稠而妨碍钻头转动、冲程太小、钻头得不到充分转动和大绳太松等原因造成的。探头石是在非均匀地层钻进时，孔壁出现的大直径卵石。一部分突出伸入孔径，另一部分埋在孔壁土层内。此时容易造成斜孔和卡钻。可以用高于基岩和探头石强度的片石（或碎石）回填桩孔重钻等办法处理。

⑤ 卡钻和掉钻的处理

A. 卡钻。钻头被孔壁卡住不能提动。有两种情况，一种是钻头卡在距孔底一定距离处，提不上来，钻不下去，有时向下并有一定的活动余地，比如梅花孔和探头石引起的卡钻，此为上卡。卡钻的原因很多，其与钻头直径磨损和具体地质土层有关。造成的主要原因如下：在未经处理的不规则孔形中继续钻孔；坍孔落下的石头或因失误掉进孔内的大工具卡住；埋设过深的钢护筒倾斜，其下端被冲击变形；更换钻头尺寸产生差异，补焊钻头的尺寸过大；下钻太猛，大绳太长，使钻头的倾斜长伸入孔壁或孔底；放绳太长或简易钻架承受大冲程。处理卡钻常有如下措施：上下提动钻头，使之旋转，用撬棍配合左右摇晃，反复拨动大绳，使钻头能离开冲击、冲抓或旋转轨道，然后提出；用小钻头冲击，提开钻头的障碍物，使之破碎或挤入孔壁，或用冲击厚锥使钻头松动后再吊起。

B.掉钻。由于钢绳（或联结装置）和钻杆磨损来不及更换造成的。在钻进中若发现缓冲弹簧突然不伸缩，大绳松弛等现象时，则表明钻头已落入孔中。掉钻后应及时了解情况，查明原因，采取措施防止泥浆、钻渣及坍孔埋钻，并立即用工具和捞叉、捞钩、打捞绳套等打捞。

C.埋钻。落于孔内不及时打捞而被泥浆，钻渣或坍孔泥沙埋住的钻头。可在孔内压入稠度大（比重大）的泥浆冲刷并悬浮埋钻的泥浆与钻渣，然后提出钻头。或用特制的钻具套钻，将埋钻的砂子钻掉，并在套钻的同时压入稠度大的泥浆使之悬浮钻渣，套至被埋入的钻头顶部后将其提起。若钻头被坍孔泥沙埋住，则应先清除泥沙，后用工具打捞埋钻。

D.钻杆折断。钻杆在操作时，因碰撞会使钻头随断杆掉至孔内。

（二）桥梁墩台施工

桥梁墩台按建筑材料可分为圬工墩台、混凝土、钢筋混凝土、预应力混凝土等多种形式。按施工方法可分为就地灌注式和预制装配式两种。就地灌注式是在现场用支模、灌注混凝土的方法修筑墩台；装配式是在工厂或预制场把墩台分成若干块、预制成砌块或构件，运至桥位处用拼装或砌筑的方法装配成墩台。装配式墩台多为空心结构，它在国外桥梁建筑中发展较快，在我国城市建设中也应大力发展。目前，在我国的城市桥梁中仍以就地灌筑实体混凝土或空心的钢筋混凝土墩台为主、辅助以一些石砌工程。在中、小型投资不大的桥中，也仍采用石砌墩台的形式。墩台按结构类型分类有多种类型，可分为实体和空心的两类、按形状可分为圆、方和尖端形。按立面形状可分为排架式、柱式、桩式和桩柱式等；按力学性能可分为刚性和柔性；按重量可分为重力式和轻型式；按受力图式可分为单向推力墩和无推力墩。

墩台施工应按图纸将各种形式的墩台构筑物建筑在准确位置上。在尺寸、形状、可靠度等方面均应符合设计要求，使之能有效地将桥跨上的全部荷载传递给基础，再传给地基。墩台施工要精确地测定位置，制造和安装模板，选择合格的材料，严格执行各种操作规程，确保工程质量。装配式桥墩竣工后不应有缺边掉角现象，它与基础的连接处必须严密、牢固，灌筑混凝土接缝应密实，强度要符合设计标准，外露的铁件必须作防锈处理。

1.石砌墩（台）的施工

石砌墩（台）施工主要包括定位放样，材料运输，圬工砌筑，养护和勾缝等工序。

（1）定位放样

根据施工测量定出的墩台轴线放出砌筑石块的轮廓线，并在墩台转角处，设置标杆和挂线作为石砌的准绳。墩台放样定位的方法较多，常见的有垂线法，线架法和瞄准法等。可根据实际情况采用。

（2）材料运输

施工时材料需水平与垂直运送。水平运输主要靠车辆或人工担抬，垂直运输靠机械和脚手架提吊。施工用脚手架除开吊运材料外，尚可供工人上下和操作，主要有固定式、梯子式、螺旋升高滑动式和简易活动式多种。施工用石料和砂浆在数量小、重量轻时，可用马凳跳板直接运送；距地面较高时，可以采用各种扒杆或绳索吊机和铁链、吊筐、夹石钳等捆装工具运送。也可以用井架，固定式动臂吊机或桅杆式吊机吊运。石砌材料主要是片石、块石、粗料石或混凝土砌块和水泥砂浆。若在漂流物或冲积物多的河中砌筑墩台，其表面应选择坚硬石料或强度等级高的混凝土 R ≥ C23 预制块镶面，在低温或温差大的地区更要选用好料。因此，在选料时不仅要注意强度，耐久性和经济价值，而且要考虑石料吊运、安砌就位是否方便。

（3）圬工砌筑

基础竣工后，经检查平面位置与标高符合设计要求即可清基、定位、放线、砌筑墩台。各种砖、石、混凝土砌块在使用前必须浇水湿润，表面的泥土、水锈要除掉，片石、块石强度不得小于 29 400 kPa；粗料石强度不能小于 39 200 kPa；混凝土砌块强度不得小于 C13 砂浆的和易性。强度和耐久性均要满足使用要求。

砌筑墩台一般采用浆砌配合挤浆法分层分段砌筑，表面用块石、粗料石或混凝土砌块镶面，内部用片石填充。石料按圬工砌筑方式排列，使之整体联结牢固。第一层砌块若遇到基底为土层时，可在砌石侧面铺刮砂浆不需坐浆。若是岩层和混凝土基底，除润湿凿毛外，还应坐浆砌筑。浆砌片石时，石块应交错排列坐实挤紧，尖锐凸出部分要敲掉，并掌握好砌筑厚度，不应高低差太大。浆砌块石时，可以先在已砌石块平面上铺 4~5 cm 厚一层砂浆，使石块放置安砌平稳，砂浆保持 2 cm 厚挤满砌缝，竖缝上下层错开。浆砌料石时，应严格控制平面位置和高度，砌缝应横平竖直。浆砌混凝土预制块应从角石开始，竖缝应用厚度较灰缝略小的铁皮控制，安砌后立即用扁铲捣实砂浆，斜面应逐层收坡以确保规定的斜度。分段分层砌筑时，两相邻工作段的砌筑高差不可超过 1.2 m，分段位置宜尽量设置在沉降缝或伸缩缝处。砌筑的顺序应由下而上，方向由上游至下游，先砌四转角石，然后挂线砌筑边部表层，最后填筑腹部。

（4）勾缝与养护

为了美观并且防止水从砌缝中渗入墩台内部，表面砌缝靠外露面处要另行勾缝，靠掩蔽面则随砌随刮，但也应确保砌缝质量。石块与预制块均应以砂浆粘接，砌块间要求有一定厚度的砌缝，在任何情况下不允许相互间直接接触。浆砌规则块材如料石、混凝土砌块时可用凹缝，浆砌片石或块石用平缝或凸缝。勾缝砂浆强度等级在主体工程中不低于M10；在附属工程不低于M7.5。勾缝前，外层砌缝应留距石面1~2 cm的空隙，用水清洗后以砂浆填充。勾缝在砌筑完工后从上至下进行，以确保墩台整齐干净。墩台砌筑完工后，必须用浸湿的草帘（袋）等物覆盖，根据气温变化浇水养护1~7天。

2. 就地灌筑混凝土墩台

混凝土墩台灌筑的主要工作是立模，扎筋和灌筑混凝土成形等。

（1）墩台的模板

① 墩台模板的基本要求

钢筋混凝土墩台对模板的基本要求与钢筋混凝土受压构件相同。其轮廓尺寸的准确性由制模和立模来确保。墩台模板形式复杂、数量多、消耗大，对桥梁工程的质量、进度、经济技术的可靠性均有直接影响。它应能确保墩台的设计尺寸；有足够的可靠度承受灌筑的混凝土重量、侧压力和其他施工荷载，并确保受力后不变形、不位移；其接缝紧密不漏浆，内侧光滑平整；结构简单，制造，安装和拆卸方便。

② 模板的类型和构造

A. 固定式模板

位置固定可在现场加工制作和安装，又称为零拼模板。主要由壳板、肋木、立柱、撑木、拉条（或钢箍）、枕梁与铁件等组成。墩身模板由斜面和圆锥体曲面组成，骨架的立柱安放在基础枕梁上，肋木固定在立柱上，木模的壳板竖直布置在肋木上，立柱两端用钢拉杆拉紧并加强联结，以确保模板的刚度以及不发生位移。如果桥墩较高时，要加设斜撑，横撑式抗风拉索等。木壳板厚3~5 cm，宽15~20 cm；肋木一般用方木制作，间距由板厚及混凝土侧压力决定；两立柱间的距离为0.7~1.2 m，立柱用圆木制作；拉杆是 $\phi12$~$\phi20$ 的圆钢；拱肋木由2~3层木板交错重叠用铁件结合，拱肋木与水平、直肋木之间也可用铁钉与螺栓连接。各种桥台的模板要比桥墩复杂，多了背墙、侧墙等构造，但基本形式大同小异。固定式模板使用一次后，就被拆散或改制，仅有一部分可以重复使用，工料浪费较大，仅适用一般小型工程，如墩台的基础、拱座、帽石、端翼墙、中小桥桥台身、涵洞等。

B. 镶板式模板

又叫整体吊装模板，它是将固定式模板改成可以拆移活动的模板。在灌筑多个同类型墩台时，按一定的尺寸拼装一个分块装配式模板重复使用，可以节约许多工料。此种模板由螺栓连接，整体吊装，在拆装时应尽量不受损坏。镶板彼此用横带或竖带间接接合，尺寸大小由吊装能力与结构大小而定。常用钢板和型钢加工而成。

C. 拼装式模板

又称为盾状模板，这是将墩台模板划分为若干尺寸相同的小块，在工厂按规定尺寸加工而成的大小相同块件，然后运到桥位处拼装的模板。它适用于高大桥墩或在同类墩台较多时，待混凝土达到拆模强度后，可以整块拆下来；直接或略加修整，就能周转使用。此类模板可用钢材或木材加工制作。木料加工制造较为方便简单；钢材需铸造、刨光等，机械加工不方便。木模板的制作基本上与固定式模板相同。钢模用 2~3 mm 厚的薄钢板与型钢为骨架。此种模板可以重复使用，装拆方便，节约材料，降低成本，无须吊装，缩短工期。

D. 滑升模板

又称为抽动模板，它整体在墩脚处安放。灌筑时借助千斤顶及顶杆使模板沿墩身向上滑升，它滑升灌筑的高度可达 70 m 以上。一般用钢板制作，可根据墩台的平面形状制成矩形、圆形、圆端形和其他形式。可用于滑升实体墩和空心墩，若墩身垂直或收坡率不大时，可做成内外壁同坡等厚或不等厚的空心墩。圆形收坡空心墩液压滑模主要由操作平台、模板系统、提升系统和垂直运输系统组成。空心墩模板有内外之分，由固定和活动模板组成。固定模板通过上、下横杆与提升架联结；活动模板由心板与边板迭合而成并用螺栓连在横杆上。当滑升时，活动模板依靠横杆上固定的小轮沿固定模板的横杆滑移。

③ 模板的制作与安装

画线、下料、加工和拼缝均要符合设计要求。安装要先确定顺序，预留孔（件）、接触面、可靠度均要符合有关的规定。

（2）墩（台）的混凝土灌筑

灌筑混凝土墩（台）要遵循混凝土操作的一般规定，要控制灌筑质量，处理好墩身与墩帽的连接，注意施工节奏和安全。

① 质量控制

灌筑混凝土的质量应从准备工作、拌和材料、操作技术这三方面来控制。滑模灌筑应选用低流动度的或半硬性的混凝土拌合料，分层分段对称灌筑，并应同时灌完一层。各段的灌筑应到距模板上缘 10~15 cm 处为止；采用插入式振捣器时伸入深度不应超过 5 cm；拌制混凝土时应掺加早强剂。要防止千斤顶及油管接头在混凝土和钢筋上漏油，要连续操作，中途因故停止时应按施工缝处理；脱模后若表面不平整或有其他缺陷要予以修整。在明挖基础上灌筑墩台第一层混凝土时，要避免水分被基底吸收或基底水分渗入混凝土中而降低强度。要注意对非黏土和干土基底的润湿。若土太湿时，应在基底以下填石料夯实或灌筑强度等级较低的混凝土垫层。若基底为岩石时，也应先润湿后，铺一层 2~3 cm 厚的水泥砂浆，在其初凝前灌筑。

② 灌筑节奏

为确保质量和工期，要注意灌筑节奏。若墩台截面积不大时，应连续一次完成，以保其整体性；若墩台截面积太大时，例如有 100 m²，可分段分块灌筑。大体积圬工所用片石数量不得多于整个混凝土体积的 20%，最大粒径不能超过填放石块处最小尺寸的 1/4。一节灌筑完后，须间歇一段时间才能立模，继续灌筑下一节。应充分利用劳力和设备，采用流水作业线，在各墩上同时立模，灌筑能收到显著效果。

③ 墩帽与台顶施工

顶帽是用以支持桥跨结构的，桥梁支座就设在其上，墩（台）顶帽的形状、尺寸和各种预埋孔道要求十分精细。因此，要特别重视这部分的施工操作。它主要包括放线、立模、扎筋、安埋锚栓孔和灌筑等工作。当墩身距顶帽以下 40 cm 时，应停止灌筑，在此预埋接榫在墩身平面上定出纵横中心线，放出顶帽轮廓线，竖立顶帽模板，其下的拉杆可以用顶帽下层的分布钢筋代替，安装锚栓孔模板用以埋设支座锚栓，扎好顶帽钢筋，支承垫石的模板挂装在上部的木拉杆上。钢筋混凝土墩（台）帽混凝土强度等级不得低于 C18，其他部分采用素混凝土时也不应低于 C18。对有托盘的顶帽作业时，可以把托盘与顶帽模板作一整体安装。托盘模板的肋木、竖木和顶帽模板的立木用联结板和螺栓连成整体。

3. 装配式桥墩的施工

装配式桥墩主要采用拼装法施工。它用于预应力混凝土薄壁空心墩和一些钢筋混凝土轻型桥墩，拼装式桥墩主要由就地灌筑实体部分墩身、拼装部分墩身和基础组成。实体墩身与基础施工可就地灌筑而成，但在灌筑实体墩身时应考虑与拼装部分的连接、抵御洪水和漂流物的冲击，锚固预应力筋、调节拼装墩身的高度等问题。装配部分墩身由基本构件、隔板、顶板和顶帽等四部分组成，在工厂制作，运到桥位处拼装成墩。装配部分墩身的分块，要根据桥墩的结构形式、吊装、起重和运输能力决定。要尽可能使分块大、接缝小，根据设计要求定型批量生产为宜。加工制作出来的拼装块件要质量可靠、尺寸准确、内外壁光洁度高。拼装要根据施工现场的地形、水文、土质、运输条件、墩的高度、起吊设备等进行。决定拼装方法时应注意预埋件的位置，接缝处理要牢固密实，预留孔道要畅通。

三、桥梁上部结构施工技术

（一）桥梁上部结构装配式施工技术

1. 先张法预制梁板

（1）台座

台座是先张法施工的主要设备之一，承受预应力钢筋的全部张拉力，它应具有足够的强度和稳定性，以免台座变形、倾覆、滑移而引起预应力损失。台座由一个框架（两根固定横梁和两根受压柱构成）和两根活动横梁组成，固定和活动横梁间设置千斤顶，预应力钢筋两端用工具锚固在活动横梁的锚固板上。千斤顶顶起活动横梁，使预应力筋受张拉。全部张拉力由框架承受。

压柱的承压形式可为中心受压或偏心受压，一般采用偏心受压。前者省料但作业不方便，后者则相反。

（2）模板工程

预制梁的模板是施工过程的临时结构，它不仅关系到预制梁尺寸的精度，而且对工程质量、施工进度和工程造价有直接的影响。

预制梁的模板通常按材料分类，有钢模板、木模板、土木组合模、土模以及钢木组合模等数种。预制工厂常采用钢模板和钢木结合的模板。

模板在制作时，应确保表面平整，转角光滑，连接孔配合准确。对于钢模要考虑焊缝收缩对长度的影响，对于木模要在构造上采取措施以防漏浆。模板的组装可在工作平台上进行，底模在制作时需考虑预制梁的预拱度。

模板的安装应与钢筋工作配合进行。在底模整平以及钢筋骨架安装后，安装侧模板和端模板，也可先安装端模，后安装侧模板。模板安装的精度要高于预制梁的精度要求。每次模板安装完成后需通过验收合格后，方可进入下一道工序。

模板分为底模、侧模、端模和内模。底模支承在底座上或设置在流水台车上，可用 12~16 mm 厚的钢板制成。将先张台座的混凝土底板作为预制构件的底模，要求地基不产生非均匀沉陷，底板制作必须平整光滑、排水畅通，预应力筋放松，梁体中段拱起，两端压力增大，梁位端部的底模应满足强度要求和重复使用的要求。底模在构造上需注意设置底模与侧模、底模与端模以及底模接长的联系构件。此外，还应在底模与台座之间设置减振垫。

侧模由侧板、水平加劲肋、斜撑等构件组成。钢侧模板一般采用 4~8 mm 厚钢板，采用∟50~∟100 加劲角钢。侧模板在构造上应考虑悬挂振捣器的构件，要加强侧模间的连接构造，并需设置拆模板的设施。先张法制作预应力板梁，预应力钢筋放松后板梁压缩量为 1% 左右。为确保梁体外形尺寸准确，侧模制作要增长 1%。

端模设置在梁的两端，安装时连接在侧模上，用于形成梁端形状。端模预应力筋孔的位置要准确，安装后与定位板上对应的力筋孔要求均在一条中心线上。由于施工中实际上存在偏差，力筋张拉时的筋位有移动，制作时端模力筋孔径可按力筋直径扩大 2~4 mm，力筋孔水平向还可做成椭圆形。

内模是空心截面梁、板的预制关键。其结构形式直接影响到制作是否经济、拆装是否方便、周转率高低等问题。

（3）预应力筋的张拉

预应力钢筋一般采用高强钢丝、钢绞线和精轧螺纹钢筋。

预应力混凝土预制梁制造过程中，张拉预应力筋、对梁施加预应力是一项十分重要的工作。施加预应力过多或不足都会影响梁的预制质量，必须按设计要求，准确地施加预应力。

先张法梁的预应力筋是在底模整理后，在台座上张拉已加工好的预应力筋。

先张法梁通常一端张拉，另一端在张拉前设置好固定装置或安放好预应力筋的放松装置。张拉前，要先在端横梁上安装预应力筋的定位钢板，并检查其孔位和孔径是否符合设计要求。之后在台座安装预应力筋，穿钢筋不能刮碰掉台面上的隔离剂。安装张拉设备时，应使张拉力的作用线与钢筋中心线一致。张拉时应采用应力与伸长值双控制，如发现伸长值异常，应停止张拉，查明原因。此外，在张拉过程中要十分重视施工安全。

（4）预应力混凝土的配料与浇筑

混凝土工程质量好坏是确保混凝土能否达到设计强度等级的关键，将直接影响钢筋混凝土结构的强度和耐久性。

① 预应力混凝土配料

预应力混凝土配料除符合普通混凝土有关规定外，尚应满足如下要求。

配制高强度等级的混凝土应选择级配优良的配合比，在构件截面尺寸和配筋允许下，尽量采用大粒径骨料、强度高的骨料；含砂率不超过 0.4，水泥用量不宜超过 500 kg/m³，最大不超过 550 kg/m³，水灰比不超过 0.45，一般可采用低塑性混凝土，坍落度不大于 30 mm，以减少因徐变和收缩所引起的预应力损失。即在拌和料中可掺入适量的减水剂（塑化剂），以达到易于浇筑、早强、节约水泥的目的，其掺入量可由试验确定，也可参考经验值。拌和料不得掺入氯化钙、氯化钠等氯盐及引气剂，亦不宜掺用引气型减水剂。值得注意是，由于混凝土掺加减水剂效果显著，目前用于建造预应力混凝土桥梁的高强度混凝土几乎没有不掺加减水剂的，但是对它的使用不能掉以轻心，使用不当将会严重影响混凝土的质量。

水、水泥、减水剂用量应准确到 ±1%；骨料用量准确到 ±2%。

预应力混凝土所用的一切材料，必须全面检查，各项指标均应合格。预应力混凝土选配材料总的发展趋势是提高强度，减轻自重，主要途径是采用多孔的轻质骨料。改善预应力混凝土物理力学性能的另一个重要途径是发展研制改性混凝土。

②预应力混凝土浇筑

混凝土浇筑前除按操作规程检查外，对先张构件还应检查台座受力、夹具、预应力筋数量、位置及张拉吨位是否符合要求等。

浇筑质量主要从两个方面来控制，一个是浇筑层的厚度与浇筑程序；另一个是良好的振捣，两个方面互相影响。当构件的高度（或厚度）较大时，为了确保混凝土能振捣密实，应采用分层浇筑法，并在下层混凝土初凝之前，将上层混凝土浇筑并振捣完毕。T形梁的浇筑顺序一般采用水平层浇筑，也可采用斜层浇筑。

混凝土浇筑不得任意中断，由于技术上或组织上的原因必须间歇时，间歇时间应根据环境温度、水泥性能、水灰比、外加剂类型及混凝土硬化条件确定。无试验资料时，对不掺外加剂的混凝土，间歇时间不宜超过 2 h；当温度高达 30 ℃左右时，应减少为 1.5 h；当温度低于 10 ℃左右时，可延长至 2.5 h。

③混凝土的振捣

混凝土浇筑与混凝土振捣要密切配合，分层浇筑分层振捣。

在预制梁时，组织强力振捣是提高施工质量的关键。因预制梁截面形状复杂，梁高、壁薄、钢筋密集，在浇筑梁下层或下马蹄处的混凝土时，可使用底模和侧模下排的振捣器联合振捣，同时依照浇筑位置调整振捣部位。当浇筑到梁的上层或梁肋混凝土时，主要使用侧模振捣，辅以插入式振捣。待浇筑桥面混凝土时，可以使用侧模上排振捣器、插入式振捣器和平板式振捣器联合振捣。

混凝土的振捣时间应严格控制。振捣时间过长，容易引起混凝土的离析现象；振捣时间过短，不能达到要求的密实度。一般以振捣至混凝土不再下沉、无显著气泡上升、混凝土表面出现浮浆、表面达到平整为适度。当用附着式振捣器时，由于振捣效率差，一般约需 120 s。当用插入式振捣器时，效果较好，一般只要 20~30 s。当用平板式振捣器时，在每个位置上的振捣时间为 25~40 s。

④混凝土的养护及拆模

为了保持混凝土硬化时所需的温度与湿度，混凝土浇筑后需进行养护。预应力混凝土梁一般采用蒸汽法养护。开始时恒温，温度应按设计规定执行，不得任意提高，以免造成不可补救的预应力损失。

拆模的施工质量好坏直接影响到预制梁的质量和模板的周转使用。不承重的侧模，在混凝土强度达到 2.5 MPa 时，可以拆除。侧模可用千斤顶协助脱模，为使模板单元安全脱模，常用旋转法拆模，其转动中心可设在侧模的下端或上端。承重的底面模板应在混凝土强度能承受自重和其他可能的外荷载时拆除。拆模后，如发现有缺陷，应进行修补。应遵循以下三点。

对有面积小、数量不多的蜂窝或露石的混凝土，先用钢丝刷或加压水洗刷基层，然后用 1∶2~1∶2.5 的水泥砂浆抹平。

对有较大面积的蜂窝、露石和露筋的混凝土，应按其全部深度凿去薄弱层，然后用钢丝刷或加压水冲刷，再用比原混凝土强度等级高一个级别的细骨料混凝土填塞，并仔细捣实。

对影响结构性能的缺陷，应与设计单位研究处理。

（5）预应力筋的放松

当混凝土强度达到设计强度的 70%~80% 以后，可在台座上放松受拉预应力筋，对预制梁施加预应力。放松过早会造成较多的预应力损失（主要是收缩、徐变损失）；放松过迟，则影响台座和模板的周转。放松操作时速度不应过快，尽量使构件受力对称均匀。只有待预应力筋被放松后才能切割每个构件端部的钢筋。

放松预应力钢筋的方法有：用千斤顶先拉后松、沙箱放松、滑楔放松和螺杆放松等方法，用得较多的是千斤顶放松。

采用千斤顶放松，是在混凝土达到规定强度后，再安装千斤顶重新张拉钢筋，施加的应力不应超过原有的张拉控制应力，之后将固定在横隔梁定位板前的双螺帽慢慢旋动后，再将千斤顶回油，让钢筋慢慢放松，使构件均匀对称受力。当逐根放松预应力筋时，应严格按有利于梁受力的次序分阶段进行。通常自构件两侧对称地向中心放松，以免较后一根钢筋断裂时使梁承受大的水平弯曲冲击作用。

2. 后张法预制梁板

（1）后张法预制梁板施工工序

① 按施工需要规划预制场地，整平压实，完善排水系统，保证场内不积水。

② 根据预制梁的尺寸、数量、工期，确定预制台座的数量、尺寸，台座用表面压光的梁（板）筑成，应坚固不沉陷，确保底模沉降不大于 2 mm，台座上铺钢板底模或用角钢镶边代作底模。当预制梁跨大于 20 m 时，要按规定设置反拱。

③ 根据需要及设备条件，选用塔吊或跨梁龙门吊作吊运工具，并铺设轨道。

④ 统筹规划梁（板）拌和站及水、电管路的布设安装。

⑤ 预制模板由钢板、型钢组焊而成，要有足够的强度、刚度和稳定性，尺寸规范、表面平整光洁、接缝紧密、不漏浆，试拼合格后，方可投入使用。

⑥ 在绑扎工作台上将钢筋绑扎焊接成钢筋骨架，把制孔管按坐标位置定位固定，比如使用橡胶抽拔管要插入芯棒。

⑦ 用龙门吊机将钢筋骨架吊装入模，绑扎隔板钢筋，埋设预埋件，在孔道两端及最低处设置压浆孔，在最高处设排气孔，安设锚垫板后，先安装端模，再安装涂有脱模剂的钢侧模，统一紧固调整和必要的支撑后交验。

⑧ 将质量合格的梁（板）用专用设备运输，卸入吊斗，由龙门吊从梁的一端向

另一端，水平分层，先下部捣实后再腹板、翼板，浇筑至接近另一端时改从另一端向相反方向顺序下料，在距梁端3~4 m处浇筑合龙，一次整体浇筑成型。当梁高跨长，或混凝土拌制跟不上浇筑进度时。可以采用斜层浇筑，或纵向分段，水平分层浇筑。

⑨ 梁（板）的振捣以紧固安装在侧模上的附着式为主，插入式振捣器为辅。

振捣时要掌握好振动的持续时间、间隔时间和钢筋密集区的振捣，力求使梁（板）达到最佳密实度而又不损伤制孔管道。

⑩ 梁（板）混凝土浇筑完成后要将表面抹平、拉毛，收浆后适时覆盖，洒水湿养不少于7 d，蒸汽养护恒温不宜超过80 ℃，也可采用喷洒养护剂。

⑪ 使用龙门吊拆除模板，拆下的模板要顺序摆放，清除灰浆，以备再用。

⑫ 构件脱模后，要标明型号、预制日期及使用方向。

⑬ 将力学性能和表面质量符合设计要求的预应力钢丝或钢绞线按计算长度下料，梳理顺直，编扎成束，用人工或卷扬机或其他牵引设备穿入孔道。

⑭ 当构件梁（板）达到规定强度时，安装千斤顶等张拉设备，准备张拉。

⑮ 张拉使用的张拉机及油泵、锚、夹具必须符合设计要求，并配套使用，定期校验，以准确标定张拉力与压力表读数间的关系曲线。

⑯ 按设计要求在两端同时对称张拉，张拉时千斤顶的作用线必须与预应力轴线重合，两端各项张拉操作必须一致。

⑰ 预应力张拉采用应力控制，同时以伸长值作为校核。实际伸长值与理论伸长值之差应满足规范要求，否则要查明原因采取补救措施。

⑱ 张拉过程中的断丝、滑丝数量不能超过设计规定，否则要更换钢筋或采取补救措施。

⑲ 预应力筋锚固要在张拉控制应力处于稳定状态时进行，其钢筋内缩量不可超过设计规定。

⑳ 预应力筋张拉后，将孔道中冲洗干净，吹除积水，尽早压注水泥浆。

（2）后张法张拉时的施工要点

① 对受力筋施加预应力之前，应对构件进行检验，外观尺寸应符合质量标准要求。张拉时，构件混凝土强度应符合设计要求；设计无要求时，不应低于设计强度等级值的75%。当块体拼装构件的竖缝采用砂浆接缝时，砂浆强度不低于15 MPa。

② 对预留孔道应用通孔器或压气、压水等方法进行检查。端部预埋铁板与锚具，和垫板接触处的焊渣、毛刺、混凝土残渣等应清除干净。当采用先穿束的方法时用压气、压水较好。

③ 钢筋穿束前，螺丝端杆的丝扣部分应用水泥袋纸等包缠2~3层，并用细钢丝扎牢；在钢丝束、钢绞线束、钢筋束等穿束前，将一端找齐平，顺序编号。对于短束，

用人工从一端向另一端穿束；对于较长束，应套上穿束器，由引线及牵引设备从另一端拉出。

④ 对于夹片式锚具，上好的夹片应齐平，并且在张拉前用钢管捣实。

⑤ 预应力筋的张拉顺序应符合设计要求，当设计未规定时，可采取分批、分段对称张拉。

⑥ 应使用能张拉多根钢绞线或钢丝的千斤顶同时对每一钢束中的全部力筋施加应力，但对于扁平管道中不多于 4 根的钢绞线除外。

⑦ 预应力筋张拉端的设置要符合设计要求，当设计无具体要求时，应符合以下规定：对于曲线预应力筋或长度大于等于 25 m 的直线预应力筋，宜在两端张拉；对长度小于 25 m 的直线预应力筋，可在一端张拉；曲线配筋的精轧螺纹钢筋应在两端张拉，直线配筋的精轧螺纹钢筋可在一端张拉。

⑧ 后张预应力筋断丝及滑丝不得超过有关规定的控制数。

⑨ 预应力筋在张拉控制应力达到稳定后方可锚固。预应力筋锚固后的外露长度不宜小于 300 mm，锚具应用封端混凝土保护，当需长期外露时，应采取防止锈蚀的措施。一般情况下，锚固完毕并经检验合格后即可切割端头多余的预应力筋，严禁用电弧焊切割，强调用砂轮机切割。

⑩ 张拉切割后即封堵。用素灰将锚头封住，然后用塑料布将其裹住进行养护，以防止裂缝而使锚头漏浆、漏气，影响压浆质量。

3. 预制梁的架设方法

（1）联合架桥机法

以联合架桥 ⑪ 机并配备若干滑车、千斤顶、绞车等辅助设备架设安装的预制梁适用于多孔 30 m 以下孔径的装配式桥梁。

① 联合架桥机的组成

联合架桥机主要由龙门架、导梁和蝴蝶架组成。龙门架用工字形钢梁架设，在架上安放两台吊车，架的接头处和上、下缘用钢板加固，主柱为拐脚式，横梁的高程由两根预制梁的叠高加上平板车的高度和起吊设备的高度决定。它是用来起落预制件和导梁，并对预制构件进行墩上横移和就位。蝴蝶架是专供托运龙门吊机在轨道上移走的支架，它形如蝴蝶，用角钢拼成，上设有供升降用的千斤顶。它是用以拖动龙门架转移位置的专用工具，托架是在桥头地面上拼装、竖直，用千斤顶顶起放在托架平车上，移至导梁上放置。导梁用钢桁梁拼成，以横向框架连接，其上铺钢轨供运梁行走。

② 施工作业

架梁时，先铺设导梁和轨道，用绞车将导梁拖移就位后，把蝴蝶架用平板小车推上轨道，将龙门吊机托运至墩上，用千斤顶将吊机降落在墩顶，同时用螺栓固定在墩的支承垫块上，然后用平车将梁运到两墩之间，由吊机起吊、横移、下落就位。待全跨梁就位后，向前铺设轨道，用蝴蝶架把吊机移至下一跨架梁。

③施工优缺点

其优点是可完全不设桥下支架，不受洪水威胁，架设过程中不影响桥下通车、通航。预制梁的纵移、起吊、横移、就位都比较便利。缺点是架设设备用钢材较多（可周转使用），较适用于多孔 30 m 以下孔径的装配式桥。

（2）双导梁穿行式架设法

双导梁穿行式架设法是在架设跨间设置两组导梁。导梁是用贝雷梁或万能构件组装的钢桁架，其梁长大于两倍桥梁跨径，前方为引导部分，由前端钢支架与桥前方墩上的预埋螺栓连接，中段是承重部分，后段为平衡部分。导梁顶面铺设小平车轨道，预制梁由平车在导梁上运至桥孔，由设在两根横梁上的卷扬机吊起，下落在两个桥墩上，之后在滑道垫板上进行横移就位。先安装两个边梁，再安装中间各梁。全跨安装完毕、横向焊接后，将导梁向前推，安装下一路。

（3）扒杆架设法

扒杆架设法又称钓鱼架设法，是利用人字扒杆来架设桥梁上部结构构件，不需要特殊的脚手架或木排架。

人字扒杆又有一副扒杆和两副扒杆架设两种。两副扒杆架设中，一副是吊鱼滑车组，用以牵引预制梁悬空拖曳；另一绞车是牵引前进，梁的尾端设有制动绞车，起溜绳配合作用，后扒杆的主要作用是预制梁吊装就位时，配合前扒杆吊起梁端，抽出木垛，便于落梁就位。一副扒杆架设中，基本方法与两副扒杆架设相同，不同之处是采用千斤顶顶起预制梁，抽出木垛，落梁就位。

用此法架梁时，必须以预制梁的质量和墩台间跨径为基础，在竖立扒杆、放倒扒杆、转移扒杆或吊梁进行横移等各个阶段，对扒杆、牵引绳、控制绳等零件进行受力分析和应力计算，以保证设备的安全。本法不受架设孔墩台高度和桥孔下地基、河流水文等条件影响，适用于起吊高度不大和水平移动范围较小的中、小跨径的桥梁。

（4）自行式吊车架梁

在桥不高、场内又可设置行车便道的情况下，用自行式吊车（汽车吊车或履带吊车）架设中、小跨径的桥梁非常方便。此法视吊装质量不同，还可采用单吊（一台吊车）或双吊（两台吊车）两种形式。其特点是机动性好，不需要动力设备，不需要准备作业，架梁速度快。一般吊装能力为 150~1000 kN。此方法适合于陆地架设。

（5）跨墩门式吊车架梁

跨墩龙门吊机安装适用于岸上和浅水滩以及不通航浅水区域安装预制梁。两台跨墩龙门吊机分别设于待安装孔的前、后墩位置，预制梁由平车顺桥向运至安装孔的一侧，移动跨墩龙门吊机上的吊梁平车，对准梁的吊点放下吊架，将梁吊起。当梁底超过桥墩顶面后，停止提升，用卷扬机牵引吊梁平车慢慢横移，使梁对准桥墩上的支座，然后落梁就位，接着准备架设下一根梁。

在水深不超过 5 m、水流平缓、不通航的中小河流上的小桥孔，也可采用跨墩龙门吊机架梁。此时必须在水上桥墩的两侧架设龙门吊机轨道便桥，便桥基础可用木桩或钢筋混凝土桩。在水浅流缓而无冲刷的河流上，也可用木笼或草袋筑岛来做便桥的基础。便桥的梁可用贝雷组拼。

（6）浮吊架设法

在海上和深水大河上修建桥梁时，用可回转的伸臂式浮吊架梁比较方便，也可用钢制万能杆件或贝雷钢架拼装固定的悬臂浮吊进行。这种架梁方法高空作业较少，施工比较安全，吊装能力也大，工效也高，但需要大型浮吊。鉴于浮吊船来回运梁航行时间长，要增加费用，一般采取用装梁船存梁后成批一起架设的方法。

浮吊架梁时需在岸边设置临时码头来移运预制梁。架梁时，浮吊要认真锚固。例如流速不大时，则可用预先抛入河中的混凝土锚来作为锚固点。

（二）桥梁上部结构支架施工技术

1. 支架、拱架、模板的类型

（1）支架

支架按其构造分为立柱式支架、梁式支架和梁柱式支架等；按材料可分为木支架、钢支架、钢木混合支架和万能杆件拼装的支架等。

① 立柱式支架。立柱式支架构造简单，可用于陆地或不通航河道以及桥墩不高的小跨径桥梁施工。

② 梁式支架。根据跨径不同，梁可采用工字钢、钢板梁或钢桁梁等。

③ 梁柱式支架。当桥梁较高、跨径较大或必须在支架下设孔通航或排洪时可用梁柱式支架。

（2）拱架

拱架按结构分为支柱式、撑架势、扇形、衍式、组合式等；按材料分为木拱架、钢拱架、竹拱架和土牛拱胎等。

（3）模板

施工所用模板，有组合钢模板、木模板、木胶合板模板、竹胶合板模板、硬铝模板、塑料模板、各类纤维材料板等。施工时应根据结构物的外观要求选用。

2. 模板、支架和拱架的设计

（1）设计的一般要求

① 模板、支架和拱架的设计，需根据结构形式、设计跨径、施工组织设计、荷载大小、地基土类别及有关的设计、施工规范进行。

②应绘制模板、支架和拱架总装图、细部构造图。

③应制定模板、支架和拱架结构的安装、使用、拆卸保养等有关技术安全措施和注意事项。

④应编制模板、支架及拱架材料数量表。

⑤应编制模板、支架及拱架设计说明书。

（2）设计荷载

①计算模板、支架和拱架时，应考虑下列荷载。

A.模板、支架和拱架自重。

B.新浇筑混凝土、钢筋混凝土或其他圬工结构物的重力。

C.施工人员和施工材料、机具等行走运输或堆放的荷载。

D.振捣混凝土时产生的荷载。

E.新浇筑混凝土对侧面模板的压力。

F.倾倒混凝土时产生的水平荷载。

G.其他可能产生的荷载，比如雪荷载、冬季保温设施荷载等。

②钢、木模板，支架及拱架的设计，可按《公路钢结构桥梁设计规范》（JTGD 64—2015）的有关规定执行。

③计算模板、支架和拱架的强度和稳定性时，应考虑作用在模板、支架和拱架上的风力。设于水中的支架，尚需考虑水流压力、流冰压力和船只漂流物等冲击力荷载。

④组合箱形拱，如为就地浇筑，其支架和拱架的设计荷载可只考虑承受拱肋重力及施工操作时的附加荷载。

（3）稳定性要求

①支架的立柱应保持稳定，并用撑拉杆固定。当验算模板及其支架在自重和风荷载等作用下的抗倾倒稳定时，验算倾覆的稳定系数不得小于1.3。

②支架受压构件纵向弯曲系数应符合《公路钢结构桥梁设计规范》（JTGD 64—2015）的要求。

（4）强度及刚度要求

①验算模板、支架及拱架的刚度时，其变形值不得超过下列数值。

A.结构表面外露的模板，挠度为模板构件跨度的1/400。

B.结构表面隐蔽的模板，挠度为模板构件跨度的1/250。

C.支架、拱架受载后挠曲的杆件（盖梁、纵梁），其弹性挠度为相应结构跨度的1/400。

D.钢模板的面板变形为1.5 mm。

E.钢模板的钢棱和柱箍变形为 $L/500$ 和 $B/500$（其中 L 为计算跨径，B 为柱宽）。

②受压杆件的长细比不能超过下列数值：主要受压杆件（立柱）的长细比为

100，次要受压杆件的长细比为 150。

③拱架各截面的应力验算，按照拱架结构形式及所承受的荷载，验算拱顶、拱脚及 1/4 跨各截面的应力、铁件及节点的应力，同时应验算分阶段浇筑或砌筑时的强度及稳定性。验算时不论板拱架或桁拱架均作为整体截面考虑，验算倾覆稳定系数不可小于 1.3。

3. 模板、支架和拱架的制作及安装

（1）钢模板制作

①钢模板宜采用标准化的组合模板。组合钢模板的拼装应符合现行国家标准《组合钢模板技术规范》（GB 50214—2013）。各种螺栓连接件应符合国家现行有关标准。

②钢模板及其配件应按批准的加工图加工，成品经检验确认合格后方可使用。

（2）木模板制作

①木模可在工厂或施工现场制作，木模与混凝土接触的表面应平整、光滑，多次重复使用的木模应在内侧加钉薄铁皮。木模的接缝可做成平缝、搭接缝或企口缝。当采用平缝时，应采取措施防止漏浆。木模的转角处应加嵌条或做成斜角。

②重复使用的模板应始终保持其表面平整、形状准确：不漏浆，有足够的强度和刚度。

（3）模板安装的技术要求

混凝土的模板板面应采用下列材料之一：金属板、木制板及高分子合成材料面板、硬塑料或玻璃钢板等材料。外露面的模板板面宜采用钢模板、胶合板，为减少模板的拼缝，对于大面积的混凝土，其每块模板的面积宜大于 1.0 m²，梁及墩台帽的突出部分，应做成倒角或削边，以便脱模。在结构物的某些部位设置凸条或凹槽的装饰线。在模板内的金属连接件或锚固件，需按图纸规定及监理工程师的要求将其拆卸或截断，并且不损伤混凝土。模板内应无污物、砂浆及其他杂物。以后要拆除的模板，应在使用前彻底涂以脱模剂或其他相当的代用品，应使能易于脱模，并使混凝土不变色。

①模板与钢筋安装工作应配合进行，妨碍绑扎钢筋的模板应待钢筋安装完毕后安设。模板不应与脚手架连接（模板与脚手架整体设计时除外），避免引起模板变形。

②安装侧模板时，应防止模板移位和凸出。基础侧模可在模板外设立支撑固定，墩、台、梁的侧模可设拉杆固定。浇筑在混凝土中的拉杆，应按拉杆拔出或不拔出的要求，采取相应的措施。对于小型结构物，可使用金属线代替拉杆。

③模板安装完毕后，应对其平面位置、顶部标高、节点联系及纵、横向稳定性进行检查，签认后方可浇筑混凝土。浇筑时，发现模板有超过允许偏差变形值的可能时，要及时纠正。

④模板在安装过程中，必须设置防倾覆设施。

⑤当结构自重和汽车荷载（不计冲击力）产生的向下挠度超过跨径的1/1600时，钢筋混凝土梁、板的底模板应设预拱度，预拱度值应等于结构自重和1/2汽车荷载（不计冲击力）所产生的挠度。纵向预拱度可做成抛物线或圆曲线。

⑥后张法预应力梁、板，应注意预应力、自重和汽车荷载等综合作用下所产生的上拱或下挠，应设置适当的预挠或预拱。

⑦当所有和模板有关的工作做完，待浇混凝土构件中所有预埋件亦安装完毕，才能浇筑混凝土。这些工作包括清除模板中所有污物、碎屑物、木屑、水及其他杂物。

（4）支架、拱架制作安装

支架、拱架制作安装一般要求：

①支架和拱架宜采用标准化、系列化、通用化的构件拼装。不论使用何种材料的支架和拱架，均应进行施工图设计，并验算其强度和稳定性。

②制作木支架、木拱架时，长杆件接头应尽量减少，两相邻立柱的连接接头应尽量分设在不同的水平面上。主要压力杆的纵向连接，应使用对接法，并用木夹板或铁夹板夹紧。次要构件的连接可用搭接法。

③安装拱架前，对拱架立柱和拱架支承面应详细检查，准确调整拱架支承面和顶部标高，并复测跨度，确认无误后方可进行安装。各片拱架在同一节点处的标高应尽量一致，以便于拼装平联杆件。在风力较大的地区，应设置风缆。

④支架和拱架应稳定、坚固，应能抵抗在施工过程中有可能发生的偶然冲撞和振动。安装时应注意以下几点。

A.支架立柱必须安装在有足够承载力的地基上，立柱底端应设垫木来分布和传递压力，并确保浇筑混凝土后不发生超过允许的沉降量。

B.施工用的脚手架和便桥，不应与结构物的模板支架相连接，以避免施工振动时影响浇筑混凝土质量。

C.船只或汽车通行孔的两边支架应加设护桩，夜间应用灯光标明行驶方向。施工中易受漂流物冲撞的河中支架应设坚固的防护设备。

⑤支架或拱架安装完毕后，应对其平面位置、顶部标高、节点连接及纵、横向稳定性进行全面检查，符合要求后，方可进行下一道工序。

⑥在浇筑混凝土及砌筑拱圈过程中，承包人应随时测量和记录支架和拱架的变形及沉降量。

⑦现浇混凝土的梁（板）结构，在支架架设后，应按图纸要求对支架进行预压，加在支架上的预压荷载应不小于梁（板）自重。

（5）中小跨径的空心板制作时所使用的芯模应符合下列要求

①充气胶囊在使用前必须经过检查，不得漏气，安装时应有专人检查钢丝头，钢丝头应弯向内侧，胶囊涂刷隔离剂。每次使用后，要妥善存放，防止污染、破损及老化。

② 从开始浇筑混凝土到胶囊放气时止，其充气压力应保持稳定。

③ 浇筑混凝土时，为避免胶囊上浮和偏位，应采取有效措施加以固定，并应对称平衡地进行浇筑。

④ 胶囊的放气时间应经试验确定，以混凝土强度达到能保持构件不变形为宜。

⑤ 木芯模使用时应防止漏浆和采取措施便于脱模。要控制好拆芯模时间，过早易造成混凝土塌落，过晚拆模困难。应根据施工条件通过试验确定拆除时间。

⑥ 钢管芯模应由表面匀直、光滑的无缝钢管制作，混凝土终凝后，即可将芯模轻轻转动，然后边转动边拔出。

⑦ 充气胶囊芯模在工厂制作时，需规定充气变形值，确保制作误差不大于设计规定的误差要求。在设计无规定时，应满足《公路桥涵施工技术规范》（JTG/T F50—2011）对板梁构造尺寸的要求。

4. 模板、支架和拱架的拆除

承包人应在拟定拆模时间的 12 h 以前，报告拆模建议，并应取得同意。如果因拆模不当而引起混凝土损坏，卸落拱架时应用仪器观测拱圈挠度和墩台变位情况，并做好记录。

（1）拆除期限的原则规定

① 模板、支架和拱架的拆除期限应根据结构物特点、模板部位和混凝土所达到的强度来决定。

A. 非承重侧模板应在混凝土强度能确保其表面及棱角不致因拆模而受损坏时方可拆除，一般应在混凝土抗压强度达到 2.5 MPa 时方可拆除侧模板。

B. 芯模和预留孔道内模，应在混凝土强度能确保其表面不发生塌陷和裂缝现象时，方可拔除，拔除时间可按《公路桥涵施工技术规范》（JTG/T F50—2011）的有关规定确定。

C. 钢筋混凝土结构的承重模板、支架和拱架，应在混凝土强度能承受其自重力及其他可能的叠加荷载时，方可拆除，当构件跨度不大于 4 m 时，在混凝土强度符合设计强度标准值的 50% 的要求后，方可拆除；当构件跨度大于 4 m 时，在混凝土强度符合设计强度标准值的 75% 的要求后，方可拆除。

如设计上对拆除承重模板、支架、拱架另有规定，应按照设计规定执行。

② 石拱桥的拱架卸落时间应符合下列要求。

A. 浆砌石拱桥，须待砂浆强度达到设计要求，或如设计无要求，则须达到砂浆强度的 70%。

B. 跨径小于 10 m 的小拱桥，宜在拱上建筑全部完成后卸架；中等跨径的实腹式拱，宜在护拱砌完后卸架；大跨径空腹式拱，宜在拱上小拱横墙砌好（未砌小拱圈）时卸架。

C. 当需要进行裸拱卸架时，应对裸拱进行截面强度及稳定性验算，并且采取必要的稳定措施。

（2）拆除时的技术要求

① 模板拆除应按设计的顺序进行，设计无规定时，应遵循先支后拆，后支先拆的顺序，拆时严禁抛扔。

② 为了便于支架和拱架的拆卸，可根据结构形式、承受的荷载大小及需要的卸落量，在支架和拱架适当部位设置相应的木楔、木马、砂筒或千斤顶等落模设备。

③ 卸落支架和拱架应按拟定的卸落程序进行，分几个循环卸完，卸落量开始宜小，以后逐渐增大。在纵向应对称均衡卸落，在横向应同时一起卸落。在拟定卸落程序时应注意以下几点。

A. 在卸落前应在卸架设备上画好每次卸落量的标记。

B. 满布式拱架卸落时，可从拱顶向拱脚依次循环卸落；拱式拱架可在两支座处同时均匀卸落。

C. 简支梁、连续梁宜从跨中向支座依次循环卸落；悬臂梁应先卸挂梁及悬臂的支架，再卸无铰跨内的支架。

D. 多孔拱桥卸架时，若桥墩允许承受单孔施工荷载，可单孔卸落，否则应多孔同时卸落，或各连续孔分阶段卸落。

E. 卸落拱架时，应设专人用仪器观测拱圈挠度和墩台变化情况，并详细记录。另设专人观察是否有裂缝现象。

④ 墩、台模板宜在其上部结构施工前拆除。拆除模板，卸落支架和拱架时，不允许用猛烈地敲打和强扭等方法进行。

⑤ 模板、支架和拱架拆除后，应维修整理，分类妥善存放。

5. 施工工序

（1）地基处理

地基处理应按照箱梁的断面尺寸及支架的形式对地基的要求而决定，支架的跨径大，对地基的要求就高，地基的处理形式就得加强，反之就可相对减弱。地基处理时要做好地基的排水，避免雨水或混凝土浇筑和养护过程中滴水对地基的影响。

（2）支架

① 支架的布置根据梁截面大小并通过计算确定以保证强度、刚度、稳定性满足要求，计算时除考虑梁体混凝土质量外，还需考虑模板及支架质量，施工荷载（人、料、机等），作用模板、支架上的风力，及其他可能产生的荷载（如雪荷载，确保设施荷载）等。

② 支架应根据技术规范的要求进行预压，以收集支架、地基的变形数据。作为设置预拱度的依据，预拱度设置时要考虑张拉上拱的影响。预拱度一般按两次抛物线设置。

③ 支架的卸落设备可根据支架形式选择使用木楔、砂筒、千斤顶、U形顶托等，卸落设备特别要注意有足够的强度。

（3）模板

模板由底模、侧模及内模三个部分组成，一般预先分别制作成组件，在使用时再进行拼装。模板以钢模板为主，在齿板、堵头或棱角处采用木模板。模板的楞木采用方钢、槽钢或方木组成，布置间距以 75 cm 左右为宜，具体的布置需要根据箱梁截面尺寸确定，并通过计算对模板的强度、刚度进行验算。

（4）普通钢筋、预应力筋的布设

① 在安装并调好底模及侧模后，开始底、腹板普遍钢筋绑扎及预应力管道的预设。混凝土一次浇筑时，在底、腹板钢筋及预应力管道完成后，安装内模，再绑扎顶板钢筋及预应力管道。混凝土二次浇筑时，底、腹板钢筋及预应力管道完成后，浇筑第一次混凝土，混凝土终凝后，再支内模顶板，绑扎顶板钢筋及预应力管道，进行混凝土的第二次浇筑。

② 普通钢筋及预应力筋按规范的要求做好各种试验，严格按设计图纸的要求布设，对于腹板钢筋通常根据其起吊能力，预先焊成钢筋骨架，吊装后再绑扎或焊接成型，钢筋绑扎、焊接要符合技术规范的要求。

③ 预应力管道采用镀锌钢带制作，预应力管道的位置按设计要求准确布设，并采用每隔 50 cm 一道的定位筋进行固定，接头要平顺，外用胶布缠牢，在管道的高点设置排气孔。

④ 锚垫板安装前，要检查锚垫板的几何尺寸是否符合设计要求，锚垫板要牢固的安装在模板上。要使垫板与孔道严格对中，并与孔道端部垂直，不得错位。

⑤ 预应力筋的下料长度要通过计算确定，计算要考虑孔道曲线长，锚夹具长度，千斤顶长度及外露工作长度等因素。

⑥ 预应力筋穿束前要对孔道进行清理。

（5）混凝土的浇筑

浇筑施工前，要做混凝土的配合比设计及各种材料试验，并根据实际情况进行综合比较确定箱梁混凝土采用一次、两次或三次浇筑。以下两点在施工中应给予重视。

① 混凝土浇筑时要安排好浇筑顺序，其浇筑速度要确保下层混凝土初凝前覆盖上层混凝土。

② 混凝土的振捣采用插入式振捣器进行，振捣器的移动间距不超过其作用半径的1.5 倍，并插入下层混凝土 5~10 cm。对于每一个振捣部位，必须振捣到该部位混凝土密实为止，但也不得超振。

（6）预应力的张拉

① 在进行张拉作业前，必须对千斤顶、油泵进行配套标定，并且每隔一段时间进行一次校验。有几套张拉设备时，要进行编组，不同组号的设备不得混合。

② 当梁体混凝土强度达到设计规定的张拉强度时，方可进行张拉。

③预应力的张拉采用双控，即以张拉力控制为主，以钢束的实际伸长量进行校核，实测伸长值与理论伸长值的误差不得超过规范要求，否则应停止张拉。

（三）桥梁上部结构逐孔施工技术

1. 概述

逐孔施工法从施工技术方面有三种类型。

（1）采用临时支承组拼预制节段逐孔施工；对于多跨长桥，在缺乏较大能力的起重设备时，可以将每跨梁分成若干段，在预制现场生产；架设时采用一套支承梁临时承担组拼节段的自重，并在支承梁上张拉预应力筋，并将安装跨的梁与移动临时支承梁，进行下一桥的施工。

（2）使用移动支架逐孔现浇施工。此法亦称移动模梁法，它是在可移动的支架、模板上完成一孔桥梁的全部工序。因为此法是在桥位上现浇施工，可免去大型运输和吊装设备，桥梁整体性好；同时，它还具有在桥梁预制厂生产的特点，可提高机械设备的利用率和生产效率。

（3）采用整孔吊装或分段吊装逐孔施工。这种施工方法是早期连续梁桥采用逐孔施工的唯一方法，可以用于混凝土连续梁和钢连续梁桥的施工中。

2. 用临时支承组拼预制节段逐孔施工的要点

（1）节段划分

①桥墩顶节段。由于桥墩节段要与前一跨连接，需要张拉钢索或钢索接长，为此对墩顶节段构造有一定要求。此外，在墩顶处桥梁的负弯矩较大，梁的截面还要符合受力要求。

②标准节段。前一跨墩顶节段与安装跨第一节段间可以设置就地浇筑混凝土封闭接缝，用以调整安装跨第一节段的准确程度。封闭接缝宽 15~20 cm，拼装时由混凝土垫块调整。在施加初预应力后用混凝土封填，这样可调整节段拼装和节段预制的误差。

（2）支承梁

①钢桁架导梁。钢梁应设置预拱度，要求当每跨箱梁节段全部组拼之后，钢导梁上弦应符合桥梁纵断面标高要求。并且还需准备一些附加垫片，用于临时调整标高。

②下挂式高架钢桁架。在节段组拼过程中，架桥机前臂必然下挠，安装桥跨第一块中间节段的挠度倾角调整是该跨架安设的关键，因而要求当一跨节段全部由架桥机空中吊起后，第一个中间节段与墩上节段的接触面应全部吻合。

3. 用移动支架逐孔现浇施工（移动模架法）

当桥墩较高，桥跨较长或桥下净空受到约束时，可以采用非落地支承的移动模架逐孔现浇施工，称为移动模架法。移动模架法适用于多跨长桥，桥梁跨径可达 50 m，使用一套设备可多次移动周转使用。

移动模架法施工的主要工序：侧模安装就位、安装底模、支座安装、预拱度设置与模板调整、绑扎底板及腹板钢筋、预应力系统安装、内模就位、顶板钢筋绑扎、箱梁混凝土浇筑、内模脱模、施加预应力、管道压浆、落模、拆底模及滑模纵移。

4. 整孔吊装或分段吊装逐孔施工

（1）整孔吊装或分段吊装逐孔施工的吊装的机具

吊装的机具有衍式吊、浮吊、龙门起重机、汽车吊等多种，可根据起吊物重力、桥梁所在的位置以及现有设备和掌握机具的熟练程度等因素决定。

（2）整孔吊装和分段吊装施工应注意以下几个问题

① 采用分段组装逐孔施工的接头位置可以设在桥墩处也可设在梁的1/5处，前者多为由简支梁逐孔施工连接成连续梁桥；后者多为悬臂梁转换为连续梁。在接头位置处可设有0.5~0.6 m现浇混凝土接缝，当混凝土达到足够强度后张拉预应力筋，完成连续。

② 桥的横向是否分隔，主要依据起重能力和截面形式确定。当桥梁较宽，起重能力有限的情况下，可以采用T梁或工字梁截面，分片架设之后再进行横向整体化。为了加强桥梁的横向刚度，通常采用梁间翼缘板有0.5 m宽的现浇接头。采用大型浮吊横向整体吊装将会简化施工和加快安装速度。

③ 对于先简支后连续的施工方法，通常在简支梁架设时使用临时支座，待连接和张拉后期钢索完成连续时拆除临时支座，放置永久支座。为使临时支座便于卸落，可以在橡胶支座与混凝土垫块之间设置一层硫黄砂浆。

④ 在梁的反弯点附近设置接头，在有可能的情况下，可在临时支架上进行接头。桥梁上部结构各截面的恒载内力根据各施工阶段进行内力叠加计算。

（四）桥梁上部结构悬臂施工技术

1. 悬臂拼装施工

（1）概述

悬臂拼装施工包括块件的预制、运输、拼装及合龙。它与悬浇施工具有相同的优点，不同之处在于悬拼以吊机将预制好的梁段逐段拼装。此外还具备以下优点。

① 梁体的预制可与桥梁下部构造施工同时进行，平行作业缩短了建桥周期。

② 预制梁的混凝土龄期比悬浇法的长，从而减少了悬拼成梁后混凝土的收缩和徐变。

③ 预制场或工厂化的梁段预制生产利于整体施工的质量控制。

（2）悬拼法施工方法

① 梁段预制方法分长线法及短线法。

② 长线法。组成梁体的所有梁段均在固定台座上的活动模板内浇筑且相邻段的拼

合面应相互贴合浇筑，缝面浇筑前涂抹隔离剂，以利脱模。优点是由于台座固定可靠，成桥后梁体线性较好；缺点是占地较大，地基要求坚实，混凝土的浇筑和养护移动分散。

③ 短线法。梁段在固定台座能纵移的模内浇筑。待浇梁段一端设固定模架，另一端为已浇梁段（配筑梁段），浇毕达到强度后运出原配筑梁段，如此周而复始，台座仅需 3 个梁段长。优点是场地较小，浇筑模板及设备基本不需要移机，可调的底、侧模便于平竖曲线梁段的预制；缺点是精度要求高，施工要求严，施工周期相对较长。

④ 长线法施工工序：预制场、存梁区布置→梁段浇筑台座准备→梁段浇筑→梁段吊运存放、修整→梁段外运→梁段吊拼。

2. 梁段的拼接施工

（1）0 号块梁段

为了保证连续梁分段悬拼施工的平衡和稳定，常将 T 构支座临时固结，必要时在墩两侧加设临时支架以满足悬拼的施工需要。

（2）1 号块梁段

1 号块梁段是紧邻 0 号块梁段两侧的第一箱梁节段，也是悬拼 T 构桥的基准梁段，是全跨安装质量的关键，通常采用湿接缝连接。湿接缝拼装梁段施工程序为：吊机就位→提升、起吊 1 号块梁段→安设铁皮管→中线测量→丈量湿接缝的宽度→调整铁皮管→高程测量→检查中线→固定 1 号块梁段→安装湿接缝的模板→浇筑湿接缝混凝土→湿接缝养护、拆模→张拉预应力筋→下一梁段拼装。

（3）其他梁段拼装

采用胶接缝拼装，拼装施工程序包括：吊机就位→起吊梁段→初步定位试拼→检查并处理管道接头→移开梁段→穿临时预应力筋入孔→接缝面上涂胶接材料→正式定位、贴紧梁段→张拉临时预应力筋→放松起吊索→穿永久预应力筋→张拉预应力筋后移挂篮→下一梁段拼装。

3. 预制梁块悬臂拼装时应注意的要点

（1）梁段的存放场地应平整，承载力应满足要求，支垫位置应与吊点一致。

（2）预制梁块的测量要求。

① 箱梁基准块出坑前必须对所有梁块进行测量，详细记录，并根据其在桥上的设计位置进行校正。

② 箱梁标高控制点和挠度观测点，在箱梁顶面埋置 4~6 个。

③ 在预制梁段上标出梁号、中轴线、横轴线。

（3）预制块件的悬臂拼装可依据设备和现场条件选用。如果方便在陆地上或在便桥上施工时，可采用自行式吊车、门式吊车进行拼装；对于水中桥跨，可采用水上浮吊进行安装；对于高墩身的桥跨，可利用各种吊机进行高空悬拼施工。

（4）桥墩顶梁段及桥墩顶附近梁段施工时，可采用托架或膺架为支架就地浇筑混凝土。托架或膺架应经过设计，计算其弹性及非弹性变形。

（5）应确保拼装的第一个梁块（基准块）的预制精度，安装时应对纵、横轴线、高程进行精确定位测量，为以后的拼装创造条件。

（6）采用悬臂拼装法修建预应力悬臂梁桥时，应先将梁、墩临时锚固或在墩顶两侧设立临时支承，待全部块件安装完毕后，再撤除临时锚固或支承。

（7）采用悬臂吊机、缆索、浮吊悬拼安装时，应按施工荷载进行强度、刚度、稳定性验算，使安全系数大于 2.0，施工中还应注意以下几点。

① 块件起吊安装前，需对起吊设备进行全面的安全技术检查，并按照设计荷载的60%、100% 和 130% 分别进行起吊试验。

② 吊机的最大承重能力应符合设计要求，应注意吊机的定位和锚固，经检查符合要求后再进行起吊拼装。

③ 移动吊机前应将纵向主桁架上所有活动部件尽量移动到主桁架后端，然后方可松懈锚固螺栓。

④ 桥墩两侧块件宜对称起吊，以确保桥墩两侧平衡受力。

⑤ 移动吊机时应沿箱梁纵轴线对称地向两端推进。

⑥ 墩侧相邻的 1 号块件提升到设计标高初步定位后，应立即测量、调整 1 号块件的纵轴线，使之与梁顶块件纵轴线的延伸线重合，使其横轴线与梁顶块件的横轴线平行且间距符合设计要求。应检查梁顶块件与 1 号块件间孔道的接头情况，调整并制作接缝间孔道接头后，方可将 1 号块件牢靠固定，其他各个块件连接时，均应按本条规定测量调整其位置。

⑦ 应在施工前绘制主梁安装挠度变化曲线，悬臂拼装过程中应随时观测桥轴线安装挠度曲线的变化情况，并与设计值进行对比，遇有较大偏差时应及时处理，以便控制块件的安装高程。

⑧ 吊机就位后须将支点垫稳，固定后锚螺栓，平车移动到起吊位置，进行下一块件的拼装。

（8）对于非 0 号、1 号块件的拼装，通常应在接缝上设置定位榫齿或钢定位器。

（9）采用胶接缝拼装的块件，涂胶前应就位试拼。胶黏剂一般采用环氧树脂，使用前应经过试验，符合设计要求方可使用。

（10）湿接缝块件应待混凝土强度达到设计强度等级的 70% 以上时（设计文件如有要求，则按设计文件要求处理，但不能低于设计强度等级的 70%），才能张拉预应力束。

（11）体系转换应按设计顺序进行。

4.悬臂浇筑施工法

（1）概述

适用于大跨径的预应力混凝土悬臂梁桥、连续梁桥、T形刚构桥、连续刚构桥。其特点是无须建立落地支架，无须大型起重与运输机具，主要设备是一对能行走的挂篮。

（2）施工准备

①挂篮设计及加工。挂篮是悬浇箱梁的主要设备，它是沿着轨道行走的活动脚手架及模板支架。国内外现有的挂篮按结构形式可分为桁架式、三角斜拉带式、预应力束斜拉式、斜拉自锚式；按行走方式可分为滑移式和滚动式；按平衡方式可分为压重式和自锚式。对某一具体工程，应根据梁段分段情况，根据对挂篮的质量、要求承受荷载及施工经验对挂篮进行认真详细的设计。除必须满足强度、刚度、稳定性要求外，还要使其行走、锚固方便可靠，质量不大于设计规定。挂篮由主桁架、锚固、平衡系统及吊杆、纵横梁等部分组成，由工厂或现场根据挂篮设计图纸精心加工而成。挂篮试拼后，必须进行荷载试验。

②0号、1号块的施工。挂篮是利用已浇筑的箱梁段作为支撑点，通过桁架等主梁系统、底模系统，人为创造一个工作平台。对于0号、1号块挂篮没有支撑点或支撑长度不够，需采用其他方式浇筑。一般采用扇形托架浇筑。扇形托架可用万能杆件、贝雷片或其他装配式杆件组成，托架可支撑在桥墩基础承台上或墩身上。托架除须满足承重强度要求外，还需具有一定的刚度，各连续点应连接紧密，螺栓旋紧，以减少变形，避免梁段下沉和裂缝。

③临时固结。对于连续箱梁，梁与墩未固结在一起，施工时，两侧悬浇施工难以保持绝对平衡，必须在施工中采取临时固结措施，使梁具有抗弯能力。临时固结一般采用在支座两侧临时加预应力筋，梁和墩顶之间浇筑临时混凝土垫块。将梁固结在桥墩上，使梁具有一定的抗弯能力。在条件成熟时，再采用静态破碎方法，解除固结。

（3）悬臂浇筑施工中应注意要点

①主梁各部分的长度应充分考虑主梁的形式、跨径、墩宽、挂篮的形式以及施工周期来确定。0号块梁段长度一般为5~20 m，悬浇分段长度一般为3~5 m。

②桥墩顶梁段及桥墩顶附近梁段施工时，可采用托架或膺架为支架就地浇筑混凝土。托架或膺架应经过设计，计算弹性及非弹性变形。

③在梁段混凝土浇筑前，应对挂篮（托架或膺架）、模板、预应力筋管道、钢筋、预埋件、混凝土材料、配合比、机械设备、混凝土接缝处理情况进行全面检查，经确认后方可浇筑。

④悬臂施工过程中，若梁身与墩身采用非刚性连接，为确保结构的稳定性，悬臂梁桥和连续梁桥应实施0号块梁段与桥墩间临时固结支承措施；对于刚性连接的T形

刚构、连续刚构梁，因结构本身已具有一定的抗弯能力，可根据设计和施工要求在墩旁架设临时托架等方法进行施工。临时固结支承可采用如下措施。

A. 将 0 号块梁段与桥墩钢筋或预应力筋临时固结，待解除固结时再将其切断。

B. 在桥墩一侧或两侧设置临时支承或支墩。

C. 顺桥向用扇形或门式托架将 0 号块梁段临时支承，待悬浇到至少一端合龙后恢复原状。

D. 临时支承可用硫黄水泥砂浆块、砂筒或混凝土块等卸落设备，以使体系转换时，较方便地撤除临时支承。当采用硫黄水泥砂浆块作临时支承的卸落设备，并采用高温熔化撤除支承时，必须在支承块之间设置隔热措施，以免损坏支座部件。

⑤ 挂篮安装时应确保安全、稳定、可靠。

A. 挂篮的主纵、横梁的分联和移动操作应特别精心，以防急剧的塌落和倾覆。

B. 浇筑混凝土时，后端应锚固于已完成的梁段上，后锚和移动架可采取保险锚、保险索或保险手动葫芦等安全措施。

C. 挂篮桁架在已完成的梁段上行走时，应于后端压重稳定。

D. 挂篮桁架行走和浇筑混凝土时的稳定系数，均不得小于 1.50。

E. 挂篮组拼后，要全面检查安装质量，并对挂篮进行试压，以消除结构的非弹性变形。挂篮试压的最大荷载一般可按最大悬浇梁段质量的 1.3 倍考虑。挂篮试压通常采用水箱加压法、试验台加压法及沙袋法。

⑥ 桥墩两侧梁段悬臂施工进度应对称、平衡，实际不平衡偏差不超过设计要求值。设计无要求时，其两端允许的不平衡质量最大不得超过一个梁段的底板自重。

⑦ 悬臂浇筑前端底板和桥面的标高，应按照挂篮前端的垂直变形及预拱度设置，施工过程中要对实际高程进行监测，如果与设计值有较大出入时，应会同有关部门查明原因进行调整。

⑧ 安装模板后，应严格核准中心位置及标高、校正中线。

A. 组装模板并校正中线，外模及框架的长度和高度应能适应各节段的变化。内模由侧模、顶模和内框架组成，应便于拆模和修改。

B. 如上一节段施工后出现中线或高程误差需要调整时，应在模板安装时予以调整。

C. 模板和前一节段的混凝土面应平整密贴。

⑨ 安装预应力预留管道时，应确保管道连接紧密、管道定位准确。放置预应力管道时要注意和前一段的管道连接接头严密对准，并用胶布包贴，防止灰浆渗入管道，还应设置足够的定位钢筋，以确保预留管道在浇筑混凝土过程中位置正确，线形和顺。纵向预应力管道用塑料波纹管时必须设置塑料内衬管，内衬管外径可比波纹管内径小 3~4 mm。定位钢筋的纵向水平间距不大于 100 cm，曲线段间距不大于 50 cm。

⑩ 挂篮行走前要测定已完成节段梁端标高，并定出箱梁中轴线。当解除挂篮的后

锚固后,挂篮沿箱梁中轴线对称向两端,每前进50 cm作一次同步观测,防止挂篮转角、偏位造成挂篮受扭。

⑪ 箱梁梁段混凝土浇筑,可视箱梁截面高度情况采用一次或二次浇筑法。无论采用何种方法浇筑,梁段自重误差应在 ±3% 范围内。

用一次浇筑法,可在箱梁顶板中部留一窗口,以供浇筑底板混凝土,待浇好底板后立即补焊钢筋封洞,同时浇筑肋板混凝土,最后浇筑顶板混凝土,一次完成。浇筑肋板混凝土时,两侧肋板应同时分层进行。浇筑顶板及翼板混凝土时,应从外侧向内侧一次完成,以防发生裂纹。

当采用两次浇筑时,各梁段的施工应错开。箱梁分层浇筑时,底板可一次浇筑完成,腹板可分层浇筑,分层间隔时间宜控制在混凝土初凝之前且应使层与层覆盖住。为缩短两次浇筑混凝土的时间间隔,可一次支立外侧模,内侧模分次接高,内模接高应待底板混凝土达到一定强度后进行,同时做好钢筋的绑扎和预应力的定位、布设工作,然后浇筑肋板上段和顶板混凝土。其接缝除按施工缝要求进行处理外,还应采取如预埋型钢、预留凹槽等抗剪措施。

施工中还应注意如下几点。

A. 检查钢筋、管道、预埋件的位置。

B. 检查已浇混凝土表面的润湿情况。

C. 浇筑时随时检查锚垫板的固定情况。

D. 检查压浆管是否通畅牢固。

E. 严密监视模板与挂篮变化情况,发现问题及时处理。

F. 检查对称浇筑进度。

⑫ 箱梁截面混凝土浇筑顺序应按设计要求进行,如果设计无明确要求,通常应按下列顺序进行浇筑:

A. 浇筑混凝土时,必须从悬臂端开始,两个悬臂端应对称均衡地进行浇筑。

B. 浇筑混凝土时,应加强振捣,对于高箱梁混凝土施工,可采用内侧模开仓振捣。

C. 在浇筑混凝土的同时应注意对预应力管道的保护,浇筑后应及时对管道清孔,以利穿束。

⑬ 为提高混凝土早期强度,加快施工速度,在设计混凝土配合比时,一般加入早强剂或减水剂。混凝土梁段浇筑周期一般为5~7 d,为防止混凝土出现过大的收缩、徐变,应在配合比设计时按规范要求控制水泥用量。

⑭ 梁段拆模后,应对梁端的混凝土表面进行凿毛处理,以加强接头混凝土的连接。悬浇梁段分次浇筑混凝土时,如处理不当,由于后浇筑混凝土的重力的影响会引起挂篮变形,导致先浇筑的混凝土开裂,故应采取措施消除后浇筑混凝土引起的挂篮变形。

⑮ 分期浇筑混凝土时,新旧混凝土的结合面应凿毛洗净,还应严格控制相邻两次

混凝土浇筑的龄期差，一般在任何情况下不得大于 20 d，同时应控制水灰比降低骨料温度，减少模板与混凝土间的摩阻力。

⑯ 在每一梁段施工过程中出现大风预报应停止施工，并使两悬臂端不得出现不平衡荷载，且应确保挂篮的牢固性。

⑰ 混凝土浇筑完毕后应进行养护，待养护达到设计强度的 75%，并经过孔道检查、修理管口弧度后，即可进行穿束、张拉、压浆和封锚等工作。

（4）施工中易出现的问题及预防措施

① 箱梁腹板出现斜向裂缝

悬臂现浇混凝土箱梁拆模后张拉预应力索，腹板混凝土出现裂缝。一种是有规律地出现在与底板约呈 45° 的斜裂缝。另一种为沿预应力索管方向的斜向裂缝，往往是靠近锚头处裂缝开展较宽，逐渐变窄而至消失。

A. 原因分析

出现与底板呈 45° 斜裂缝的原因极大可能是该区域的主拉应力，超过了该处的预应力索和普通钢筋的抗剪力及混凝土的抗拉强度。也有可能是混凝土拆模时间过早，混凝土尚未达到其设计抗拉强度。

出现沿预应力索管方向的裂缝的原因往往是由于预应力索张拉时，索管及其周边混凝土受到较集中的压应力，由于泊松效应导致索管及其周边混凝土受到索管径向的巨大张力，如保护层混凝土不足以抵抗拉应力，则会在其最薄弱处开裂；混凝土未达到拆模、张拉的龄期或强度；腹板的非预应力普通钢筋网，钢筋间距较大，不能满足抗裂要求；施工临时荷载超载或在作用点产生过大的集中应力。

B. 预防措施

悬臂现浇混凝土箱梁腹板斜向裂缝的出现往往是设计、施工、材料、工艺等综合因素作用的结果，原因比较复杂。但其中必然有一两个原因是主要的。为此，应针对不同的情况，采取相应的对策。设计中需注意：

a. 布置有弯起预应力筋部位，往往能有效地克服主拉应力。因此在无弯起预应力筋部位应特别注意验算该部位的主拉应力，并布置相应的抗裂钢筋。

b. 加密普通钢筋间距以增强抗裂性。必要时可在易发生斜向裂缝的区段，加设钢丝网片。

c. 在预应力束张拉集中的近锚头区域，增设钢筋网片，以提高抗压能力和分散集中力。

d. 施工工况、工艺流程必须与设计相符。如有变更应立即与设计单位联系，核算无误后方可施工。

e. 混凝土未到龄期或强度，不能拆除模板。为掌握混凝土的实际强度，可在浇筑混凝土时多制作几组混凝土试块，在不同龄期进行试验。

②箱梁拆模后在腹板与底板承托部位出现空洞、蜂窝、麻面。

箱梁浇筑混凝土拆模后，在底板与腹板连接处的承托部位，部分腹板离底板 1 m 高范围内出现空洞、蜂窝、麻面。

A.原因分析

箱梁腹板一般较高，厚度较薄，在底板与腹板连接部位钢筋较密，又布置有预应力筋使得腹板混凝土浇筑时不易振实，也有漏振情况，易造成蜂窝。

若箱梁设置横隔板，通常会设预留入孔，浇筑混凝土时从预留入孔两边同时进料，易造成预留孔下部空气被封堵，形成空洞。

浇筑混凝土时，若气温较高，混凝土坍落度小，模板湿水不够，局部钢筋太密，振捣困难，易使混凝土出现蜂窝，不密实。

箱梁混凝土浇筑量较大，若供料不及时，易造成混凝土振捣困难，出现松散或冷缝。

模板支撑不牢固，接缝不密贴，易发生漏浆、跑模，使混凝土产生蜂窝、麻面。

施工人员操作不熟练，振捣范围分工不明确，未能严格做到对相邻部位交叉振捣，从而发生漏振情况，使混凝土出现松散、蜂窝。

B.防治措施

箱梁混凝土浇筑前应做好合理组织和分工，对操作人员进行技术交底，划分振捣范围，浇筑层次清楚，相互重复振捣长度应取 50 cm 左右，一边下料。对设置横隔板的箱梁，混凝土要轮流从横隔板洞口一边下料，并从洞口下另一边振出混凝土，避免使空气封堵在洞口下部，这样就不易在洞口下部形成空洞。

合理组织混凝土供料，如采用商品混凝土，现场宜有临时备用搅拌设备，以便当商品混凝土因运输或其他原因带来供料中断时予以临时供料。

根据施工气温，合理调整混凝土坍落度和混凝土水灰比，当气温高时，要做好模板湿润工作。

当箱梁腹板较高时，模板上应预留入孔处，使得振捣棒可达到各部位。

对箱梁底板与腹板承托处及横隔板预留入孔处，应重点进行监护，确保混凝土浇筑质量。

四、桥面及附属工程施工技术

（一）桥面铺装施工

桥面铺装即行车道铺装，作为上层的保护层，保护桥面免受车轮的摩擦以及雨水的冲刷作用，并对车轮荷载具有一定的分布作用。所以，桥面铺装必须具有一定的强度、刚度、抗滑和不透水性。

桥面铺装的平整性耐磨性和不翘性是确保行车平稳的关键，特别是在钢箱梁上铺设沥青路面时的技术要求十分严格。桥面铺装可采用水泥混凝土、沥青混凝土、沥青表面处治和泥结碎石等材料。而沥青表面处治和泥结碎石桥面铺装耐久性较差，仅在中级和低级公路桥梁上使用。本章简要介绍桥梁水泥混凝土和沥青混凝土桥面的铺装层施工。

1. 水泥混凝土桥面铺装

水泥混凝土桥面铺装是以水泥和水合成的水泥浆为结合料，碎（砾）石为粗集料，砂为细集料，经过拌和、摊铺、振捣和养护所修筑的桥面铺装。水泥混凝土桥面铺装直接铺设在防水层或桥面板上，其混凝土强度等级一般与桥面板混凝土等级相同或高一级，铺设时应避免两次成形。水泥混凝土桥面铺装层内一般配置钢筋网，钢筋直径不应小于 8 mm，间距不大于 100 mm。采用水泥混凝土铺装桥面耐磨性较好，养护费用小，适合于重载交通，但其养生期比沥青混凝土铺装的养生期要长，后期修补也比较麻烦。

（1）材料准备

桥面水泥混凝土要求强度等级在 C30 以上，要满足防水、抗冻、抗冲击和耐磨等性能要求，而结构厚度较小（6~10 cm），故对路面铺装材料的要求较高。

① 粗集料。一般宜选用碎石，特别是有抗冻、抗冲击要求的混凝土；碎石要求级配良好，最大粒径不大于层厚的 1/4，一般以 5~20 mm 为宜；针片状颗粒含量不大于 7%，含泥量不大于 0.2%。

② 细集料。宜选用优质中砂（细度模数 2.3~2.8），天然砂和人工砂均可，含泥量不大于 0.5%，进场后按国家现行标准《公路工程集料试验规程》（JTJ E42—2005）相关规定取样试验，其质量应符合《公路桥涵施工技术规范》（JTG/T F50—2011）的规定。

③ 水。宜选用可饮用水，水质应符合国家现行《混凝土用水标准》（JGJ 63—2006）相关规定。

④ 水泥。宜选用强度等级为 32.5 级以上硅酸盐水泥或普通硅酸盐水泥。水泥进场后应有产品合格证和出厂检验报告，对其强度、安定性等性能指标进行取样复试。

⑤ 外加剂。外加剂应有产品说明书、出厂检验报告及合格证，应由相应资质等级的检测部门出具有害物质含量检测报告。为提高混凝土密实度和早期强度，宜选用优质高效减水剂。

（2）安放钢筋

钢筋可选用市场上合格的成品钢筋网片，这类网片一般采用冷拉圆筋或冷轧带肋钢筋加工而成，强度较高，一般节点采用机械电阻焊，较为牢固；如果选用此类成品网片，可根据单幅桥面净宽定做，运到现场后采用绑扎连接即可。

如无特别要求，也可在现场加工钢筋网。钢筋网一般采用热轧 6~12 mm 钢筋，6~10 mm 钢筋一般采用 Ⅰ 级盘圆筋，12 mm 钢筋一般采用 Ⅱ 级带肋筋；Ⅰ 级盘圆筋需要先行调直，可以用冷拉或机械调直的方法，若采用冷拉法，其冷拉率不宜大于 2%。

将调直的钢筋按设计的网眼尺寸在桥面上布置并固定，交叉点一般采用铁丝绑扎，也可用点焊；钢筋如需接长，可采用绑扎或电弧焊等方式搭接，搭接长度应满足相应的规范要求，若采用绑扎接头，应在两端和中央处均绑扎牢固。

（3）安装模板

由于水泥混凝土铺装层较薄（一般为 6~12 cm），同时要伸出钢筋连接，故一般用木板或钢板做成齿板或带孔板的形式，既便于钢筋定位又可支挡混凝土，同时也方便装拆。

安装模板要确保线形平顺，模板接缝的错台要小于 2 mm，同时模板要固定牢固，以防在浇注时爆模。安装完成的模板要经过高程复核。

（4）混凝土拌和与运输

混凝土拌和宜使用强制式搅拌机拌和，应先将碎石、砂和水泥干拌 1 min，再放入水和减水剂的溶液湿拌 1.5 min；如需掺入纤维，则应均匀撒在碎石和砂之间，钢纤维的掺量一般为 1% 的体积率，聚丙烯纤维的掺量一般为 0.9 kg/m³；要严格控制混凝土的坍落度。

混凝土运输可用混凝土罐车或其他小型车辆运输，运输时间不宜大于 30 min，且要做到不漏浆、不吸水、不离析，坍落度损失小。

（5）混凝土入模与初平

① 标高控制。在混凝土施工前先用水准仪测量梁板顶面标高，一般纵向 10 m、横向 5 m 一个点，再用混凝土（砂浆）带或固定型钢（钢筋）顶面标高控制带，间距宜小于 6 m，可做 2~4 条，顶面要保持平顺。

② 混凝土入模。混凝土用运输车运到施工地点后，分点卸在模内，以便于摊平。

③ 混凝土初平。混凝土卸料后用人工进行摊平，其松铺高度一般要高于设计顶面 2~3 cm。

（6）混凝土振捣与平整

① 混凝土振捣。混凝土摊平后用平板振捣器将其振捣密实，平板振捣器的行走速度宜控制在 5 m/min 左右，反复振捣 3~5 遍，至混凝土密实不再沉降、表面覆盖一层稠浆为止；在混凝土较厚（大于 15 cm）处须先使用插入式振捣器。

② 混凝土平整。平整度要求较高时宜先用钢滚筒进行初平、压实；钢筒直径一般为 15~25 cm，厚 1 cm 左右，中轴为 $50 mm 左右的钢棒，轴与筒之间灌填粗砂，其重量既要能将混凝土压实又要便于操作，并要有足够的刚度；使用钢滚筒时，将其放

在两条标高控制带上，再在两端各用一人用粗绳拉动中轴使其来回滚动，并用人工辅助挖补找平，直至将表面压平为止；钢滚筒表面宜保持平整、不黏附混凝土。有条件的单位可使用三轴整平机，它将表面振捣和平整结合在一起，效率较高，但原理与上述相同。

③混凝土精平。可选用方木或铝合金型材，一般长 3~6 m，用一人或两人持型材板沿标高控制带进行纵向精平，要注意封闭气（水）泡眼；要搭施工台供人站立。

（7）混凝土表面处理

混凝土表面应依据设计要求设置防滑构造。当设计为拉槽或压槽时，在第二次抹平后，沿横坡方向拉毛或采用机具压槽，拉毛和压槽深度应为 1~2 mm；当设计为刻槽时，则在混凝土达到设计强度的 75% 后，用刻槽机刻槽。

（8）混凝土养护

因混凝土铺装层是大面积的薄层构件，易于风干开裂，故要特别注意后期养护。混凝土养护可用土工布或麻（草）袋覆盖，然后洒水湿润，时间保持 7 d。

（9）后浇带施工

桥面混凝土的横向分块施工，需要预留安装模板的宽度，一般为 20~30 cm，此处桥面铺装待主体浇筑完成后另行浇筑。有时为了预留预应力张拉槽口或其他原因而留有一段空带作为后浇带，在最后浇筑。后浇带施工与正常的铺装施工完全相同，但要注意在施工前须将之前浇筑的铺装层端面凿毛、洗净，使新浇筑混凝土与桥面铺装混凝土结合良好。

2.沥青混凝土桥面铺装

沥青混凝土适用于大桥、特大桥的桥面铺装，高速公路、一级公路桥梁的沥青混凝土桥面铺装层厚度不宜小于 70 mm；二级及二级以下的公路桥梁的沥青混凝土桥面铺装层厚度不宜小于 50 mm。为了防滑和减弱光线的反射，最好将混凝土做成粗糙表面。沥青混凝土铺装可以做成单层式、双层式或三层式。

沥青混凝土铺装前需对桥面进行检查，桥面要平整、粗糙、干燥、整洁。桥面横坡应满足要求，不符合时应及时处理。铺筑前应撒布黏层沥青，石油沥青撒布量为 0.3~0.5 L/m³。

沥青混凝土路面施工的一般工序为：施工准备→沥青混凝土拌和、运输→沥青混凝土摊铺、碾压→接缝、修边和清场。

（1）施工准备

沥青混凝土所用粗细集料、填料以及沥青均应符合规范技术要求，提前设计混合料配合比，包括矿料级配、沥青含量稳定度（包括残留稳定度）、饱和度、流值、马歇尔试件的密度与空隙率等的详细说明。

沥青混合料拌和设备、运输设备以及摊铺设备均应符合规范技术要求。

施工测量放样：

① 恢复中线。在直线每 10 m 设一钢筋桩，平曲线每 5 m 设一桩，桩的位置在中央隔离带所摊铺结构层的宽度外 20 cm 处。

② 水平测量。对设立好的钢筋桩进行水平测量，并标出摊铺层的设计标高，挂好钢筋，作为摊铺机的自动找平基线。

沥青材料的准备。沥青材料应先加热，避免局部加热过度，并确保按均匀温度把沥青材料源源不断地从贮料罐送到拌和设备内，不应使用正在起泡或加热超过 160 ℃ 的沥青胶结料。

（2）沥青混凝土拌和、运输

① 沥青混凝土拌和

集料和沥青材料按工地配合比公式规定的用量测定和送进拌和，送入拌和设备里的集料温度应符合规范规定，在拌和设备内及出厂的混合料的温度，应不超过 160 ℃。

把规定数量的集料和沥青材料送入拌和设备后，需把这两种材料充分拌和直至所有集料颗粒全部裹覆沥青结合料为度，沥青材料也完全分布到整个混合料中；拌和厂拌和的沥青混合料应均匀一致、无花白料、无结团块。

拌好的热拌沥青混合料不立即铺筑时，可放入保温的成品储料仓储存，存储时间不可超过 72 h，贮料仓无保温设备时，允许的储料时间应以符合摊铺温度要求为准。

② 沥青混合料运输

沥青混凝土运输采用 15 t 的自卸车运输，从拌和设备向自卸车放料时，为减少粗细集料的离析现象，每卸一斗混合料挪动一下汽车位置，运料时，自卸车用篷布覆盖。

（3）沥青混凝土摊铺、碾压

① 沥青混凝土摊铺

A. 沥青混凝土采用沥青摊铺机进行摊铺和刮平。摊铺机自动找平时，采用所摊铺层的高程靠金属边桩挂钢丝所形成的参考线控制，横坡靠横坡控制器来控制，精度在 ±0.1% 范围。

B. 摊铺时，沥青混合料必须缓慢均匀、连续不间断地摊铺。不得随意变换速度或中途停顿。摊铺机螺旋送料器中的混合料的高度保持不低于送料器高度的 2/3，并确保在摊铺机全宽度断面上不发生离析。

C. 在机械不能摊铺及整修的地方，在征得监理工程师同意后可用人工摊铺和整修。

D. 在施工安排时，当气温低于 10 ℃ 时不安排沥青混合料摊铺作业。

② 沥青混合料碾压

A. 一旦沥青混合料摊铺整平，并对不规则的表面修整后，立刻对其进行全面、均匀的压实。

B. 初压在混合料摊铺后较高温度下进行，沥青混合料不应低于 120 ℃，不得产生推移、发裂；碾压时将驱动轮面向摊铺机，碾压路线及碾压方向不得突然改变，初压两遍；复压要紧接在初压后进行，沥青混合料不能低于 90 ℃。

C.终压要紧接在复压后进行，沥青混合料不得低于 70 ℃，采用轮胎压路机碾压 2~4 遍，并无轨迹，路面压实成型的最终温度符合规范要求。

D.碾压从外侧开始并在纵向平行于道路中线进行，双轮压路机每次重叠 30 cm，三轮每次重叠为后轮宽的一半，逐步向内侧碾压过去，用梯队法或接着先铺好的车道摊铺时，应先压纵缝，然后进行常规碾压，在有超高的弯道上，碾压应采用纵向行程平行于中线重叠的办法，由低边向高边进行。碾压时压路机应匀速行驶，不可在新铺混合料上或未碾压成型并未冷却的路段上停留、转弯或急刹车。施工检验人员在碾压过程中，使用核子密度仪来检测密实度，以确保获得要求的最小压实度，开始碾压时的温度控制在不低于 120 ℃，碾压终了温度控制在不低于 70 ℃，初压、复压、终压三种不同压实段落接茬设在不同的断面上，横向错开 1 m 以上。

E.为防止压路机碾压过程中沥青混合料沾轮现象发生，可向碾压轮洒少量水、混有极少量洗涤剂的水或其他认可的材料，把碾轮适当保湿。

（4）接缝、修边和清场

沥青混合料的摊铺应尽量连续作业，压路机不得驶过新铺混合料的无保护端部，横缝应在前一次行程端部切成，以暴露出铺层的全面。接铺新混合料时，应在上次行程的末端涂刷适量黏层沥青，然后紧贴着先前压好的材料加铺混合料，并注意调置整平板的高度，为碾压留出充分的预留量。相邻两幅及上下层的横向接缝均应错位 1 m 以上。横缝的碾压采用横向碾压后再进行常规碾压。修边切下的材料及其他的废弃沥青混合料均应从路上清除。

（二）伸缩缝安装施工

桥梁结构在温度变化、荷载作用、基础变位、混凝土收缩和徐变等影响下将会产生伸缩变形，为了满足桥梁在各种荷载作用下受力与变形要求，确保车辆平稳安全通过，需要在相邻两梁端之间，或桥梁的铰接处设置预留伸缩缝，并在桥面设置伸缩装置。依据伸缩装置的传力方式及其构造特点，可分为对接式、钢制支承式、橡胶组合剪切式、无缝式伸缩装置等。伸缩装置应满足下列要求：在平行、垂直于桥梁轴线的两个方向，均能自由伸缩；除本身要有足够的强度外，应与桥面铺装部分牢固连接；车辆通过时应平顺、无突跳且噪声小；具有良好的密水性和排水性，并便于安装、检查、养护和清除沟槽的污物。

伸缩缝是桥梁的薄弱环节，在汽车荷载的作用下有很小的不平整就会使该处受到很大的冲击作用。因而，在实际工程中，伸缩装置常常遭到损坏需要维修、更换。造成伸缩装置破坏的原因，除了交通流量增大、重型车辆增多，使得冲击作用明显增大之外，设计、施工和养护方面的失误也不容忽视。对于伸缩装置，在设计时需选用抵抗变形能力较强的伸缩装置，精确到位，并安装牢固。对于曲线桥或斜桥，除了纵向、竖向变形外，还存在横向、纵向及竖向相对错位，故选用的伸缩装置要有相应的变位适应能力。

伸缩装置的施工工序一般按以下顺序进行：安装前现场准备→开槽→缝体安装→混凝土浇筑→养生。

施工作业时应注意以下几方面内容。

1. 机械设备、小型机具配备齐全，尤其是提供施工车辆过往的过桥板必须质量坚固、数量充足，以确保施工顺利进行。

2. 桥面沥青混凝土铺装层完成（覆盖伸缩缝连续铺筑）并验收合格后，应根据施工图的要求确定开槽宽度，准确放样，打上线后用切割机锯缝、顺直，锯缝线以外的沥青混凝土路面，必须仔细用塑料布覆盖并用胶带纸封好，以防锯缝时产生的石粉污染路面。锯缝应整齐、顺直，并注意把沥青混凝土切透，以免开槽时缝外混凝土松动。

3. 梁端间隙内的杂物，特别是混凝土块必须清理干净，然后用泡沫塑料填塞密实。若有梁板顶至背墙情形，须将梁端部分凿除。开槽后产生的所有弃料必须及时清理干净，确保施工现场整洁。

4. 安装时伸缩缝的中心线应与梁端中心线相重合。如果伸缩缝较长，需将伸缩缝分段运输，到现场后再对接，对接时应将两段伸缩缝上平面置于同一水平面上，使两段伸缩缝接口处紧密靠拢，并校直调整。用高质量的焊条逐条焊接，焊接时宜先焊接顶面，再焊侧面，最后焊底面，要分层焊接，确保质量，并及时清除焊渣。

5. 伸缩缝的焊接。固定后应对伸缩缝的标高再复测一遍，确认在临时固定过程中未出现任何变形、偏差后，把异性钢梁上的锚固钢筋与预埋钢筋在两侧同时焊牢，最好一次全部焊牢。如有困难，可先将一侧焊牢，待达到预定的安装气温时，再将另一侧全部焊牢。伸缩缝焊接牢固后，应尽快将预先设定的临时固定卡具、定位角钢用气割枪割去，使其自由伸缩，此时应严格保护现场，防止车辆误压。

6. 模板安装时多采用泡沫板、纤维板、薄铁皮等，模板应做得牢固、严密，能在混凝土振捣时而不出现移动，并能防止砂浆流入伸缩缝内，以免影响伸缩。为防止混凝土从上部缝口进入型钢内侧沟槽内，型钢的上面必须要用胶布封好。

7. 桥梁伸缩缝混凝土的施工会截断桥梁两侧盲沟内的水的排出，造成桥面铺装出现水损坏，宜通过塑料软管将桥梁盲沟内的水排出桥面外，在浇筑混凝土时将排水软管埋设到位。

8. 水泥混凝土浇筑完成后覆盖麻袋等，并严格洒水养生，养生期不少于 7 d，养生期间严禁车辆通行。

（三）其他附属工程施工

1. 人行道

人行道是用路缘石或护栏或其他设施加以分隔的专门供人行走的部分。桥梁上的人行道宽度由人行交通量决定，可以选用0.75 m或1 m，大于1 m时按0.5 m倍数递增，行人稀少时可不设人行道。

按人行道的施工方法，有以下几种形式。

（1）就地浇筑的人行道，用于跨径比较小的桥梁中，人行道与行车道板及梁整体连接在一起，若人行道板的恒载及活载较小，可将其设在桥梁行车道的悬挑部分。

（2）整体预制装配式的人行道，是将人行道做成预制块件安装在桥面上，这种形式适用于各种净宽度的人行道，人行道下可以放置过桥管线，但是对管线的检修和更换比较困难。

（3）部分装配和部分现浇的人行道，是把预制的人行道梁、支撑梁及人行道板等构件通过与主梁上预埋件的连接，并使接缝部分填实，混凝土与桥面形成整体。

人行道顶面一般铺设20 mm厚的水泥砂浆或沥青混凝土作为面层，并且向桥内侧形成1%的横向坡度；桥面铺设中若设贴式防水层，要在人行道内侧设置路缘石，以便把防水层伸过缘石底面，从人行道与缘石之间的砌缝里向上叠起；人行道在桥面伸缩缝处也必须设断缝。

2. 安全带

不设置人行道的桥上，两边应设置宽度不小于250 mm，高度为250~350 mm的护轮安全带。为确保行车安全，安全带的高度可适当增加。安全带可以做成预制块件或与桥面铺装层一起现浇。预制的安全带有矩形截面和肋板式截面两种，以矩形截面最为常见。现浇的安全带宜每隔2.5~3.0 m做一个断缝，以免参与主梁受力而破损。

3. 栏杆和护栏

（1）栏杆

栏杆既是桥梁上的安全措施，又是桥梁表面的建筑。桥梁栏杆不仅要结构坚固，而且要求具有美观的外表。栏杆的高度一般不小于1.1 m，栏杆的间距一般为1.6~2.7 m。桥梁栏杆设置在人行道上，防止行人和车辆坠入桥下。

栏杆选用时首先要考虑结构安全可靠、选材合理，栏杆或栏杆底座要与浇在混凝土中的预埋件焊牢，以增强抗冲击能力。同时，栏杆要经济实用，工序简单，方便互换。在造型上，栏杆的材料和尺寸与整体应协调，常采用简单的上扶手、下扶手和栏杆柱组成。

（2）护栏

桥梁上的护栏，当设于人行道上时，主要作用是给行人以安全感，遮拦行人，防止行人坠入桥下；当无人行道时，桥上栏杆主要作用是与高填路堤或危险路段所设护栏相仿，用以引导视线，起到轮廓标示的作用，使车辆尽量在路幅之内行驶。用于高速公路、一级公路、城市快速道路、主干道路、立交工程等的护栏用以封闭沿线两侧，是人畜与非机动车辆公路的隔离设施，它同时能有效吸收能量、迫使失控车辆改变方向并使其恢复到原有行驶方向，防止其越出路外或跌落桥下的作用。

栏杆和护栏块件必须在人行道板铺设完毕后才可安装，安装栏杆柱时，必须全桥对直、校平（弯桥、坡桥要求平顺），竖直后用水泥砂浆填缝固定。

第二节 涵洞分类及施工技术

一、涵洞的分类

涵洞是横贯公路路基，用以泄水或通过人、畜车辆的小型构筑物。根据桥梁涵洞按跨径分类标准，涵洞的单孔跨径小于 5 m 或多孔跨径总长小于 8 m，但是圆管涵及箱涵不论管径或跨径大小、孔数多少，均称为涵洞。

涵洞按建筑材料可分为砖涵、石涵、混凝土涵和钢筋混凝土涵等；按涵洞断面形式可分为管涵、板涵、箱涵、拱涵等；按涵顶填土情况可分为明涵（涵顶无填土）和暗涵（涵顶填土大于 50 cm）等；按水力性能分为无压力涵、半压力涵和压力涵等。

二、涵洞的施工

（一）混凝土和钢筋混凝土圆管涵施工

1.圆管涵施工主要工序。测量放线→基坑开挖→砌筑圬工基础或现浇混凝土管座基础→安装圆管→出入口浆砌→防水层施工→涵洞回填及加固。

2.涵管预制。为确保涵管节的质量，管涵宜在工厂中成批预制，再运到现场安装，预制混凝土圆涵管可采用振动制管法、离心法、悬辊法和立式挤压法。在运输条件限制时，也可在现场就地制造。钢筋混凝土圆管成品应符合下列要求：（1）管节端面应平整并与其轴线垂直。斜交管涵进出水口管节的外端面，应按斜交角度进行处理。（2）管壁内外侧表面应平直圆滑，如有蜂窝，蜂窝处应修补完善后方可使用。（3）管节各部尺寸不得超过规定的允许偏差。（4）管节混凝土强度应符合设计要求。（5）管节外壁必须注明适用的管顶填土高度，相同的管节应堆置在一处，以便于取用，防止弄错。

3. 安装管节时的注意事项。（1）应注意按涵顶填土高度取用相应的管节，管节应检查合格后方可使用。（2）各管节应顺流水坡度安装平顺，当管壁厚度不一致时应调整高度使内壁齐平，管节必须垫稳坐实，管道内不得遗留泥土等杂物。（3）对插口管接口应平直，环形间隙应均匀，并应安装特制的胶圈或用沥青、麻絮等防水材料填塞，不得有裂缝空鼓、漏水等现象；对平接管，接缝宽度应不大于 10~20 mm，禁止用加大接缝宽度来满足涵洞长度要求；接口表面应平整，并用有弹性的不透水材料嵌塞密实，不得有间断、裂缝、空鼓和漏水等现象。

（二）拱涵、盖板涵施工

1. 石拱涵或钢筋混凝土拱涵施工主要工序。测量放样→基坑开挖、排水及换填→混凝土基础或浆砌基础施工→拱涵涵身、台座立模灌注→支立拱架，安装拱模→对称灌注拱圈混凝土或浆砌拱圈→养护拱圈混凝土或砂浆强度达80%设计值→对称拆除拱架、拱模→施做防水层→涵顶对称填土夯实→出入口、八字墙等附属工程施工。

2. 盖板涵（预制吊装）施工主要工序。测量放线→基坑开挖→下基础→浆砌墙身→现浇板座→吊装盖板→出入口浆砌→防水层施工→涵洞回填及加固。

3. 拱涵、盖板涵的施工要求。（1）拱圈和出入口拱上端墙的施工，需由两侧向中间同时对称进行。（2）钢筋混凝土、混凝土拱圈和盖板混凝土的现场浇筑施工宜连续进行，避免施工接缝，当涵身较长时，可沿长度方向分段进行，接缝应设在涵身沉降缝处。（3）就地浇筑的拱涵和盖板涵，宜采用组合钢模板，在缺乏钢木材料的情况下，可采用全部土胎。（4）拱圈砌筑砂浆或混凝土强度达到设计强度的75%时，方可拆除拱架，达到设计强度后，方可回填土。（5）在拱架未拆除的情况下，拱圈砌筑砂浆或混凝土强度达到设计强度的75%时，可进行拱顶填土，但在拱圈强度达到设计强度100%后，方可拆除拱架。

4. 预制拱圈和盖板的安装注意事项。（1）钢筋混凝土拱圈和盖板的预制，应按相关规范要求进行施工。预制涵洞盖板时，应注意检查上下面的方向，斜交涵洞应注意斜交角的方向，避免发生反向错误。（2）成品混凝土强度达到设计强度的70%时，方可搬运安装。（3）成品安装前，需检查成品及拱座、墩、台的尺寸。（4）安装后，成品拱圈和盖板上的吊装孔，应以砂浆填塞，如系吊环应锯掉。（5）拱座与拱圈、拱圈与拱圈的拼装接触面，应先拉毛或凿毛（沉降缝处除外），安装前应浇水湿润，再以 M10 水泥砂浆砌筑。

（三）倒虹吸管施工

1. 倒虹吸管施工主要工序。测量放线→基坑开挖→基坑修整与检查→铺设砂垫层和现浇混凝土管座→安装管节→接缝防水施工→竖井、出入口施工→防水层施工→回填土及加固。

2.倒虹吸管施工注意事项。（1）倒虹吸管宜采用钢筋混凝土或混凝土圆管，进出水口必须设置竖井，包括防淤沉淀井。施工时管节接头及进出水口砌缝应特别严格，不漏水。填土覆盖前应做灌水试验，符合要求后，方可填土。（2）倒虹吸管如需在冰冻期施工时，应按冬期要求施工进行，并应在冰冻前将管内积水排出，以防冻裂。（3）倒虹吸管的进出水口应在竣工后及时盖上。

（四）通道桥涵的顶进施工

当公路须从现有铁路、公路路基下面立交通过时，对原有路线采取必要的加固措施后，可以采取顶入法施工通道桥涵。

1.通道桥涵顶进施工主要工序。测量放线→工作坑定位与开挖→工作坑基础、导轨及附属设施施工→后背设计与施工桥涵身预制→顶进设备与设施准备→既有线路的加固→顶进作业→附属工程施工。

2.顶进工作坑及后背施工要求。（1）顶进的工作坑位置应根据现场地形、土质、结构物尺寸及施工需要决定，在确保排水和安全的前提下，工作坑边缘距公路、铁路应有足够的安全距离。（2）工作坑基底的承载力应能满足顶入桥涵的要求，否则应加固。（3）工作坑滑板应符合下列要求：滑板中心线与桥涵中心线一致；具有足够的强度、刚度和稳定性，必要时可在滑板上层配置钢筋网，以防顶进时滑板开裂；表面平整，减小顶进时的阻力；底面设粗糙面或锚梁，增加抗滑能力；宜将滑板做成前高后低的仰坡，坡度为3%左右；沿顶进方向，在滑板的两侧，距桥涵外缘50~100 m处设置导向墩，以控制桥涵顶入方向。（4）顶进桥涵的后背，应按照现场条件、地质、材料设备情况及强度、稳定性的要求进行设计计算，确保顶进工作顺利和安全。

3.顶进作业。注意事项：（1）桥涵顶进前应检查验收桥涵主体结构的混凝土强度、后背，应符合设计要求。应检查顶进设备并做预订试验。（2）千斤顶应按桥涵的中轴线对称布置。顶进法的传力设备安装时应与鼎力线一致，并与横梁垂直。顶程较长时，顶柱与横梁应用螺栓固定。（3）桥涵顶进挖土时保持刃角有足够的吃土量，挖掘进尺及坡度应视土质情况确定。挖土必须与观测紧密配合，根据偏差随时改变挖土方法。（4）顶管施工应在工作坑内安装导轨，导轨高程允许偏差为2 mm，中心线允许偏差为3 mm。首节管节安放在导轨上，应测量其中线和前后两端高程，合格后方可顶进。（5）顶管施工时，可在管前端先挖土，后顶进，一般轴向超挖量在铁路道砟下不可大于100 mm，其余情况不得大于300 mm，管节上部超挖量不得大于15 mm，管节下部135°范围内不应超挖。（6）桥涵顶进中，应经常对桥涵中线和高程进行观测，发现偏差及时纠正。发生左右偏差时，可采用挖土校正法和千斤顶校正法调整；发生上下偏差时，可采用调整刃角挖土量或铺筑石料等方法调整。（7）顶进作业应连续进行，不得长期停顿，以防地下水渗出，造成路基坍塌。出现事故时应立即停止顶进。（8）桥涵顶进时，对节间接缝及结构物应按设计要求进行防水处理。

第三节　桥梁工程作用及施工测量控制技术

一、桥梁工程作用的计算方法及作用效应组合

（一）桥梁施工作用的计算方法

公路桥涵设计采用的作用分为永久作用、可变作用和偶然作用等三类，规定见表3-1。

表3-1　作用分类

编号	作用分类	作用名称
1	永久作用	结构重力（包括结构附加重力）
2		预加力
3		土的重力
4		土侧压力
5		混凝土收缩及徐变作用
6		水的浮力
7		基础变位作用
8	可变作用	汽车荷载
9		汽车冲击力
10		汽车离心力
11		汽车引起的土侧压力
12		人群荷载
13		汽车制动力
14		风荷载
15		流水压力
16		冰压力
17		温度（均匀温度和梯度温度）作用
18		支座摩阻力
19	偶然作用	地震作用
20		船舶或漂流物的撞击作用
21		汽车撞击作用

1. 对不同作用应采用不同的代表值。比如：

（1）永久作用应采用标准值作为代表值。

（2）可变作用应根据不同的极限状态分别采用标准值、频遇值或准永久值作为其代表值。承载能力极限状态设计及按弹性阶段计算结构强度时应采用标准值作为可

变作用的代表值。正常使用极限状态按短期效应（频遇）组合设计时，应采用频遇值作为可变作用的代表值；按长期效应（准永久）组合设计时，应采用准永久值作为可变作用的代表值。

（3）偶然作用取其标准值作为代表值。

2.作用的代表值按下列规定取用

（1）永久作用的标准值。对结构自重（包括结构附加重力），可按结构构件的设计尺寸与材料的重力密度计算确定。

（2）可变作用的标准值应符合下列规定。①汽车荷载分为公路Ⅰ级和公路Ⅱ级；汽车荷载分为车道荷载和车辆荷载。车道荷载由均布荷载和集中荷载组成。桥梁结构的整体计算采用车道荷载；桥梁结构的局部加载涵洞、桥台和挡土墙土压力等的计算采用车辆荷载。车辆荷载与车道荷载的作用不重叠。②公路Ⅰ级车道荷载的均布荷载标准值为 $q_k=10.5$ kN/m；集中荷载标准值按照以下规定选取：桥梁计算跨径小于或等于 5 m 时，$P_k=180$ kN；桥梁计算跨径等于或大于 50 m 时，$P_k=360$ kN；桥梁计算跨径在 5~50 m 时，P_k 值采用直线内插求得。计算剪力效应时，上述集中荷载标准值 P_k 应乘以 1.2 的系数。③公路Ⅱ级车道荷载的均布荷载标准值 q_k 和集中荷载标准值 P_k 按公路Ⅰ级车道荷载的 0.75 倍采用。④车道荷载的均布荷载标准值应满布于使结构产生最不利效应的同号影响线上；集中荷载标准值只作用于相应影响中一个最大影响线峰值处。⑤人群荷载标准值按下列规定采用：当桥梁计算跨径小于或等于 50 m 时，人群荷载标准值为 3.0 kN/m²；当桥梁计算跨径等于或大于 150 m 时，人群荷载标准值为 2.5 kN/m²；当桥梁计算跨径在 50~150 m 时，可由线性内插得人群荷载标准值。

对跨径不等的连续结构，以最大计算跨径为准。城镇郊区行人密集地区的公路桥梁，人群荷载标准值取上述规定值的 1.15 倍。专用人行桥梁，人群荷载标准值为 3.5 kN/m²。⑥可变作用频遇值为可变作用标准值乘以频遇值系数 $\phi1$。可变作用准永久值为可变作用标准值乘以准永久值系数 $\phi2$。

（3）偶然作用的标准值。应根据调查、试验资料，结合工程经验确定其标准值。

3.作用的设计值规定为作用的标准值乘以相应的作用分项系数。

（二）作用组合效应

1.公路桥涵结构设计要考虑结构上可能同时出现的作用。按承载能力极限状态和正常使用极限状态进行作用效应组合，取其最不利效应，应组合进行设计。

（1）在结构上可能同时出现的作用，才进行其效应的组合：当结构或结构构件需作不同受力方向的验算时，则应以不同方向的最不利的作用效应进行组合。

（2）可变作用的出现对结构或结构构件产生有利影响时，该作用不应参与组合，实际不可能同时出现的作用或同时参与组合概率很小的作用。

（3）施工阶段作用效应的组合，应按计算需要及结构所处条件而定，结构上的施工人员和施工机具设备均应作为临时荷载加以考虑。组合式桥梁，当把底梁作为施工支撑时，作用效应宜分两个阶段组合，底梁受荷为第一个阶段，组合梁受荷为第二个阶段。

（4）几个偶然作用不同时参与组合。

2. 公路桥涵结构按承载能力极限状态设计应采用的两种作用效应组合。

（1）基本组合。永久作用的设计值效应与可变作用设计值效应相结合。

（2）偶然组合。永久作用标准值效应与可变作用某种代表值效应、一种偶然作用标准值效应相组合。偶然作用的效应分项系数取 1.0；与偶然作用同时出现的可变作用，可根据观测资料和工程经验取用适当的代表值。地震作用标准值及其表达式按现行《公路工程抗震规范》（JTG B02—2013）规定采用。

3. 公路桥涵结构按正常使用极限状态设计。应根据不同的设计要求，采用以下两种效应组合。

（1）作用短期效应组合。

（2）永久作用标准值效应与可变作用频遇值效应相组合。

二、桥梁施工监测和控制

（一）桥梁监测

1. 监测范围

（1）敏感部位监测。一般只在桥梁内力、应变、位移变化和裂纹产生对桥梁影响至关重要的（敏感）部位进行监测。

（2）总体监测。特大桥梁构造复杂，难以做地毯式人工监测。鉴于特大桥梁的重要性，需要适时地得到桥梁正常工作的总体状况。通过对可能取得的桥梁工作参数，采用不同的方法进行"识别"找到桥梁异常的一个或几个可能部位，再由配备检测设备的专业人员到可能异常部位检测。

2. 监测方式

（1）人工监测。配备简单的仪器，用人工作地毯式监测，用模糊分级描述桥梁状况，一般可作为定期监测、突发性事件后的特别监测。

（2）自动监测。一般适用于特大的或重要的桥梁在线监测。这种方法自动化程度高，是当前研究热点与发展方向。但是难度大，目前使用尚少。

（3）联合监测。考虑到前两种方法的实际情况，用各种小型的自动化程度较高的仪器配合人工监测，是一个比较可行的方案。

3. 监测的状态

（1）监测桥梁结构的静态几何和力学参数，用以分析桥梁结构的工作状态。静态监测比较困难，一般都是加载检测。但是，静态参数比较直观地反映了桥梁的工作状态。

（2）监测桥梁结构的动态几何和力学参数，用以分析桥梁结构的工作状态。动态监测适于运营监测。

4. 常规监测传感器和手段

位移（量程）计、倾斜仪、（高程、方位距离）测量设备、GPS、数字成像机；位移传感器、电阻应变仪、压电式应变仪、振弦应变仪。分布式光纤应变计；压力环、磁弹性张力计、油压计、剪力销等；速度计、伺服（或压电）加速度计算；刻度放大镜、数字成像机、超声探测仪、地面雷达等；化学试剂试验、由外观特征判断、钢筋锈蚀仪；风向（速）计空气（或埋入式）温度计、当地的地震观测数据、交通量观测仪、埋入（或移动）式称重仪摄像机。

（二）桥梁施工控制

1. 桥梁施工控制方法。具体为：（1）采取纠偏终点控制的方法，即在施工过程中，对产生主梁线形偏差的因素跟踪控制，随时纠偏，最终达到理想线形，这种方法常用 Kalman 理论等。（2）应用现代控制理论中的自适应控制方法，即对施工过程中的标高和内力的实测值与预计值进行比较，对桥梁结构的主要基本设计参数进行识别，找出产生实测值与预计值（设计值）产生偏差的原因，进而对参数进行修正，达到双控的目的。（3）误差的容许值法，即在设计时给予主梁标高和内力最大的宽容度，这种做法减少了控制的难度。

2. 桥梁的施工控制特点。控制最基本的要求是确保施工中的安全和结构恒载内力及结构线形符合设计要求。因桥梁结构形式和施工方法有许多，对于具体某一座桥梁的施工控制又有其侧重点。不同桥梁的控制特点如下。

（1）斜拉桥。施工时，在主梁悬梁浇筑或悬臂拼装过程中，确保主梁线形和顺、正确是第一位的，施工中以标高控制为主。二期恒载施工时，为了确保结构的内力和变形处于理想状态，拉索再次张拉时以索力控制为主。所谓以标高控制为主，并非只控制主梁的标高，而不顾及拉索索力的偏差。施工中应按照结构本身的特性和施工方法的不同，采取相应的控制策略。若主梁刚度较小，斜拉索索力的微小变化将引起悬臂端挠度的较大变化，斜拉索张拉时应以高程测量为主进行控制，但索力张拉吨位不应超过容许范围，确保施工安全。如果主梁刚度较大，斜拉索索力变化了很多，而悬臂端挠度的变化却非常有限，施工中应以拉索张拉吨位进行控制，然后根据标高的实测情况，对索力作适当的调整。此时标高线形的控制主要是通过混凝土浇筑前底模标高的调整（悬臂浇筑方法）或预制块件接缝转角的调整（悬臂拼装方法）来加以实现的。

（2）悬索桥。其主要承重结构是主索，主索在施工中又是悬索桥吊装的主要承重结构，主索一经架好，其长度和线形调整甚小，为了确保悬索内力和线形符合设计要求，主索的无应力长度（下料长度）要严格加以控制，尤其是基准束的尺寸要更加重视。对于加劲梁的拼装，为确保符合设计线形，吊杆的下料长度（无应力长度）将又是一个控制重点。可以看出，为了使在无应力状态下结构各部分的尺寸准确无误，故要有一个符合结构实际的计算程序。在施工过程中，除了主索和加劲梁外，对桥塔受力、索鞍偏移、吊杆和主索索股受力均匀性等应严加跟踪控制，确保应力和线形的双控实现。

（3）大跨度混凝土拱桥。同样按安全、线形和恒载内力的要求进行施工控制。由于大跨度混凝土拱桥拱肋截面多采用底板侧板顶板分次浇筑完成的组合截面，必然造成结构挠度和内力的重分布，为确保拱肋应力和变形符合设计要求，要严格进行双控，但拱肋的形成一般要靠劲性骨架进行浇筑，其拱肋各段是在工厂放样加工制作的（无应力长度），骨架一经合龙，今后无法进行大的调整，所以大跨度混凝土拱桥的施工控制首先要把好骨架无应力长度控制这一关，然后做好拱肋混凝土浇筑的跟踪施工、控制，确保拱肋应力和标高符合要求。拱桥是以受压为主的结构，对于施工过程中结构的稳定性要给予关注。

（4）预应力混凝土连续梁或连续刚构。相对斜拉桥而言，没有斜拉索，其施工控制与斜拉桥主梁相同。凡是以悬臂浇筑或悬臂拼装施工的桥梁，都是逐节段向前推进的，施工控制中常采用逐节段跟踪控制的方法。

第四节　大跨径桥梁施工特点

一、斜拉桥施工特点

1. 索塔

其施工可视其结构、体形材料、施工设备和设计综合考虑选用合适的方法。裸塔施工宜用爬模法，横梁较多的高塔宜用劲性骨架挂模提升法。

2. 混凝土主梁

主梁零号段及其两旁的梁段，在支架和塔下托架上浇筑时，应消除温度、弹性和非弹性变形及支承等因素对变形和施工质量的不良影响。

3. 挂篮悬浇

采用挂篮悬浇主梁时，除应符合梁桥挂篮施工的有关规定外，还应按下列规定执行：

（1）挂篮的悬臂梁及挂篮全部构件制作后均应进行检验和试拼，合格后再于现场整体组装检验，并按设计荷载及技术要求进行预压，同时测定悬臂梁和挂篮的弹性挠度、调整高程性能及其他技术性能。

（2）挂篮设计和主梁浇筑时应考虑抗风振的刚度要求。

（3）拉索张拉时应对称同步进行，以减少其对塔与梁的位移和内力影响。

4. 合龙梁段

（1）防止合龙梁段施工出现的裂缝，应采用以下方法改善受力和施工状况：① 在梁上下底板或两肋端部预埋临时连接钢构件，或者设置临时纵向连接预应力索，还可以用千斤顶调节合龙口的应力和合龙口长度。② 合龙两端高程在设计允许范围内时，可视情况进行适当压重。③ 观测合龙前连日的昼夜温度场变化与合龙高程及合龙口长度变化的关系，选定适当的合龙浇筑时间。

（2）合龙梁段浇筑后至纵向预应力索张拉前，应禁止施工荷载的超平衡变化：① 预制梁段，如设计无规定，宜选用长线台座（可分段设置），亦可采用多段的连线台座，每联宜多于 5 段，先预制顺序中的 1、3、5 段，脱模后再在其间浇 2、4 段，使各端面啮合密贴，端面不应随意修补。② 应在底模上调整主梁分段形体所受竖曲线的影响。拼装中多段积累的超误差，可用湿接缝调整。③ 梁段拼合前应试拼，以便及时调整。④ 湿接缝拼合面应进行表面凿毛和清扫，干接缝应保持结合面清洁，黏合料应涂刷均匀。⑤ 采用垫片调整梁段拼装线形时，每次垫片调整的高程不应大于 20 mm。

5. 长拉索

在抗震阻尼支点尚未安装前，应采用钢索或杆件（平面索时）将一侧拉索联结以抑制和减小拉索的振动。

6. 大跨径主梁

施工时应缩短双向长悬臂持续时间，尽快使一侧固定，以减少风振的不利影响，必要时应采取临时抗风措施。

7. 钢主梁

其中包括叠合梁和混合梁，应注意：① 钢主梁应由资质合格的专业单位加工制作、试拼，经检验合格后安全运至工地备用。堆放应无损伤、无变形和无腐蚀。② 钢梁制作的材料应符合设计要求。③ 应进行钢梁的连日温度变形观测对照，确定适宜的合龙温度及实施程序，并应满足钢梁安装就位时高强螺栓定位所需的时间。

二、悬索桥施工特点

1. 锚锭大体积混凝土

锚锭大体积混凝土施工需采取下列措施进行温度控制，防止混凝土开裂：① 采用低水化热品种的水泥。对于普通硅酸盐水泥应经过水化热试验比较后方可使用。② 降低水泥用量、减少水化热，掺入质量符合要求的粉煤灰和缓凝型外掺剂。③ 降低混凝土入仓温度。可对砂石料加遮盖，防止日照，采用冷却水作为混凝土的拌和水等。④ 在混凝土结构中布置冷却水管，混凝土终凝后开始通水冷却降温。设计好水管流量、管道分布密度和进水温度。⑤ 大体积混凝土应采用分层施工，每层厚度可为 1.0~1.5 m。

2. 猫道面架设

中跨、边跨猫道面的架设进度，要以塔的两侧水平力差异不超过设计要求为准。在架设过程中须监测塔的偏移量和承重索的垂度。

3. 索力调整

索力的调整以设计提供的数据为依据，其调整量应根据调整装置中测力计的读数和锚头移动量双控确定。

4. 试拼装

加劲梁应按拼装图进行厂内试拼装，试拼不可少于 3 个节段，按架梁顺序试拼装。

5. 吊装

（1）吊装过程应观察索塔变位情况，应根据设计要求和实测塔顶位移量分阶段调整索鞍偏移量，以确保工程质量和施工安全。

（2）安装前应确定安装顺序，通常可以从中跨跨中对称地向两边进行，安装完一段跨中梁段后，再从两边跨对称地向索塔方向进行。

（3）钢箱梁水上运输必须由有经验的人员担任，架设前，宜进行现场驳船定位试验，以确保定位精度。

（4）各工作面上，吊装第二节段起须与相邻节段间预偏一定间隙（0.5~0.8 m），至标高后，牵拉连接，避免吊装过程与相邻节段发生碰伤，影响吊装工作顺利进行。

（5）安装合龙段前，必须根据实际的合龙长度，对合龙段长度进行修正。

三、刚构桥施工特点

1. 平衡悬臂施工。可分为悬臂浇筑法与悬臂拼装法施工。前者是当桥墩浇筑到顶以后，在墩顶安装脚手钢桁架，并向两侧伸出悬臂以供垂吊挂篮，实施悬臂浇筑（挂篮是主要施工设备）；后者是将梁逐段分成预制块件进行拼装，穿束张拉，自成悬臂。

2. 悬臂梁起步段施工。为拼装挂篮或吊机，要在墩柱两侧先采用支撑托架浇筑一定长度的梁段。其施工托架可根据墩身高度、承台形式和地形情况，分别支承在墩身、承台或经过加固的地面上。挂篮由主桁架、悬吊系统、锚固系与平衡重、行走系统以及工作平台底模架等所组成。挂篮设置除应确保强度安全可靠外，还应满足变形小、行走方便、锚固装拆容易以及各项施工作业的操作要求，并注意安全防护设施。

3. 箱梁混凝土的浇筑（悬臂浇筑）。可视箱梁截面高度情况采用一次或两次浇筑法。浇筑肋板混凝土时，两侧肋板应同时分层进行。浇筑顶板及翼板混凝土时，应从外侧向内侧一次完成，以防发生裂缝。

当箱梁截面较大（或靠近悬臂根部梁段），节段混凝土数量较多，每个节段可分两次浇筑，先浇底板到肋板的倒角以上，再浇筑肋板上段和顶板，其接缝按施工缝要求处理。

4. 悬臂拼装。主要工序的包括块件预制、移运、整修、吊装定位、预应力张拉、施工接缝处理等，各道工序均有其不同的要求，并对整个拼装质量具有密切影响。

5. 块件拼装接缝。一般为湿接缝与胶接缝两种。湿接缝用高强细石混凝土，胶接缝则采用环氧树胶为接缝料。由于1号块的安装对控制该跨节段的拼装方向和标高十分关键，故1号块与0号块之间的接缝多以采用湿接缝以利调整1号块位置。

四、拱桥施工特点

（一）劲性骨架浇筑拱圈

大跨径劲性拱圈混凝土拱圈（拱肋）的浇筑，可采用分环多工作面均衡浇筑法、水箱压载分环浇筑法和斜拉扣挂分环连接浇筑法等。浇筑前应进行加载程序设计，正确计算和分析钢骨架以及钢骨架与先期混凝土层联合结构的变形、应力和稳定安全度，并在施工过程中进行监控。

（二）装配式混凝土、钢筋混凝土拱圈

装配式混凝土、钢筋混凝土拱圈适用于箱形拱、肋拱及箱肋组合拱（以下均称箱形拱）的少支架或无支架施工。

1. 无支架安装拱圈。具体为：（1）构件拼装应结合桥梁规模、河流、地形及设备等条件采用适宜的吊装机具，各项机具设备和辅助结构的规格、型号、数量等均应按有关规定经过设计计算确定。缆索吊机在吊装前必须按规定进行试拉和试吊。（2）拱肋吊装时，除拱顶段以外，各段应设一组扣索悬挂。（3）扣架的布置应符合下列规定：扣架一般设在墩、台顶上，扣架底部应固定，架顶应设置风缆；各扣索位置必须与所吊挂的拱肋在同一竖直面内；扣架上索鞍顶面的高程应高于拱肋扣环高程；扣架应进行强度和稳定性验算。

2.转体施工安装方法。方法如下：（1）平转施工主要适用于刚构梁式桥、斜拉桥、钢筋混凝土拱桥及钢管拱桥。竖转施工主要适用于转体重量不大的拱桥或某些桥梁预制部件（塔、斜腿、劲性骨架）。（2）竖转施工对混凝土拱肋、刚架拱、钢管混凝土拱，当地形、施工条件适合时，可选择竖转法施工。其转动系统由转动铰，提升体系（动、定滑轮组，牵引绳等）、锚固体系（锚索、锚碇顶）等组成。（3）平、竖转结合。

3.缆索吊装施工。预制的拱肋（箱），一般均有起吊、安装等过程，因此必须对吊装、搁置、悬挂、安装等状况下的拱肋进行强度验算，以确保拱肋（箱）的安全施工。拱肋如采用卧式预制，还需验算平卧运输或平卧起吊时截面的侧向应力。

4.钢管拱肋（桁架）安装。钢管拱肋（桁架）安装采用少支架或无支架吊装、转体施工或斜拉扣索悬拼法施工。钢管拱肋成拱过程中，应同时安装横向连接泵，未安装连接系的不得多于一个节段，否则应采取临时横向稳定措施。节段间环的焊缝的施焊应对称进行，施焊前需确保节段间有可靠的临时连接并用定位板控制焊缝间隙，不可采用堆焊。合龙口的焊接或拴接作业应选择在结构温度相对稳定的时间内尽快完成。

第四章 桥梁基础施工技术

第一节 明挖基础

一、基坑开挖

（一）无支护加固坑壁的基坑

1. 适用条件

（1）干枯的河滩、河沟，或虽然有水但经改道后，筑堤能排除地表水的河沟。

（2）地下水位低于基底，或渗透量小，不影响坑壁的稳定性。

（3）施工工期较短，基础埋置不深，基坑开挖时不影响附近建筑物的安全。

2. 基坑底平面尺寸

（1）一般情况按基础平面尺寸四周各边增加 50~100 cm 的宽度，以便在基础底面外安装基础模板，设置排水沟等。

（2）雨季施工，有基坑排水设计或基础模板设计的，依据设计需要的基坑大小而定。

（3）基础地基需要进行加固的，按设计加固范围和作业需要而定。

（4）在干旱晴天施工的坑壁垂直的无水基坑基底，可依据基础平面尺寸不必加大，直接利用垂直坑壁作为基础砌筑的外模板。

3. 基坑形式

基坑形式有垂直坑壁基坑、斜坡或阶梯形坑壁基坑、变坡度坑壁基坑。

（1）垂直坑壁基坑

对于天然湿度接近最佳含水率、构造均匀、不发生坍塌（位移、松散）或不均匀沉降的基坑，可采用垂直基坑。

（2）斜坡或阶梯形坑壁基坑

土的湿度超过坑壁稳定湿度的，应采用缓于该湿度的土的天然坡度，或采用加固基坑的措施来施工。

（3）变坡度坑壁基坑

基坑穿过不同土层时，坑壁边坡可按照各层土质采用不同的坡度。当下层土质为密实黏性土或岩石时，下层可采用垂直坑壁开挖。同时在坑壁变换坡度处可根据需要设置小于 0.5 m 宽的平台。

4. 施工方法

无水基坑的施工方法，对于一般小桥涵的基础，可用人力施工方法；大、中桥基础工程，由于基坑深，基坑平面尺寸较大，挖方量多，可用机械或半机械施工方法。

5. 施工注意事项

（1）基坑开挖前应先做好地面排水工作，一般是在基坑顶缘四周向外设置排水坡，并在适当距离内设置截水沟，并且要防止渗水影响基坑坑壁稳定。

（2）坑缘边应预留护道，静载时距离基坑边缘不小于 0.5 m，动载时距离基坑边缘不小于 1.0 m。在垂直坑壁的基坑边缘设置护道时，还应该适当增加护道的宽度，堆置弃土的高度不得超过 1.5 m。

（3）施工时应该随时注意观察基坑缘顶地面有无裂缝，坑壁有无松散塌落现象。一旦发生上述现象，应立即停止施工，查明原因并进行处理；严重时应该立即撤离施工人员，确保施工安全。

（4）基坑施工不可延续时间过长，自基坑开挖至基础完成的整个过程中都应该抓紧连续施工。

（5）如果采用机械开挖，挖至基坑坑底时应保留不小于 30 cm 的厚度，用人工来挖至基底设计标高。

（6）相邻基坑深度不一致时，通常按照先深后浅的顺序来施工。

（二）用挡板支护坑壁的基坑

1. 适用条件

（1）基坑坑壁土质不稳定，并有地下水影响。

（2）放坡开挖工程量过大，不符合技术经济要求。

（3）受施工场地或邻近建筑物限制，不能采用放坡开挖。

2. 支护形式

常用的坑壁支撑形式有直衬板式坑壁支撑、横衬板式坑壁支撑、框架式支撑及其他形式的支撑（如锚桩式、斜撑式、锚杆式等）。

坑壁有支撑的施工，按土质情况不同，可一次挖成或分段开挖，但是每次开挖深度不宜超过 2 m。

（三）用混凝土加固坑壁的基坑

混凝土加固基坑坑壁包括混凝土或钢筋混凝土，以及喷射混凝土或钢筋网喷锚混凝土等形式。

基坑平面形状有矩形、圆形、圆端矩形等，其中以圆形坑壁受力较为有利。井壁有等厚度、变厚度及逐节向内收缩等形式。

混凝土护壁的施工方法有喷射混凝土护壁和现浇混凝土护壁两种。

1. 喷射混凝土护壁

根据经验，一般喷护厚度为 5~8 cm，一次喷护约需 1~2 h。一次喷护如达不到设计厚度，应等第一次喷层终凝后再补喷，直至达到要求厚度为止。喷护的基坑深度应按地质条件决定，一般不宜超过 10 m。基坑开挖若遇有较大渗水时，可采取下列措施。

（1）每层开挖深度不大于 0.5 m 时，汇水坑应设在基坑中心。

（2）开挖含水土层时，宜扩挖 0.4 m，以石料码砌扩挖部位，并在表面喷射一层 5~8 cm 厚的混凝土。

（3）对流砂、淤泥等夹层，打入小木桩，并在桩间绕缠竹筋、荆笆或挂上竹筒等后再喷射混凝土。

2. 现浇混凝土护壁

基坑开挖视地质稳定情况而定，一般挖深 1.0~1.8 m 即应立模浇筑混凝土。应根据掺速凝剂数量、气温条件、混凝土达到支撑强度等要求来决定拆模时间，通常在 24 h 以上便可拆模。挖一节浇一节直至基底。每次安装模板时，在上下节之间留有高 0.2 m 的浇筑口，最后用混凝土堵塞；浇筑护壁厚度视基坑大小及土质条件而定，一般厚度取 8~15 cm，必要时可采用钢筋混凝土护壁。对于圆形基坑，开挖面应均匀分布，对称施工，及时浇筑。

（四）围堰工程

在水中砌筑基础时，通常要在基坑周围预先围成一道临时性的挡水围堰，再把围堰内的水排干，再挖基坑。如不能排水时，可在静水中进行水下施工。

1. 围堰尺寸

（1）堰顶高度。宜高出施工期间可能出现的最高水位（包括浪高）50~100 cm。

（2）围堰外形。应考虑修筑围堰期间河流断面压缩引起的水流对围堰冲刷、河床的集中冲刷及对通航、导流、农用排灌设施等的影响。

（3）围内面积。应能够满足基础施工等的要求。

（4）围堰断面。应能满足堰身强度和稳定（防止滑动、倾覆）的要求。

2. 对围堰的要求

（1）围堰要求防水严密，减少渗漏。

（2）一般在枯水期进行施工，否则应采取周密的防护措施。

3. 围堰的几种常见形式

下面简要介绍几种常见的围堰形式。

（1）土围堰

土围堰适宜用在水浅、流速不大、河床土层为不透水的情况。

（2）竹（木）笼围堰

在岩层裸露河底不能打桩时，或流速较大而水深在 1.5~4.0 m 时，可采用竹（木）笼围堰。

（3）板桩围堰

板桩围堰分木板桩围堰、钢板桩围堰和钢筋混凝土板桩围堰三种，因木板桩围堰防水效果不佳，施工也不简单，同时需要消耗大量的木材，故近年来在实际工程中用的较少。

（4）钢套箱围堰

钢套箱围堰适用于流速较小、覆盖层较薄、透水性较好的沙砾或岩石深水河床，埋置深度不深的水中基础，也可以用作修建桩基承台。根据工地起吊、移运能力和现场实际情况，钢套箱可制成整体式或装配式，并采取相应的措施，避免套箱接缝渗漏。

（5）双壁钢围堰

当河床覆盖层较薄，下卧层为密实的大漂石或岩层，不能采用钢板桩围堰，或需要在坑内爆破等不宜设立支撑时，或单臂钢围堰套箱难以确保结构刚度时，也可采用双壁钢围堰。双壁钢围堰能承受较大压力，适用于大型河流中的深水基础。

二、基坑排水及水中挖基

（一）基坑排水

基坑排水有以下几种方法。

1. 集水坑排水法。除严重流沙外，一般情况均可采用。

2. 井点排水法。基坑土质不好，地下水位较高，用集水坑排水有流沙涌泥现象产生时，可采用井点排水以降低水位。

3. 板桩法、沉井法。适用于基坑较深，土质渗透性较大的基坑。

4. 帷幕法。将基坑周围土用冻结法、硅化法、水泥灌浆法、沥青灌浆法等处理成封闭不透水的帷幕。

（1）集水坑排水法

开挖基坑如有渗水时，可以沿坑底四周基础范围以外挖集水沟和集水坑，使坑壁渗水沿四周集水沟汇合于集水坑，然后用水泵排出，使基坑中间挖土部分处于无水状

态，当挖至接近水位时，可反复加深集水沟和集水坑，经常保持坑底和水沟底有一定高差，

（2）井点排水法

当土质较差有严重流沙现象，地下水位较高，挖基较深，坑壁不易稳定，用普通排水方法难以解决时，可采用井点排水法。井点排水适用于渗透系数为 0.5~150 m/d 的土壤，尤其在 2~50 m/d 的土壤中效果最好。降水深度一般可达 4~6 m，二级井点可达 6~9 m，超过 9 m 时应选用喷射井点或深井点法。具体可视上层的渗透系数、要求降低地下水位的深度及工程特点等，选择适宜的井点排水法和所需设备。

用井点法降低土层中地下水位时，应尽可能将滤水管埋设在渗水性较好的土层中，并应在水位降低的范围内设置水位观测孔；对整个井点系统应加强维修和检查，以确保不间断地进行抽水；还应考虑到水位降低区域构筑物受降水影响而可能产生的沉降。为此要做好沉降观测，必要时采取防护措施。

井点排水法因需要设备较多，施工布置较复杂，费用较大，应进行技术经济比较后采用。在桥涵基础上多用于城市内挖基。

（二）水中挖基

1. 水中挖基适用条件

（1）基坑土质不好，如果采用排水挖基有可能产生涌砂或涌泥现象，严重影响坑壁的稳定时。

（2）当基坑土质渗水量过大，已超过现有排水能力，基坑抽水不干时。

2. 水中挖基一般方法

一般采用水力吸泥机、水力吸石筒、空气吸泥机等，也可以采用抓泥斗、挖掘机等水中挖基。

三、基底检验

基础是隐蔽工程，在基础浇筑前应按规定检验基坑施工是否符合设计要求。通常在基坑开挖并处理完毕后，首先由施工人员自检并报请检验，确认合格后填写地基检验表。经检验签证的地基检验表由施工单位保存作为竣工交验资料；未经签证，不得砌筑基础。检验的目的在于确定地基的容许承载力大小、基坑位置与标高是否与设计文件相符，以确保基础的强度和稳定性，不致发生滑移等病害。

基底检验的主要内容应包括：检查基底平面位置、尺寸大小，基底标高；检查基底土质均匀性，地基稳定性及承载力等；检查基底处理和排水情况；检查施工日志及有关试验资料等。一般基底平面周线位置允许偏差不得大于 20 cm，基底标高不得超过 ±5 cm（土质）、±5~20 cm（石质）。

基底检验根据桥涵大小、地基土质复杂情况（如溶洞、断层、软弱夹层、熔岩等）及结构对地基有无特殊要求等，按以下方法进行。

1. 小桥涵的地基。一般采用直观或触探方法，必要时进行土质试验。特殊设计的小桥涵对地基沉陷有严格要求，且土质不良时，宜进行荷载试验。对经加固处理后的特殊地基，一般采用触探或作密实度检验等。

2. 大、中桥和填土 12 m 以上涵洞的地基。一般由检验人员用直观、触探、挖试坑或钻探（钻探至少 4 m）试验等方法，确定土质容许承载力是否符合设计要求。对地质特别复杂，或在设计文件中有特殊要求，或虽经加固处理又经触探、密实度检验后尚有疑问时，需进行荷载试验，确认符合设计要求后，方可进行基础结构物施工。

四、地基处理

天然地基上的基础是直接靠基底土壤来承担荷载的，故基底土壤状态的好坏，对基础及墩台上部结构的影响极大，不能仅检查土壤名称与容许承载力大小，还要进行基底处理工作，为土壤更有效地承担荷载创造条件。

软土及软弱地基承压力小、沉降量大，进行处理时，可依据软土层的厚度及其物理力学性质、承载力大小、施工期限、施工机具和材料供应等因素，因地制宜、就地取材，采取换填土、沙砾垫层、袋装砂井、排水塑料板桩、生石灰桩、真空预压及粉体喷射搅拌法等处理方法。

五、基础圬工砌筑

为方便施工和确保施工质量，明挖基坑中的基础施工应尽可能地使基底处于无水的情况下浇砌基础。通常的基础施工可分为无水砌筑、排水浇砌及水下灌筑等三种情况。为确保及时浇砌基础，避免基底土质变差，基础结构物的用料应在挖基完成前准备好。

排水砌筑的施工要点是：确保在无水状态下砌筑圬工；禁止带水作业及用混凝土将水赶出模板外的灌筑方法；基础边缘部分应严密隔水；水下部分圬工必须待水泥砂浆或混凝土终凝后才允许浸水。

一般情况下，只有在排水困难时采用水下灌筑混凝土。基础圬工的水下灌筑分为水下封底和水下直接浇筑基础两种。前者封底后仍需排水再砌筑基础，封底只是起封闭渗水的作用，其混凝土只作为地基而不作为基础本身，适用于板桩围堰开挖的基坑。

第二节　沉入桩基础

一、概述

桩的类型可分为排土桩和非排土桩两大类。排土桩，是指桩沉入地层时造成土层土体位移的桩，如锤击沉桩、振动沉桩、振动或锤击配合射水沉桩、静力压桩以及沉管灌筑桩等。非排土桩，是指在地层中钻孔或挖孔达到要求的深度后，将钢筋笼放入桩孔灌筑混凝土的桩，如钻孔灌筑桩、挖孔桩和钻埋大直径空心桩等。

排土桩的优点如下。

1.桩身材料在沉入地层前可以进行检查，能确保桩的质量。

2.位移桩多为预制桩，桩身质量有确保，适用于有侵蚀性的土层和软土及淤泥质黏土层。

3.沉管灌筑桩内的配筋，不受桩的操作和施工等应力控制，钢管可以回收重复利用，可以节约大量钢材，且易于调整桩长。

4.在地层变化复杂地区，沉入桩在施工中容易控制桩的轴力，以减少桥梁墩台不均匀沉降。

排土桩的缺点如下。

1.沉桩时要引起桩临近土体的隆起或下沉及侧向位移，可能会影响邻近建筑物的安全，需要采取预防措施。

2.施工时锤击或振动沉桩的噪声大，影响附近环境。

3.桩长受运输和桩架高度影响，常常需要接桩，增加施工难度。

4.沉桩设备笨重，搬运、拆装麻烦，增加施工工作量。

5.遇较大的卵石、漂石时，阻碍桩的下沉，施工困难。

桩按材料分类有木桩、钢筋混凝土桩、预应力混凝土桩与钢桩。桥梁基础上应用较多的是钢筋混凝土桩和预应力混凝土桩两种。按制作方法分为预制桩和钻（挖）孔灌筑桩；按施工方法分为锤击沉桩、振动沉桩、射水沉桩、静力压桩、就地灌筑桩与钻孔埋置桩等，前四种又统称为沉入桩。应该依据地质条件、设计荷载、施工设备、工期限制及对附近建筑物产生的影响等来选择桩基的施工方法。

二、桩的构造和制作

（一）钢筋混凝土桩

1. 钢筋混凝土方桩的构造

钢筋混凝土方桩（包括矩形桩）的实心桩和空心桩。一般预制混凝土（包括钢筋混凝土与预应力混凝土）空心方桩的截面尺寸为 450 mm×450 mm、500 mm×500 mm、550 mm×550 mm、600 mm×600 mm 等，空心直径为 240 mm、270 mm、300 mm、3600 mm。桩身的纵向主钢筋直径一般为 14~22 mm，桩钢筋截面占桩身横截面面积的 1%~3%。

2. 钢筋混凝土方桩的制作

钢筋混凝土方桩制作要点如下。

（1）工地预制桩场地

选择场地时需考虑的因素有吊运设备的安装、拆卸和运输便道的布置，并应根据地基及气候条件做好排水设施，以免场地浸水沉陷，导致桩发生变形。地基应整平夯实，其上铺一层砾料，再铺 5 cm 的素混凝土，压光抹平。工地预制时可以采用钢模板制作。

（2）浇筑方法

为节约场地面积和便于蒸汽养护，可以采用横向成排支模，以间隔法浇筑制桩，也可以采用竖向重叠浇筑法支模。

间隔浇筑法是每隔一桩位浇筑另一批桩的混凝土，待强度达到设计强度的 30%以后，拆除其侧模。第二批桩利用已浇筑桩作为侧模，并在已浇筑桩表面铺贴油毡或塑料布等隔离层，待第二批浇筑的混凝土强度达到设计要求的起吊强度后，才可以起吊就位。

重叠浇筑法浇筑的层数，应根据地基的承载力和施工条件确定，一般不超过 3 层，支模方法有长木条支模和短木条支模两种。

（3）钢筋

桩的主筋宜采用一整根，如需接长时，宜采用对接头接触焊接，焊接处的强度应不低于钢筋本身的强度，同时相邻钢筋的接头位置应互相错开，其距离不小于钢筋直径的 30 倍，且不小于 50 cm，在同一截面中的钢筋接头数不应超过主筋总数的 25%。

（4）钢筋混凝土方桩缺陷的限制规定

① 桩身裂缝

A. 横向裂缝宽度不得大于 0.2 mm 深度不得大于 10 mm；多边形桩裂缝长度不得大于其内切直径的 1/2，方桩不得超过边长的 1/2。

B. 横向裂缝每米不得超过 5 处。

C.不允许有纵向裂纹。

② 桩端附近混凝土不得有蜂窝、掉角及露筋。

③ 用小锤轻敲桩身，如声音沙哑时，应凿开检查，小洞可用同级水泥砂浆修补，大洞及断裂者不得使用。

（二）预应力混凝土桩

1.预应力混凝土方桩

（1）预应力混凝土方桩的构造

预应力混凝土桩包括实心和空心两类，其长度为 10~38 m。预应力混凝土桩的预应力钢筋通常采用冷拉钢筋，其直径一般为 16 mm、20 mm、22 mm 和 25 mm。预应力混凝土桩的主要优点是用钢量少，抗裂性好，桩身可加长，承载力也可提高。

（2）预应力混凝土方桩的制作

一般采用长线台座先张法制作预应力混凝土方桩，如墩式台座法它是利用土的抗力来承担台座的张拉反力；又如压柱式台座法，它是采用施工现场预制的混凝土桩等拼装成压柱式台座，利用压柱的抗力来承担台座的张拉力。

采用先张法预制桩，要注意下列事项：

① 长线台座张拉好预应力钢筋而不能及时浇筑混凝土时，应将已张拉好的钢筋放松到张拉力的 70%，待浇筑混凝土时，再张拉到 100% 的张拉力。应尽量减少钢筋张拉与混凝土浇筑两道工序间的温差，避免浇筑混凝土时由于气温升高而增加预应力损失，或由于气温降低使钢筋发生冷断事故。

② 必须连续浇筑混凝土，不得中断，更不得留有施工缝。

③ 方桩的空心部位配制与直径相适应的特制胶囊，并采取有效措施防止浇筑混凝土时胶囊上浮及偏心。

预应力混凝土方桩制作不允许有如下缺陷。

① 不得有裂缝。

② 桩表面不得有超过 5 mm 深的蜂窝、麻面、气孔，蜂窝、麻面、气孔在每个面上所占的面积总和不得超过该面积的 0.5%，并不得过分集中。

③ 沿边缘棱角破坏深度不得超过 5 mm，每 10 m 长边棱上只允许 1 处破损，桩身的边棱破坏总长不得超过 500 mm。

④ 空心方桩浇筑后表面不得有气孔，混凝土表面在终凝前应进行压实抹光。

2.预应力混凝土管桩

（1）预应力混凝土管桩的构造

预应力混凝土管桩国内已有定型生产，直径一般为 400 mm 或 550 mm，管壁厚 80~100 mm，每节长 8~10 m 不等。

（2）预应力混凝土管桩的制作

预应力混凝土管桩的预制，通常由工厂用离心旋转法制作。所用混凝土的强度一般为45 MPa。

（三）钢桩

钢桩多数作为支承桩，其优点是易于按要求的长度截断，且易于拼接。沉入钢桩一般较容易，特别是在非黏性土中沉入钢桩比沉入混凝土桩容易。沉桩时，对土的扰动也比混凝土桩小得多。但在软黏土中沉入钢桩时，如果黏土里含有碎石和漂石，要保持细长钢桩的垂直度，常常较困难。

钢管桩的直径一般为250~1 200 mm，管壁厚为8~20 mm，长度可达46 m，直径小于450 mm者，可采用锥形桩鞋，较大者可采用开口桩鞋。

（四）预制桩的吊运和堆放

1. 吊运

预制混凝土桩吊运时，桩身强度应达到设计强度的70%，达到设计强度100%后方可运输。如需提前吊运，应根据吊点布置，验算合格后方可起吊。预制混凝土桩吊点一般不设吊环，起吊前应标出起吊点的位置，用钢丝绳捆绑，捆绑处应加麻布、木块保护，防止损坏桩的表面和棱角。吊点位置偏差不应超过设计位置20 mm。起吊时注意使各吊点同时受力，缓慢起吊。

搬运时，可采用平板拖车或前后托架拖车。搬运时其支点位置应与吊点位置一致，偏差不得大于20 mm。

2. 堆放

堆放场地应靠近沉桩地点，以减少二次搬运。堆放场地应平整坚实，做好必要的防水措施，防止湿陷和不均匀沉降。

不同类型和尺寸的桩应该考虑使用的先后顺序，分别堆放。堆放支点位置应与吊点位置相同，偏差不得超过20 mm。当桩需要长期堆放时，为避免桩身挠曲，可采用多支点堆放，各支点垫木应均匀放置，并且在相同的水平面上。多层堆放时每层垫木应位于同一垂直面上。混凝土管桩堆放层数应满足：对于直径400 mm的管桩，最高可堆放6层，对于直径550 mm的管桩不宜超过4层。钢管桩的堆放：直径900 mm的钢管桩可放置3层，直径600 mm的钢管桩可放置4层，直径400 mm的钢管桩可放置5层。

三、沉桩施工

（一）沉桩顺序

在一个基础沉入较多的桩时，会把基底以下的土挤密或土隆起，如果采用从基础四周向内沉桩的方法，则越往中间沉，基底以下的土越挤得密实，沉桩难度越大。因此沉桩顺序非常重要，必须慎重考虑。先沉入的桩入土较深，后沉入的桩入土较浅，且后沉入的桩附近土隆起最高。所以沉桩时必须根据现场地形条件、土质情况、桩距大小、桩架移动方向等因素综合决定沉桩的顺序。一般情况下，当基础不大、桩数不多时，可从中间开始分别向两边或从周边对称进行沉桩；当基础较大、桩数较多、桩距较小时，应将基础分为数段，而后在各段范围内分别进行沉桩。

（二）吊插桩

桩的吊点一般多采用两个，起吊前应检查桩上的配件是否齐全，并捆好吊索。起吊时桩身应平稳吊离小车或驳船。

插好桩后，应立即用锤压住桩头，检查锤、桩帽和桩的中心是否一致，并检查桩位有无移动及桩的倾斜度是否符合下列要求。

1. 桩位允许偏差不得超过 2 cm。

2. 插桩的倾斜度不得超过 1/400。

3. 在插四角桩时，允许有向内的偏差，但不得有向外的偏差。

（三）锤击沉桩

1. 施工要点

（1）沉桩前应对桩架、桩锤、动力机械、射水管路、蒸汽管路、电缆等主要设备进行检查。沉桩开始时，将锤提升到桩架顶，再吊桩插入桩位。插好后将桩帽、桩锤轻落在桩顶。开锤前应再检查桩锤、桩帽及送桩与桩的中轴线是否一致，如有偏差应及时调整纠正。

（2）用柴油锤击沉直桩前，应将桩架导杆调成垂直。在第一节桩入土 3m 时应停锤复核桩架导杆的垂直度，如发现问题必须校正后方可继续沉桩。用单动气锤沉桩时，开始必须严格控制锤的动能，保持桩的均匀下沉。沉斜桩时，桩架应符合斜桩的坡度。插好桩后将锤压于桩上复测一次，若每米斜度误差大于 3 mm 时，必须进行校正。

（3）一般开锤以后，坠锤或单动气锤的落锤高度不宜超过 0.5 m；双动气锤应降低气压，减少每分钟的锤击次数；柴油锤应控制供油量，减少锤击能量。接着根据桩入土情况，逐渐加大冲击动能，直至桩的入土深度和贯入度都符合设计要求（"双控"）为止。

（4）若桩的入土深度和贯入度达到设计要求有困难时，必须进行相应的处理。

2. 施工注意问题

（1）锤击时宜"重锤低击"。锤重、落距低可以延长锤击接触时间，进而降低锤的冲击应力，避免损坏桩头，而且比轻锤高速冲击效率高。

（2）桩帽与桩之间的垫层要仔细安放，要有适当的厚度。在锤击过程中要及时修理桩锤、更换桩垫，防止桩头引起过大的压应力。

（3）不得采用大能量的锤击施工，特别是桩尖进入硬层，贯入度变小时，容易造成桩头和桩身的损伤。

（4）锤击时应注意桩顶的压应力，避免损坏桩头。

（5）锤击时要注意桩的疲劳。当锤击次数越多，锤击频率越高时，桩的强度降低就越大，因此须控制单桩的锤击次数。

（6）当桩穿过软土层后突然进入硬土层，或穿过硬土层后进入软土层，沉桩应力会发生变化，前者会产生大的压应力，后者会产生拉应力。因此必须注意观察，严格操作，否则容易打坏桩。

（7）锤击时应严格控制桩的垂直度。桩身不垂直，除了桩顶会产生集中应力外，桩身还要受到压弯联合作用，使桩处于复杂受力状态。

3. 锤击沉桩的停锤控制标准

（1）若设计桩尖标高处为硬塑黏性土、碎石土、中密以上的砂土或风化岩等土层时，应根据贯入度变化并对照地质资料，确保桩尖已沉入该土层，同时贯入度达到控制贯入度时方可停锤。

（2）当贯入度已达到控制贯入度，而桩尖标高未达到设计标高时，应继续锤入0.10 m 左右（或锤击 30~50 次），如无异常变化即可停锤；若桩尖标高比设计标高高很多时，应报有关部门研究确定。

（3）设计桩尖标高处为一般黏性土或其他松软土层时，应以标高控制，贯入度作为校核。当桩尖已达设计标高，而贯入度仍较大时，应继续锤击，使其接近控制贯入度。

（4）在同一桩基中，各桩的最终贯入度应大致接近，而沉入深度也不宜相差过大，避免基础产生不均匀沉降。若因土质变化太大，致使各桩贯入度或沉桩深度相差过大时，应报有关部门研究，另行制定停锤标准。对于特殊设计的桩，如桩尖设计标高有高有低时（如拱桥的桥台桩等），应按设计要求处理。

（四）振动沉桩

低频率的振动锤可以下沉重型的混凝土桩和大直径钢管桩。在软塑性黏性土或饱和的砂类土中，桩入土深度小于 15 m 时，仅用振动锤即可下沉。振动配合射水下沉混凝土管桩的施工方法如下。

1. 沉桩开始时，可仅由桩的自重和射水沉桩。

2. 吊装振动锤和桩帽与桩顶法兰盘连接牢固。在射水下沉缓慢或不下沉时，可开动振动锤并同时射水使其下沉。振动持续一段时间后，当桩下沉趋于缓慢或桩顶大量涌水时，停止振动，只射水下沉。经过一定时间后再振动。如此交替下沉，沉至接桩高度时，拆去振动锤和输水管，先接长水管再接桩，重新装上振动锤，继续沉桩。

3. 沉桩至设计标高适当距离时，将射水管提升至桩内，停止射水，进行干振，将桩沉至设计标高。注意最后下沉速度不大于试桩的最后下沉速度。

4. 一个基础内的桩全部下沉完毕后，为了避免先沉入的桩周土被邻近桩下沉射水破坏，影响承载力，应将全部基桩再复振一次，使之达到合格要求。

5. 每根桩的下沉应一气呵成，不可中途停顿，以免桩周围的土恢复强度。为此要求接桩、接输水管和停水干振的间歇时间尽可能的短。

（五）射水沉桩

射水施工方法的选择应视土质情况而异，在砂夹卵石层或坚硬土层中，一般以射水为主，锤击或振动为辅；在亚黏土或黏土中，为避免降低承载力，一般以锤击或振动为主，以射水为辅，并应适当控制射水时间和水量。下沉空心桩时，通常用单管射水。当下沉较深或土层较密实时，可用锤击或振动，配合射水。下沉实心桩时，将射水管对称地装在桩的两侧，并能沿着桩身上下自由移动，以便在任何高度上都能射水冲土。必须注意，不论采取何种射水施工方法，在沉入最后阶段（至设计标高 1~1.5 m 时），均应停止射水，单用锤击或振动沉入至设计深度。对湿陷性黄土地层，除设计有特殊规定外，不宜采用射水沉桩。预制的钢筋混凝土桩或预应力混凝土桩以射水配合沉桩时，宜用较低落距锤击，避免因射水后，桩尖支承力不足，桩身产生超过允许的拉应力。

（六）静力压桩

静力压桩，指采用静压力将桩压入土中，即以压桩机的自重克服沉桩过程中的阻力，该法适用于高压缩性黏土或砂性较轻的亚黏土层。沉桩速度视土质状况而异。

静力压桩的准备工作包括：根据地质钻探、静力触探或试桩资料估算压桩阻力；选用压桩设备，但应注意使设计承载力大于压桩阻力的40%；对压桩施工用辅助设备及测量仪器进行检查校定等。压桩作业开始后，应尽可能连续施工，减少停顿次数和时间，以免产生过大的启动阻力。桩尖接近设计标高时，应严格控制压桩进程。当遇到插桩初压，桩尖即有较大走位和倾斜时，或沉桩过程中桩身倾斜或下沉速度加快，以及压桩阻力突然剧增或压桩设备倾斜等情况时，应暂停施压，分析原因，及时处理。

四、承台施工

承台底面埋设在有足够承载力的土层上，并能排干水时，可按照明挖基础施工方法进行施工。

承台底面埋设在软弱的土层上，在能排干水的情况下，可采用夯填 10~30 cm 厚沙砾或碎石垫层，使之符合设计承台底面标高后，立即浇筑承台混凝土。

在浅水区修建承台时，可设围堰防水、排水，按明挖基础的围堰基础施工方法进行施工。承台底面设置在河床以上的水中时，可采用套箱模板、吊箱围堰等方法修建承台。

第三节　钻（挖）孔桩基础

一、概述

钻（挖）孔灌筑桩，指采用不同的钻（挖）孔方法，在地层中按要求形成一定形状（断面）的井孔，达到设计标高后，将钢筋骨架吊入井孔中，再灌筑混凝土（有地下水时灌筑水下混凝土），形成桩基础的一种施工工艺。

根据井孔中土（钻渣）的取出方法不同，钻孔分为：螺旋钻孔、正循环回转钻孔、反循环回转钻孔、潜水钻机钻孔、冲抓钻孔、钻斗钻成孔和挖孔等。

二、准备工作

钻孔的准备工作主要有桩位测量及放样、平整施工场地、布设道路、设置供水供电系统、制作和埋设护筒、制作钻架、泥浆备料和调制、沉淀出渣和钻孔机具的准备。

（一）场地准备

钻孔场地的平面尺寸要按桩基设计的平面尺寸、钻机数量和钻机底座平面尺寸、钻机移位要求施工方法以及其他配合施工机具设施的布置情况决定。

施工场地或工作平台的高度应考虑施工期间可能出现的最高水位或潮水位，并高出最高水位 0.5~1.0 m。

施工场地应按不同情况进行整理：

1. 场地为旱地时，为避免产生不均匀沉陷，应平整场地，清除杂物，换除软土，夯打密实。钻机底座不宜直接置于不坚实的填土上。

2. 场地为陡坡时，可用枕木或木架搭设坚固稳定的工作平台。

3. 场地为浅水时，宜采用筑岛方法。当水不深，流速不大，依据技术经济比较采用截流或临时改河方案有利时，也可以改水中钻孔为旱地钻孔方案。

4. 场地为深水或淤泥层较厚时，可搭设水上工作平台。工作平台可用木桩、钢筋混凝土桩或钢管桩做基桩，用木料、型钢、万能杆件、贝雷桁架片或其他材料搭设顶面纵横梁和支撑架。平台应能支撑钻孔机械、护筒加压、钻孔操作以及灌筑水下混凝土时可能发生的全部重力，要有足够的刚度，保持稳定性，并考虑洪水季节能使钻机顺利进入和撤出场地。

5. 如场地为深水，但水流平稳，水位升降缓慢时，钻机可设在组合船舶或浮箱上，但必须锚固稳定，以免造成偏位、斜孔或其他事故。

6. 当场地为深水，流速较大，但河床平顺或可以整理平顺时，可采用钢丝网水泥薄壁浮运沉井。沉井就位后，灌水、下沉、落床，然后在其顶面搭设工作平台，在底部开孔，安设护筒。

7. 在采用钢板桩围堰时，平台的平面设计应考虑插打钢板桩和沉放导向架的实际需要。

（二）护筒

1. 护筒的种类

护筒是可重复使用的设备，故在构造上要求坚固耐用，便于安装、拆除，不漏水。根据所用材料，主要分为木护筒、钢筋混凝土护筒和钢护筒等三种。

2. 护筒的作用

护筒的作用是固定桩位，引导钻头（锥）方向，隔离地面水以免其流入井孔，保护孔口不坍塌，并确保孔内水位（泥浆）高出地下水或施工水位一定高度，形成静水压力（水头），以保护孔壁免于坍塌等。

3. 护筒的一般要求

（1）用钢板或钢筋混凝土制成的埋设护筒，应坚实不漏水；护筒入土较深时，宜以压重、振动、锤击并辅以筒内除土等方法沉入。

（2）护筒内径应比桩径稍大。护筒长度在 2~6 m 范围时，有钻杆导向的正反循环回转护筒的内径宜比桩径大 20~30 cm，无钻杆导向的正、反潜水电钻和冲抓、冲击钻的护筒内径宜比桩径大 30~40 cm；深水处的护筒内径应比桩径至少大 40 cm。

（3）护筒顶端高度

① 当采用反循环回转方法钻孔时，护筒顶端应高出地下水位 2 m 以上，使护筒内水头产生 20 kPa 以上的静水压力。

② 采用正循环回转方法钻孔时，当地质良好、不宜塌孔时，护筒顶端的泥浆溢出口底边宜高出地下水位 1~1.5 m 以上；当地质不良、容易塌孔时，应高出地下水位 1.5~2 m 以上。

③ 采用其他方法钻孔时，护筒顶端宜高出地下水位 1.5~2 m。

④ 当护筒处于旱地时，除了满足①~③项外，护筒顶端还应高出地面 0.3 m。

⑤ 孔内有承压水时，护筒顶端应高出稳定后的承压水位 2 m 以上，若承压水位不稳定或稳定后承压水位高出地下水位很多时，应先作试桩，鉴定在承压水地区采用钻孔灌筑桩的可能性。

⑥ 处于潮水影响的地区时，护筒顶端应高于最高水位 1.5~2 m 以上，且必须采用稳定护筒内的水头措施。

（4）护筒的埋置深度

① 旱地或浅水处，对于黏性土护筒埋置深度不小于 1~1.5 m，砂类土应将护筒周围 0.5~1 m 范围内的土挖除，夯填黏性土至护筒底 0.5 m 以下。

② 冰冻地区护筒应埋入冻层以下 0.5 m。

③ 对于深水及河床软土、淤泥层较厚时，护筒埋置深度尽可能深入到不透水的黏性土内 1~1.5 m；河床下无黏性土时，应沉入到大砾石、卵石层内 0.5~1 m；河床为软土、淤泥、砂类土时，护筒底埋置深度要能防止护筒内水头降低产生涌砂现象。

④ 有冲刷影响的河床，护筒应埋入局部冲刷线以下 1~1.5 m。

（5）护筒接头处要求耐拉压、不漏水且内部无突出物；灌筑桩完成后，钢护筒和钢筋混凝土护筒除设计另有规定外，通常应拆除。

（6）在干处或浅水筑岛时，护筒可按一般方法实测定位；在深水沉入护筒时应采用导向架等设备定位，并保持竖直，导向架要有足够的强度和稳定性。

（7）护筒平面位置的偏差一般不得大于 5 cm，护筒倾斜度的偏差不大于 1%。

（三）泥浆制备

1. 泥浆的作用

钻孔泥浆由水、黏土和添加剂组成。在钻孔中，因泥浆的密度大于水的密度，故护筒内同样高的水头，泥浆的静水压力要比水的大。鉴于静水压力的作用，泥浆在井孔壁形成一层泥皮，阻隔孔内外渗流，保护孔壁免于坍塌。另外，泥浆还有悬浮钻渣的作用，使钻进正常进行。在冲击和正循环回转钻进中，悬浮钻渣的作用更为重要。

2. 泥浆的性能要求

（1）密度。泥浆的密度增大时，在钻孔中对孔壁的侧压力也相应增大，孔壁也越趋稳定，悬浮携带钻渣的能力越强。但是密度过大，其孔壁上的泥皮也增厚，这就增加了泥浆原料的消耗，而且会给清孔和灌筑混凝土造成困难。另外，泥浆密度加大，意味着泥浆固体颗粒含量加大，会对钻具产生较大的磨损，同时降低钻进速度。

（2）黏度。指液体或混合液体运动时，各分子或颗粒之间产生的内摩擦力。黏度大的泥浆，产生的孔壁泥皮厚，对防止翻砂、阻隔渗漏有利，悬浮携带钻渣能力强，对正循环回转钻有利。但黏度过大，则容易"糊钻"，影响泥浆泵的正常工作，增加泥浆净化的困难，影响钻进速度。黏度过小，钻渣不宜悬浮，泥皮薄，对防止翻砂、渗漏不利。

（3）静切力。指静止的泥浆受外力作用开始流动所需要的最小力，又称滑动静应力，它表示泥浆结构的强度，以破坏 1 cm² 面积上的泥浆颗粒结构所需的力表示。泥浆静切力要适当，太大则流动阻力大，沉淀池中的泥浆钻渣不易沉淀，影响净化速度，使泥浆相对密度过大，钻进速度降低；太小则悬浮钻渣效果不好，钻进速度也会降低，若因故停钻，钻渣容易下沉，造成积渣埋钻事故。

（4）含砂率。指泥浆内所含的砂和黏土颗粒的体积百分比。泥浆含砂率大时，会降低黏度，增加沉淀，容易磨损泥浆泵和水管摇头、钻锥等钻具；停钻时容易造成埋钻、卡钻事故。

（5）胶体率。指泥浆静止后，其中成悬浮状态的黏土颗粒与水分离的程度，以百分比表示。胶体率高的泥浆，黏土颗粒不易沉淀，悬浮钻渣能力高，否则反之。

（6）失水率。又称失水量或渗透量，是指泥浆在钻孔内受内外水头压差的作用而在一定时间内渗入地层的水量，以 mL/30 min 为单位。泥浆失水率越小，则它的胶体率越大。

3. 泥浆制备

黏土以水化快、造浆能力强、黏度大的膨胀土或接近地表经过冻融的黏土为好，但应尽量就地取材。

泥浆调制前，需先把黏土尽量打碎，使在搅拌中易于成浆，缩短搅拌时间，提高泥浆质量。

搅拌可以采用机械搅拌、人工搅拌和钻锥搅拌。搅拌时，先将定量的清水加入搅拌鼓，然后慢慢加进与水量相应的黏土，并开动机器搅拌。

4. 制备泥浆的水质和设备要求

（1）要求使用不纯物含量少的水，当不能用自来水时，需事先进行水质检查，以确保泥浆质量。

（2）当制备泥浆的水不能确保时，需另外准备 10~20 m³ 的清水或泥浆储存设备。

（3）为清洗机械设备，宜准备管径 25 mm、流量 50 L/min 的给水设施。

（4）为使钻孔中的泥浆重复使用，应准备水泵和储存钻；为处理清洗机械设备的废水，需设置水沟和沉淀池。

（5）废泥浆应用罐车送到处理场进行处理，不得在施工现场就地排放。

三、施工工艺

钻孔灌筑桩的施工工序很多，因成孔方法不同和现场情况各异，施工工艺流程也不完全相同。

（一）成孔工艺

1. 螺旋钻机成孔

（1）钻机就位。

（2）钻进。

（3）停止钻进，读取测绳读数，确定钻孔深度。

（4）提起钻杆。

（5）测孔径、孔深和桩孔水平与垂直偏差。

（6）成孔质量检查。

（7）盖好孔口盖板。

（8）钻机移位。

（9）复测孔深和虚土厚度，确认可否转入下一道工序。

2. 正循环回转法成孔

正循环回转法的工作特点是：电动机将动力经皮带传送至转盘旋转设备，带动中心的空心钻转动，将扭转动力传递到钻锥。另用泥浆泵将泥浆经空心钻杆压入孔底并使之在钻杆外上升，将钻渣悬浮出孔外，同时，泥浆也起护壁作用。

3. 反循环回转成孔

其工作特点正好与正循环相反，泥浆由储浆池流入或注入钻孔，在孔底同钻渣混合，再用真空泵或吸泥泵配合或在空气吸泥机、水力喷射泵的吸力作用下，混合物进入钻机的进渣口，由钻杆内腔吸上，再从出水控制阀经胶管排泄到沉淀池，净化后到储浆池循环使用。

4. 潜水钻机成孔

潜水钻机的种类较多，其成孔工艺大体相同。

（1）先将起吊潜水钻机的龙门吊机或吊车安装就位，并使主吊钩竖直对准桩位中心。

（2）安装潜水电钻、卷扬机、泥浆泵电缆。

（3）安装钻锥、潜水电钻和钻杆。

（4）将钻锥、电钻吊入护筒内，关好钻架底铁门，启动泥浆泵或吸浆泵，稍微吊起钻锥，使电钻空转。

（5）根据钻杆进尺放松电缆线，不可过多。

（6）接长钻杆时，先停止电钻转动，提升钻杆，泥浆继续循环，按照正循环或反循环方法接长一节钻杆，放下电钻，钻锥继续钻进。

钻进时应注意以下事项。

（1）为了防止潜水电钻杆折断或其他原因而掉入孔中，应在电钻上加焊吊环，系一保险钢丝绳。

（2）电缆和进浆胶管上应用油漆标明尺度，便于和钻杆上所标尺度相校核。

（3）在钻进时，电流一般控制在钻机设计的范围内，如果电流突然上升说明电钻超负荷，应将电钻上提，相应收回电缆线及进浆胶管，并应设自动跳闸装置，以便因钻进遇阻导致电流大大超过负荷时能自动停钻。

（4）应根据土质情况控制电钻进尺。

5. 冲抓钻机成孔

冲抓钻机成孔分无套管成孔法和有套管成孔法。下面简单介绍有套管冲抓钻机成孔步骤。

（1）埋设第一节套管。

（2）用锤式抓斗挖掘，同时边摇动套管边把套管压入土中。

（3）连接第二节套管，重复工序（2）。

（4）依次连接、摇动和压入其他节套管，直到套管下到桩端持力层为止。

（5）挖掘完毕后立即测量挖掘深度，确认桩端持力层，然后清除孔底虚土。

6. 冲击钻机成孔

（1）机具布置。随所用的钻机类型而异。

（2）开孔。开孔时应先在孔内灌筑泥浆。

（3）用正式钻机正常钻进时，需要注意以下事项。

① 冲程应按照土层情况分别规定。

② 在通过漂石或岩层时，如表面不平整，应先投入黏土、小片石，将表面垫平，再用十字形钻锥进行冲击钻进，避免发生斜孔、坍孔事故。

③ 要注意均匀地送放钢丝绳的长度。

（4）掏渣。破碎的钻渣，有一部分和泥浆一起被挤进孔壁，大部分靠掏渣筒清除孔外。

（5）分级钻进。为适应钻机负荷能力，在钻大孔时，可分级扩钻达到设计孔径。

（6）检孔。钻进中须用检孔器检孔。检孔器用钢筋笼做成，其外径等于设计孔径，长度为孔径的4~6倍。每钻进4~6 m，或接近、通过易缩孔土层或更换钻锥前，都必须检孔。

7. 钻斗钻机成孔

（1）安装钻头钻机。

（2）钻头着地，旋转，开孔。

（3）当钻头被旋转挤压充满泥沙后，将其提升上来，并监视井孔水位变化情况，随时灌浆（或补水）保持水头。

（4）旋转钻机，将钻头中的泥沙倾斜到翻斗车上。

（5）关闭钻头的活门。

（6）降落钻头。

（7）埋置导向护筒，灌入泥浆护壁。

（8）将侧面铰刀安装在钻头内侧，开始钻进。

（9）钻孔完毕后，进行第一次清孔，并测定深度。

（10）测定孔壁。

（11）插入钢筋笼和导管后，进行第二次清孔，排除孔底沉渣。

（二）成孔检查

钻孔灌筑桩在成孔过程中及终孔后以及灌筑混凝土前，均需对钻孔进行阶段性的成孔质量检查，检查的主要内容包括：孔径和孔形检测、孔深和孔底沉渣检测、桩孔垂直度检测、桩位检测等。

1. 孔径和孔形检测

孔径检测应在桩孔成孔后、下入钢筋笼前进行。孔径检测是利用根据设计桩径制作的脸孔器进行的。

2. 孔深和孔底沉渣检测

孔深和孔底沉渣普遍采用标准锤检测。对于斜桩的孔深和孔底沉渣，使用测锤检测时误差较大且精度较低，可以采用超声波检查孔底沉渣厚度等。

3. 桩孔垂直度检测

垂直度检测方法常见有以下几种。

（1）钻杆测斜法。将带有钻头的钻杆放入孔内到底，在孔口处的钻杆上装一个与孔径或护筒内径一致的导向环，使钻杆柱保持在桩孔中心线位置。然后将带有扶正圈的钻孔测斜仪下入钻杆内，分点测斜。

（2）圆球检测法。在孔口沿钻孔直径方向设一标尺，标出中点和桩孔中心，将圆球系于测绳上，量出滑轮到标尺中心点距离 H。将圆球慢慢放入孔底，待测绳静止不动后，读出测绳在标尺上的偏距 e，计算出桩孔垂直度。

4. 桩位检测

钻孔桩的实际桩位因受施工中各种因素的影响，可能会偏离原设计桩位，所以要对全部桩进行复测，并在复测平面图上标明实际桩位坐标。

（三）清孔

1. 清孔目的

清孔的目的是抽、换原钻孔内的泥浆，降低泥浆的密度、黏度、含砂率等指标，清除钻渣，减少孔底沉淀厚度，防止桩底沉淀土过厚而降低桩的承载力。特别是采用大直径钻孔桩时，在施工中彻底清除孔底沉淀土对充分发挥桩底原土层的支撑力，提高大直径钻孔桩竖直承载力尤为重要。

清孔还为灌筑水下混凝土创造良好条件，使测深正确、灌筑顺利，确保混凝土质量，避免出现断桩之类的重大工程质量事故。

2. 清孔方法

清孔方法应根据设计要求、钻孔方法、机械设备和土质情况决定。常见的清孔方法有：抽浆法清孔、换浆法清孔、掏渣法清孔、喷射法清孔、用砂浆置换钻渣法清孔等。

抽浆清孔法比较彻底，适用于各种钻孔方法的摩擦桩、支撑桩和嵌岩桩。但是孔壁易坍塌的钻孔使用抽浆法清孔时，需注意防止坍塌。

对于正循环回转钻进来说，换浆法不需要另加机具，且孔内仍为泥浆护壁，故不易坍孔。缺点是清孔不彻底，混凝土质量较难确保，而且清孔时间长。而采用其他方法钻孔时，不易采用换浆法清孔。

喷射法清孔是在灌筑混凝土前，对孔底进行高压射水或射风数分钟，使沉淀物漂浮后，立即灌筑水下混凝土。该方法常在其他方法清孔或清孔过程中配合使用。钻孔工作完毕后，由于有拆卸钻杆、钻头、下钢筋骨架及导管等工序，沉淀厚度可能会增加，导致导管无法插到底，故常用喷射法，将沉淀冲起漂浮。

3. 清孔的质量要求和检查方法

（1）清孔的质量要求

对于摩擦桩，应满足：

① 孔底沉淀土的厚度不得大于设计规定值。

② 清孔后的泥浆性能指标：含砂率不大于 2%，相对密度为 1.03~1.10，黏度为 17~20 s，胶体率大于等于 98%。

对于支承桩，易采用抽浆法清孔，并清理至吸泥管出清水为止。灌筑混凝土前，孔底沉淀厚度不大于设计规定。

（2）沉淀土厚度的检测方法

沉淀土厚度的测算基准面：用平底钻锥和冲击、冲抓锥时，沉淀土厚度从锥头或抓锥底部所到达的孔底平面算起；用底部带圆锥的笼式锥头时，沉淀土厚度从锥头下端的圆锥体高度的中点标高算起。

检测方法有取样盒检测方法、测锤法、电阻率法、电容法和声呐法等。

（四）钢筋骨架

1. 钢筋骨架制作

钢筋骨架的制作方法有卡板成型法、支架成型法、胎具成型法、箍筋成型法和加劲筋成型法等。

（1）卡板成型法

用 2~3 cm 厚的木板（或薄钢板）制成两块半圆卡板。根据主筋位置，在卡板边缘凿出支托主筋的凹槽，槽深等于主筋直径的一半。制作骨架时，每隔 3 m 左右放一块卡板，把主筋纳入凹槽，用绳扎好；再将螺旋筋或箍筋套入，并用钢丝将其与主钢筋绑扎牢固。然后松开卡板与主筋的绑绳，卸去卡板，随即将主筋同螺旋筋或箍筋点焊。

（2）支架成型法

支架由固定和活动支架两部分组成。用 3~4 cm 厚的木板，按骨架的设计尺寸，做成半圆的固定支架。在支架的周围边缘，根据主筋位置凿出支托主筋的凹槽。固定支架用两根 4 cm×10 cm 的支柱固定支架。制作时，把主筋逐根放入凹槽，然后将箍筋按设计位置放在骨架外围，弯绕成圆箍，并与主筋点焊连接。焊接好箍筋后，把活动支架和固定支架的连接螺栓拆除，从骨架两端抽出活动支架，最后将骨架从固定支架上吊走。

（3）胎具成型法

该方法用槽钢和钢板焊成组合胎具，每组胎具由上横梁、立梁和地梁三部分组成。将加劲箍筋就位于每道胎具同侧，按胎膜的凹槽摆焊主筋和箍筋。全部焊接完成后，拆下，上横梁、立梁，滚出钢筋骨架，接着继续下一节骨架的焊接。

（4）箍筋成型法

按照钢筋骨架的外径制作一块样板，将箍筋围绕样板弯制成箍筋圈。在箍筋圈上标出主筋位置，同时在主筋上标出箍筋位置。然后在水平的工作平台上，在主筋长度范围内，放好全部箍筋圈，将两根主筋伸入箍筋圈内，按钢筋上标注位置的记号互相对准，依次扶正箍筋并一一焊好，再将其余的主筋穿进箍筋圈内焊接成骨架。

（5）加劲筋成型法

按照设计尺寸做好加劲筋圈，标出主筋位置。把主筋摆在平整的工作台上，并标出箍筋的位置。焊接时，使加劲筋上任一主筋的标记对准主筋中部地加劲筋标记，扶正加劲筋，用木制直角板校正加劲筋与主筋的垂直度后点焊。在一根主筋上焊接好全部加劲筋后，用机具或人工转动骨架，将其余主筋逐根焊好，然后吊起骨架放在支架上，套入盘筋，按设计位置布好螺旋筋，并绑扎于主筋上，点焊牢固。

钢筋骨架保护层厚度一般为 6~8 cm，设计有规定时，要以设计为准。可用下列方法设置保护层。

（1）绑扎混凝土预制块

混凝土预制垫块为 15 cm×20 cm×8 cm，靠钻孔壁的方向制成弧面，靠骨架的一面制成平面，并有十字槽。纵向为直槽，横向为曲槽，其曲率同箍筋曲率。槽的深度和宽度，以能容纳箍筋和主筋为度。垫块在钢筋骨架上的布置依据钻孔土层变化而定，通常沿钻孔竖向每隔 2 m 左右设置一道，每道沿圆周对称地设置 4 块。

该方法的优点是预制块同孔壁的接触面积大，制作简单，设置方便；缺点是预制块用钢丝绑扎在骨架上，容易碎落。

（2）焊接钢筋混凝土预制垫块

钢筋混凝土预制块形状同上，不同的是在十字槽底部埋设一根直径为 6~8 mm 的钢筋，以便能分别焊接在主筋和箍筋上。其布置同上，该法的特点是混凝土预制块较牢固。

（3）焊接钢筋"耳朵"

钢筋"耳朵"用断头钢筋（直径不小于 10 mm）弯制而成，长度不小于 15 cm，高度不小于 8 cm，焊接在骨架主筋外侧。其布置间距同上，该方法克服了上述两方法的缺点，但是与孔壁接触面小，容易陷入孔壁中，因而需要加密一些。

（4）钢垫环

钢垫环是用短钢板或扁钢筋制成（厚度 5 mm 以上、宽约 10 cm），直接焊接在主筋上，也可以用其他废料加工而成。每个长度一般在 40 cm 左右，在骨架上每隔一定距离焊接一个，每个断面可对称焊接 4 个，钻孔土层松软时也可增加。这种钢垫环使用效果较好，但是不宜采用钢筋或较窄的钢带制作钢垫环。

（5）用导向钢管控制保护层厚度

该方法借助于骨架就位时用的导向钢管来设置保护层。钢管在平面上的布置视钻孔大小而定，一般不少于 4 根。

2. 钢筋骨架的运输和起吊就位

（1）骨架的存放和运输

骨架在制作完成以后，必须存放在平整、干燥的场地上。存放时，每个加劲筋与地面接触处都应垫上等高的木方，以免粘上泥土。存放时按照各节段排好次序，便于使用时按顺序装运。在骨架每个节段上都要挂上标志牌，写明墩号、桩号和节号。骨架存放还要注意防雨、防潮。

骨架的运输要求是：无论采用什么方法运输，都不得使骨架变形。骨架运输分两种情况：一种是有围堰平台的，以平车直接运入；另一种是有水上平台的，从平台上船，再运至施工现场。运输工具一般为带托架的平车或胶轮车。在场内运输时，若受地形或运输工具的限制，也可用人工抬运。

（2）骨架的起吊和就位

钢筋骨架可利用钻机塔架、汽车吊、龙门吊、人字扒杆、独脚扒杆或缆索起吊。

为确保起吊时不变形，宜采用两点吊，第一点设在骨架的下部，第二点设在骨架长度的中点到上三分点之间。

（五）灌筑水下混凝土

水下混凝土工程施工可采用直升导管法、箱袋法、铺石灌浆法和混凝土泵输送法等。直升导管法在实际施工中采用得比较多，下面简单进行介绍。

1. 灌筑机具的准备

导管是灌筑水下混凝土的重要工具，可用钢板卷制焊成或采用无缝钢管制成。其直径按桩长、桩径和每小时需要通过的混凝土数量决定。

导管使用前和使用一个时期后，除应对其规格、质量和拼接构造进行认真的检查外，还需做拼接、过球和水密、承压、接头、抗拉等试验。

导管顶部应设置漏斗，其上设溜槽、储料斗和工作平台。储料斗和漏斗高度除应满足导管拆卸等操作需要外，并应在灌筑到最后阶段时，不影响导管内混凝土桩的灌筑高度。在钻孔桩桩底低于钻孔中水面时，漏斗底口应比水面至少高出 4~6 m。在桩顶高于钻孔中水面时，漏斗底口应比桩顶至少高出 4~6 m。

储料斗的作用是储放首批浇筑的混凝土，或是将运输来的可能离析了的混凝土倒入其中，在拌匀后经溜槽送入漏斗。

混凝土的运输时间和距离应尽量缩短，以迅速、不间断为原则，防止在运输中产生离析。（详细要求见混凝土工程中的相关规定。）

2. 水下混凝土的灌筑

（1）灌筑水下混凝土是钻孔桩施工的重要工序，应特别注意。钻孔应经成孔质量检验合格后，方可开始灌筑工作。

（2）灌筑前，对孔底沉淀厚度应再进行一次测定。如厚度超过规定，可用前述喷射法向孔底喷射 3~5 min 水或气，使沉渣悬浮，然后立即灌筑首批水下混凝土。

（3）剪球、拔栓或开阀，将首批混凝土灌筑入孔底后，立即测探孔内混凝土面高度，计算出导管埋置深度，如符合要求，即可正常灌筑。如发现导管内大量进水，表明出现灌筑事故，应按事故处理方法进行处理。

（4）灌筑应连续进行，严禁中途停工。在灌筑过程中，要防止新拌混凝土从漏斗顶溢出或从漏斗外掉入孔中，使孔内泥浆因含有水泥而变稠，致使测探沉淀物厚度不准确。灌筑过程中，要注意观察管内混凝土下降和孔内水位上升情况，及时测量孔内混凝土面高度，正确指挥导管的提升和拆除。导管提升时要保持轴线竖直和位置居中，逐步提升。

（5）在灌筑过程中，当导管内混凝土不满、含有空气时，后续混凝土要徐徐灌入，以免在导管内形成高压气囊，挤出管节间的橡皮垫，导致导管漏水。

（6）当混凝土面升到钢筋骨架下端时，为防止钢筋骨架被混凝土顶托上升，可采用以下措施。

①尽量缩短混凝土的灌筑时间，防止混凝土顶面上升进入钢筋骨架时混凝土的流动性过小，也可以采用缓凝剂、粉煤灰等增大其流动性。

②当混凝土面接近和初进入钢筋骨架时，应使导管底口处于钢筋笼底口 3 m 以下和 1 m 以上处，并徐徐灌筑混凝土，以减少混凝土从导管底口出来后向上的冲击力。

③当孔内混凝土进入钢筋骨架 4~5 m 以后，适当提升导管，减小导管埋置长度，以增加骨架在导管口以下的埋置深度，进而增加混凝土对钢筋的握裹力。

（7）为确保桩顶质量，在桩顶设计标高以上应加灌一定高度，以便灌筑结束后将此段混凝土清除。增加的高度，可按孔深、成孔方法和清孔方法确定，一般不宜小于 0.5 m，长桩不宜小于 1 m。

（8）在灌筑混凝土时，每根桩应该至少留取 2 组试件，桩长 20 m 以上者至少 3 组；桩径大、浇筑时间长得不少于 4 组。比如换工作班时，每个工作班都应制取试件。试件进行标准养护，强度测试后填写试验报告，强度不合要求时，应及时提出报告，采取补救措施。

第五章　公路隧道施工技术

第一节　概述

一、隧道的基本概念

隧道工程是指在交通线路修建过程中为穿越山体或河流，海洋或既有建筑物或构筑物而修筑具有出入口供汽车、火车、行人通行的地下建筑物。

1970 年，国际经济合作与发展组织（OECD）召开的隧道会议综合了各种因素，对隧道所下的定义为："以任何方式修建，最终使用于地表以下的条形建筑物，其空洞内部净空断面在 2 m^2 以上者均为隧道。"

与地面结构物相比，隧道工程具有以下特点：

① 隧道工程埋设在地层中，一旦建成就难以更改，在施工过程中主要受到工程地质条件和水文地质条件的影响。

② 由于隧道工程的施工穿越地层的地质条件复杂多变，遇到的意外情况比较多，工程的定位、设计和施工方法都必须随时做相应的调整，要求有关规划、勘测、设计、施工和使用管理部门密切配合。

③ 隧道工程承受爆炸荷载和地震荷载的能力比地面结构强，许多国防、民防工程及抗震和各类防护工程都可采用。

④ 隧道工程埋设于地下，施工对地面影响较小，可以不受或少受昼夜更替、季节变换、气候变化等自然因素的影响，有助于稳定地安排施工。

⑤ 隧道工程施工期限长，施工环境较差，施工作业面较窄，可容纳的劳力和机械都受限制，因此施工条件可能极其恶劣。例如，爆破产生粉尘和有害气体、施工噪声、生产废水等，必须采取通风、防尘、照明、消音、隔音、排水等措施，使施工场地条件改善，确保施工人员的身体健康，提高劳动生产率。

⑥ 隧道工程能穿越天然高程或平面障碍，分担地面交通和人流负荷，节约公路工程用地。

⑦ 隧道工程造价昂贵，只有在论证它有充分的战略地位、技术条件和经济效益时才宜兴建。

⑧ 隧道施工会产生大量废土、碎石，须妥善处理，及时外运。但新建隧道往往远离既有交通线路、运输不便，必须加强规划和部署。

二、隧道的分类

隧道工程所涉及的工程范围较为广泛，可以根据不同的分类方法将隧道分为不同种类，具体分类内容如下所示：

① 根据隧道顶部上覆围岩能否形成压力拱（自然拱），将隧道分为浅埋隧道和深埋隧道。不同种类岩石的临界深度也是不一样的，一般采用塌方平均高度 h_q 的 2~2.5 倍为深浅埋的临界高度。

② 按照隧道所处地理位置可分为山岭隧道、浅埋及软土隧道、水底隧道等。

③ 按照隧道所处的地层情况可分为岩石隧道或岩质隧道、土质隧道或软土隧道。

④ 按照隧道用途分类可分为交通隧道、市政隧道、水工隧道和矿山隧道等。

⑤ 按隧道断面形式分为圆形断面隧道、多心圆断面隧道、马蹄形断面隧道、矩形断面隧道等。

⑥ 按隧道的长度分类：隧道长度是指进出口洞门端墙面之间的距离，以端墙面或斜切式洞门的斜切面与设计内轨顶面的交线同线路中线的交点计算。根据《公路隧道设计规范》（JTG D70-2—2014），公路隧道按其长度可分为 4 类：全长 3000 m 以上为特长隧道；全长 1000 m 以上至 3000 m 为长隧道；全长 500 m 以上至 1000 m 为中隧道；全长 500 m 以下为短隧道。

⑦ 按上下行隧洞间的距离可分为分离式隧道、小净距隧道和连拱隧道。

三、隧道的结构及其组成

隧道结构由主体结构和附属结构组成。其中主体结构包括隧道洞门及洞身衬砌部分。为了满足隧道的使用功能，隧道除应有主体结构外，还应具有其他的一些设施，包括紧急停车带、人行横道、洞内排水系统、电力电缆系统、通风系统等。

（一）主体结构

（1）洞门

隧道两端洞口处的结构部分称为洞门。它是在隧道洞口利用污工材料等修筑用以保护洞口稳定、引离地表水并对周围环境起到装饰作用的支挡结构物。其主要作用是减少洞口土石方的开挖量，稳定边仰坡引离地表水及装饰洞口。

洞门通常按照其结构构造分为端墙式洞门、翼墙式洞门、削竹式洞门、柱式洞门、环框式洞门及遮光棚式洞门等。

（2）洞身衬砌

隧道开挖后，为了避免隧道变形或岩石风化，都需要修建支护结构，即衬砌。根据隧道衬砌施工工艺不同，将隧道衬砌的形式分为喷锚支护、装配式衬砌及整体式衬砌。

① 喷锚支护。喷锚支护常用的材料有喷射混凝土（有时加钢筋网或钢纤维）、锚杆和钢拱架。一般可根据地质条件和结构形式的变化组合使用。

a. 喷射混凝土。喷射混凝土以压缩空气为动力，将掺有速凝剂的混凝土拌合料与水合成为浆状，喷射到坑道岩壁上凝结而成。喷射混凝土分为干喷、潮喷、湿喷3种，以湿喷工艺较优。

b. 锚杆或锚索。锚杆或锚索是用金属或其他抗拉强度较高材料制成的一种杆状构件，并使用某些机械装置或黏结介质，将其安设在隧道及地下工程的围岩体或其他工程结构体中，利用杆端锚头的膨胀作用，或利用灌浆黏结，增加岩体的强度和抗变形能力从而提高围岩的自稳能力。

② 装配式衬砌。装配式衬砌是构件在现场或工厂预制，然后将构件运进坑道内再进行拼装成一环接着一环的衬砌。其特点是衬砌拼装后能够立即受力，便于机械化施工，改善劳动条件，节省劳力。目前多在盾构法施工的隧道内使用。

③ 整体式衬砌。整体式衬砌是指就地灌注混凝土施工衬砌，也称模筑混凝土衬砌。其施工工艺流程为：立模→浇筑→养护→拆模。模筑衬砌的特点：对地质条件的适应性强，易于按需要成形，整体性好，抗渗性强，并适用于多种施工条件，如可用木模板、钢模板或衬砌模板台车等。

整体式衬砌按照不同的围岩类别采用不同的衬砌厚度。

④ 复合式衬砌。目前，公路隧道均采用以"初期支护、防水层及二次衬砌（整体式衬砌）"组成的复合式结构。

a. 初期支护。隧道是埋藏于地面以下的条形建筑物，被岩土体围绕。在隧道周围一定范围内，对洞身的稳定有影响的岩（土）体，即由于受开挖影响而发生应力状态改变的岩（土）体，称为围岩。

隧道在岩土体开挖后，自身很难保持稳定。为了达到洞室稳定及施工安全的目的，而在洞室开挖后对洞室围岩采取支撑、加强作用的构件和其他处理措施总称为支护。

现代隧道施工技术采取的支护手段通常有喷射混凝土、挂网喷射混凝土、钢拱架、锚杆喷射混凝土及其联合支护。

b. 防水层。防水层为不透水表面光滑的高分子防水卷材，它不但起到将地层渗水拒于二次衬砌之外的防水作用，而且对初期喷射混凝土及二次衬砌模筑混凝土来说，还起到隔离与润滑作用，使初期支护喷射混凝土对二次衬砌混凝土的约束应力减少，从而避免模筑混凝土产生裂缝，提高了二次衬砌混凝土的防水抗渗能力。防水层通常由两部分组成，缓冲垫层与防水板。

防水板采用厚度 1.5 mm 以上的 EVA（乙烯 – 醋酸乙烯共聚物）或 ECB（乙烯、醋酸乙烯与沥青共聚物），缓冲垫层一般采用质量大于 400 g/m² 无纺布。

c. 二次衬砌。二次衬砌一般采用整体式钢筋混凝土衬砌。

d. 仰拱填充。隧道仰拱通常是弧形，而车辆行驶面是有一定斜率的平面，因此需要采用建筑材料将仰拱上方和路面结构间的空间进行填充，常用的仰拱填充材料为水泥混凝土。

e. 路面结构。路面结构主要有两种，即水泥混凝土路面和沥青混合料路面。

（二）附属结构

（1）紧急停车带

在较长的公路隧道内，需要设置紧急停车带作为避让车道，避免车辆抛锚长时间占据行车道，故障车必须尽快离开干道，否则会引起阻塞，甚至导致交通事故。为避免发生交通事故，引起混乱，影响通行能力而专供紧急停车使用的停车位置即为紧急停车带。

紧急停车带的间隔，主要根据故障车的可能推动距离确定。一般很难确定距离的大小，如小车较卡车滑行距离长，人力推动也较省力；下坡较上坡滑行距离长，推动也省力。在隧道内一般取 500~800 m。汽车专用隧道取 500 m，隧道长度大于 600 m 时应在中间设置一处。混合交通隧道取 800 m，隧道长度大于 900 m 时应在中间设置一处。

紧急停车带的有效长度应满足停放车辆进入所需的长度，一般进入需 20 m，最低值为 15 m，宽度一般为 3.0 m。

（2）行车横道和行人横洞

行车横道与隧道正洞应该形成一个小于 90° 夹角，单向交通的隧道采用 45°~60° 夹角。隧道长度在 1000~1500 m 时，宜在隧道中间设一处。

行人横洞是在分离式单向交通的双洞隧道中，一个隧道内发生事故时，汽车无法立即疏散，事故内车辆的乘客可通过行人横洞疏散。行人横道净空为 2.5 m（高）× 2 m（宽），设置间距可取 250 m，且不得大于 500 m。

（3）防排水系统

隧道防排水系统主要是为了保证隧道在运营过程中避免水害带来的影响，以保证结构物和设备的正常使用和行车安全。隧道内的防排水是隧道施工和运营中的一个重要问题，现代隧道通常以"防、排、截、堵相结合，因地制宜，综合治理"的原则设置隧道防排水系统，以达到防水可靠、排水通畅、底部无积水、经济合理的目的。

① 防水措施。常用的防水措施有喷射混凝土、塑料防水板防水、模筑混凝土衬砌防水、防水涂料防水等。模筑混凝土衬砌防水是指内层衬砌采用就地浇筑混凝土本身具有防水功能。塑料防水板防水是指在内外层衬砌之间敷软聚氯乙薄膜、聚异丁烯片等防水卷材，塑料板防水一般厚度为 1.2 mm。防水层接缝处一般用热气焊接，或用电敏电随焊接，也可采用适当的溶剂做溶解焊接，以达到防水的目的。防水涂料防水是指在隧道内表面涂刷防水涂料，如乳化沥青、环氧焦油等，使在隧道内表面形成不透水的薄膜。防水砂浆抹面是在普通砂浆中掺入防水剂，从而提高砂浆抹面的防水性能。目前，应用较多的防水砂浆主要有氯化铁砂浆和氯化钙防水砂浆。

② 排水。排水常利用"排水盲沟→泄水管→排水沟"的形式进行隧道排水。这种方法主要是将衬砌背后的水引入盲沟内汇集，然后通过与盲沟连接的泄水管将水从盲沟引入隧道内的排水沟，最后从排水沟排走。

③ 截水。截水是将流向隧道的地表水或地下水截断，从而使水改路。对于地表水，应设置地表排水沟、截水沟将水引离隧道；对于地下水，主要采用设置导坑、泄水洞或井点降水等方法。目前，采用的主要截水措施有以下几种：

a. 在洞口仰坡边缘 5 m 以外设置天沟，并加以铺砌。当岩石外露、地面坡度较陡时，可不设天沟。仰坡上可种植草皮、喷抹灰浆或加以铺砌。

b. 对洞顶天然沟槽加以整治，使山洪宣泄畅通。

c. 对洞顶地表的陷穴、深坑加以回填，对裂缝进行堵塞。处理隧道地表水时，要有全局观点，不应妨害当地农田水利规划，做到因地制宜，一改多利。

d. 在地表水上游设截水导流沟，地下水上游设泄水洞、洞外井点降水或洞内井点降水。

④ 堵水。在隧道施工、运营过程中，有渗漏水时，常采用喷射混凝土、注浆和防水混凝土衬砌等方法进行堵水。

（4）施工缝、变形缝

施工缝，也称循环缝。隧道衬砌混凝土施工所产生的冷接缝，是防水薄弱环节之一，也是隧道中最易发生渗漏的位置。隧道衬砌施工缝处理不好，不仅会造成衬砌混凝土裂缝及洞内漏水，严重影响隧道的正常使用和行车安全，还会降低结构的强度和耐久性。为防止由于衬砌不均匀下沉而引起的裂损，在地质条件变化显著、衬砌受力不匀地段，应设置沉降缝；为防止由于温度变化剧烈或混凝土凝结收缩影响而引起的衬砌开裂，应设置伸缩缝，以上两种结构缝统称为变形缝。变形缝应采用柔性材料做防水处理。

（5）通风设施

公路隧道的通风方式大体可分为自然通风和机械通风两种。自然通风是利用洞内的天然风流和汽车运行所引起的活塞风（交通风）来达到通风目的。机械通风则是在自然通风不能满足要求时，设置一系列通风机械，通过送入或排出空气来达到通风目的。

按车道空间的空气流动方式，公路隧道常用通风方式可按照图 5-1 进行区分。

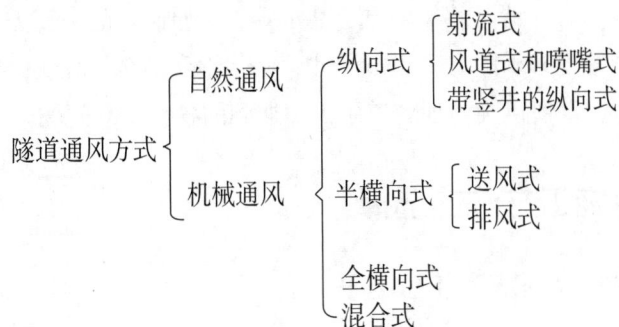

图5-1　公路隧道常用通风方式

（6）隧道内部装饰

在公路隧道或城市地铁内，为了使隧道内更美观，提高能见度，吸收噪声和改变隧道内的环境，内部装饰有时非常必要。

内部装饰具有保持隧道内的亮度、减少衬砌对汽车尾气的吸收、防止衬砌的腐蚀、吸收噪声等作用。

常见的内部装饰类型有粉刷、涂料、塑料装饰或粘贴各种装饰材料等。

第二节　隧道施工方法

一、概述

隧道施工是指修建隧道及地下洞室的施工方法、施工技术和施工管理的总称。

隧道施工方法是开挖与支护等工序的组合。隧道施工过程通常包括在地层内挖出土石，形成符合设计断面的坑道，进行必要的支护和衬砌，控制坑道围岩变形，保证隧道施工安全和长期安全使用。

隧道施工技术主要研究解决上述各种隧道施工方法所需的技术方案和措施（如开挖掘进、支护和衬砌施工方案与措施）；隧道穿越特殊地质地段时（如膨胀土、黄土、溶洞塌方、流沙、高地温、岩爆、瓦斯地层等）的施工手段；隧道施工过程中的通风、防尘及防有害气体的方式方法和对围岩变化的量测监控方法。

隧道施工管理主要解决施工组织设计（如施工方案选择、施工技术措施、场地布置、进度控制、材料供应、劳力及机具安排等）和施工中的技术管理、计划管理、质量管理、经济管理、安全管理等问题。

隧道施工和工程实践有密切联系，因此应理论与生产实践紧密结合。必须指出，由于地质勘探的局限性和地质条件的复杂性及多变性，隧道施工过程中经常会遇到突然变化的地质条件、意外情况（如塌方、涌水等），原制订的施工方案、施工技术措施和施工进度计划等也必须随之变更。因此，必须学会结合工程实践经验掌握综合运用这些知识的能力，以便正确处理隧道施工中遇到的各种实际问题。

二、隧道施工方法的选择

（一）常用的公路隧道施工方法

目前，常用的公路隧道施工方法见图 5-2。

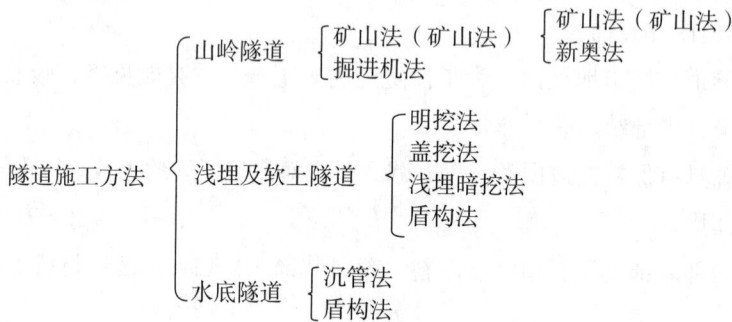

图5-2　公路隧道常用的施工方法

（二）施工方法的选择

针对具体的隧道工程，采用何种施工方法，不仅取决于围岩工程地质和水文地质条件，还受到隧道工程结构条件和工程施工条件的影响。而从工程技术的角度来看，隧道围岩工程地质和水文地质条件是影响施工方法选择的最关键因素，因此需根据表5-1确定隧道的围岩级别。

在确定隧道的围岩级别的基础上，根据隧道工程建筑要求、机具设备、施工技术条件、施工技术水平、施工经验等多种因素和千变万化的地质情况等，参考表 5-2 选择与隧道断面大小、形状以及洞室的组合情况相适应，并能够满足施工安全、作业空间、施工速度、施工成本控制、工程质量、环境保护、施工组织和管理方面要求的一种或多种施工方法。

表5-1 公路隧道围岩分级

围岩级别	围岩或土体主要定性特征	围岩基本质量指标BQ或修正的围岩基本质量指标[BQ]
I	坚硬岩，岩体完整，巨整体状或巨厚层状结构	＞550
II	坚硬岩，岩体较完整，块状或厚层状结构 较坚硬岩，岩体完整，块状整体结构	550~451
III	坚硬岩，岩体较破碎，巨块（石）碎（石）状镶嵌结构 较坚硬岩或较软硬质岩层，岩体较完整，块状体或中厚层结构	450~351
IV	坚硬岩，岩体破碎，碎裂结构 较坚硬岩，岩体较破碎—破碎，镶嵌碎裂结构 较软岩或软硬质岩互层，且以软岩为主，岩体较完整—较破碎 中薄层状结构	350~251
IV	土体： 1.压密或成岩作用的黏性土及砂性土 2.黄土（Q1、Q2） 3.一般钙质或铁质胶结的碎石土、卵石土、大块石土	—
V	较软岩，岩体破碎 软岩，岩体较破碎—破碎 极破碎各类岩体，碎、裂状，松散结构	≤250
V	一般第四系的半干硬至硬塑的黏性土及稍密至潮湿的碎石土、卵石土、圆烁、角烁土及黄土（Q3、Q4）。非黏性土呈松散结构，黏性土及黄土呈松软结构	—
VI	软塑状黏性土及潮湿、饱和粉细砂层、软土等	—

表5-2 各种施工方法的适用范围

地质条件	矿山法	新奥法	浅埋暗挖	明挖法	盖挖法	盾构法	掘进机法	沉埋法	冻结法
浅埋隧道（软岩、土质）	可用	加特殊措施适用	常用	常用	适用	适用			可用
深埋隧道	适用	适用、最常用	浅埋段适用	浅埋段适用		软岩段适用	适用		
水下隧道（水下地层中）	—	硬岩段适用				软岩段适用			可用
水底隧道（水下河床上）	—							适用	

浅埋隧道往往采用先将地面开挖，修筑完成支护结构以后再回填土石的明挖法施

工。深埋隧道则采用不开挖地面的暗挖法施工，即在地下开挖及修筑支护结构。目前，在长大公路隧道施工过程中，采用小直径 TBM 掘进机，先行完成导坑开挖，然后再采用"新奥法"扩大为正洞，已经成为推荐的组合型施工方法。

应当指出的是，隧道工程施工是在应力岩体中开拓地下空间。由于地质条件的复杂性和多变性，以及地质勘探、施工技术和人们对工程问题认识的局限性，人们在隧道施工过程中不可避免地会遇到预料之外的地质条件，甚至发生如流变、塌方、流沙、突泥、涌水、岩爆等工程事故。所以，隧道施工人员应当根据隧道工程具体条件加以综合考虑、反复比较，选择最经济、最合理的施工方法，一般是多种方法、多种技术综合利用；另一方面应密切关注施工过程中各种因素变化，及时根据实际情况调整施工方案、施工方法、施工技术和施工进度等各项计划。这是一个受多种因素影响的动态择优过程。

第三节　隧道新奥法施工技术

一、概述

（一）定义

新奥法简称 NATM，即新奥地利隧道施工方法。新奥法概念是奥地利学者拉布西维兹教授于 20 世纪 50 年代提出的，它以隧道工程经验和岩体力学理论为基础，将锚杆和喷射混凝土组合在一起，作为主要支护手段的一种施工方法，经过一些国家的许多实践和理论研究，于 20 世纪 60 年代取得专利权并正式命名。之后新奥法在西欧、北欧、美国和日本等许多地下工程中获得极为迅速的发展，已成为现代隧道新技术标志之一。NATM 于 20 世纪 60 年代传到我国，20 世纪 70 年代末 80 年代初在我国得到迅速发展。可以说，目前我国几乎所有重点、难点的地下工程都使用了新奥法。新奥法几乎成为在软弱破碎围岩地段修筑隧道的一种基本方法。

（二）新奥法施工工艺特点

1. 新奥法与传统支护理念的区别

传统支护理念认为隧道围岩是一种荷载，应使用加强的衬砌结构支护松动围岩。而新奥法将围岩视为隧道承载构件的一部分，围岩既是荷载，又是承载结构；构筑薄壁、柔性、与围岩紧贴的支护结构（以喷射混凝土、锚杆为主要手段），使围岩与支护结构共同形成承载体系来承受外荷载，并最大限度地保持围岩稳定，因而不致松动破坏。

新奥法将锚杆、喷射混凝土适当进行组合，形成比较薄的衬砌层，即用锚杆和喷射混凝土来支护围岩，使喷射层与围岩紧密结合，形成围岩—支护系统，保持两者的共同变形，故而可以最大限度地利用围岩本身的承载力。

2. 保护隧道围岩自身的承载能力

新奥法施工在隧道开挖后采取了一系列综合性措施，如构筑防水层、围岩巷道排水，给支护留变形余量，开挖后及时做好支护、封闭围岩等，都是为保护巷道围岩的自身承载能力，使其与人工支护结构共同承受巷道压力。

3. 允许围岩发生一定的变形

新奥法允许围岩有一定量的变形，以利于发挥围岩的承载能力。同时巷道的支护结构也应具有预定的可压缩量，以缓和隧道结构所受的压力。围岩的变形须控制在一定范围内，必须避免围岩变形过大，导致围岩强度削弱而引起塌落、失稳。支护结构应具有一定的变形量，允许巷道围岩产生一定的变形，以缓和来自巷道的巨大压力，更进一步减轻支护荷载。

4. 重视超前地质预报、现场围岩分级和监控量测工作

新奥法施工过程就是一个信息反馈的过程。围岩情况决定着支护参数的选取，通过分析超前地质预报预估围岩的变化情况，以便对不良地质段落提前做好应对准备；通过对每个开挖循环掌子面的围岩进行现场确认，以保证支护措施选取的正确性；通过对已经支护的段落进行监控量测，以便发现危险段落及对支护参数的合理性进行复核。3 种信息手段分工协作，共同用于指导隧道现场施工。

5. 新奥法适用范围

虽然新奥法有广泛的应用，但并非所有的隧道都适合采用新奥法设计施工。新奥法设计施工的隧道主要适合以下围岩：

① 具有较长自稳时间的中等岩体；

② 弱胶结的砂和石砾以及不稳定的砾岩；

③ 强风化的岩石；

④ 刚塑性的黏土泥质灰岩和泥质灰岩；

⑤ 坚硬黏土，也有带坚硬夹层的黏土；

⑥ 微裂隙但很少黏土的岩体；

⑦ 在很高的初应力场条件下，坚硬的和可变坚硬的岩石。

在下述条件下应用新奥法时，必须与一些辅助方法相配合：

① 有强烈地压显现的岩体；

② 膨胀性岩体（要与仰拱与底部锚杆相配合）；

③ 在一些松散岩体中，要与钢背板相配合；

④ 在蠕动性岩体中，要与冻结法或预加固法等相配合。

在下列围岩中应慎用新奥法：

① 大量涌水的岩体；

② 由于涌水会产生流沙现象的围岩；

③ 极为破碎，锚杆钻孔、安装都极为困难的岩体；

④ 开挖面完全不能自稳的岩体等。

（三）优缺点

① 各工序的组合和调整的灵活性很大，尤其是当地质条件发生变化时，它依然表现出很强的适应性。长期的实践已使人们积累了丰富宝贵的施工经验，形成了较为科学合理、完整成熟的施工方案，这些是普遍认同的优势。

② 与传统矿山法的钢木构件临时支撑相比较，新奥法的锚喷初期支护具有显著的灵活性、及时性、密贴性、深入性、柔韧性、封闭性等工程特点。

③ 施工机械和设备的配套比较灵活，且多数是常规设备，其组装设备简单、转移方便，重复利用率高。

④ 现代隧道工程使用的钢拱架和内层衬砌是力学意义上的承载环，其设计计算方法仍沿用并改进了传统松弛荷载理论的设计计算方法。

值得注意的是，钢拱架、超前管棚、混凝土或钢筋混凝土等刚性构件的作用简明直观、行之有效，且具有较好的耐久性。而锚喷初期支护的支护能力和功效虽然并不亚于刚性构件，但其理论需要专门的培训，对其实施准则的认识和掌握还需要在实践中加以总结和积累。就耐久性而言，因为锚喷支护毕竟是一种松散结构，其耐久性并非是最理想且在不同的围岩条件下，其功效大小也不尽相同，还需要用时间来检验。

二、施工原则

根据对隧道及地下工程的基本问题——"开挖与支护关系"的认识，对围岩的"三位一体特性"的认识，以及对支护的"加固和维护作用"的认识，现代围岩承载理论认为"围岩是工程加固的对象，是不可替代的；支护是加固的手段，是可以选择的"。围岩承载理论在"新奥法"成功应用的基础上，运用岩体力学分析方法，充分考虑围岩在施工过程中的动态变化，逐步形成了"以维护和利用围岩的自承能力为基本出发点，锚杆和喷射混凝土为主要支护措施，对围岩和支护的变形和应力进行测量为监视控制手段，来指导隧道和地下工程设计施工"的基本思路，并进一步总结出提供支护帮助的基本原则，即"围岩不稳，支护帮助，遇强则弱，遇弱则强，按需提供，先柔后刚，监控量测，动态调整"。

根据以上解决问题的基本思路和支护设计的基本原则，作为一种施工方法，新奥法施工的基本原则可以归纳为"少扰动，早锚喷，勤量测，紧封闭"。

少扰动：在进行隧道开挖时，要尽量减少对围岩的扰动次数、扰动强度、扰动范围和扰动持续时间。因此，隧道施工应根据围岩级别，选择合理的开挖方法、掘进进尺和作业循环。具体措施：能用机械开挖的就不用钻爆法开挖；采用钻爆法开挖时，要严格地进行控制爆破；尽量采用大断面开挖，以减少对围岩的扰动次数；对自稳性差的围岩，宜采用分部开挖，小循环作业，并且掘进进尺应短一些；最好采用机械开挖，必要时可采用松动爆破；支护要尽量紧跟开挖面，以缩短围岩应力松弛时间。

早锚喷：开挖后及时施做初期锚喷支护，使围岩变形进入受控状态。这样做一方面使围岩不致因变形过度而产生坍塌失稳；另一方面使围岩变形适度发展，以充分发挥围岩的自承能力。必要时，可采取超前预支护，甚至注浆加固（地层改良）措施。具体措施：根据围岩级别采用喷射混凝土、锚杆、钢拱架等不同组合形式的初期支护，及时调整支护时机、支护参数，以求达到最佳支护效果。

勤量测：以直观、可靠的量测方法获得量测数据来判断围岩（或围岩加支护）的稳定状态及动态发展趋势，评价支护的作用和效果，以便及时调整支护时机、支护参数、开挖方法、施工速度，确保施工安全和顺利进行。具体措施：在隧道施工中，对围岩进行地质素描、拱顶下沉观测、水平收敛观测、仰拱隆起观测及锚杆抗拔力测试等。量测是掌握围岩动态变化过程的手段和修改支护参数、调整施工措施的依据，也是现代隧道及地下工程理论的重要标志之一。

紧封闭：一方面，采用喷射混凝土等防护措施，避免围岩长时间暴露导致强度和稳定性衰减，尤其是对于易风化的软弱围岩。另一方面，更为重要的是要适时对围岩施做封闭性支护，使之形成"力学意义上的封闭的承载环"，即围岩＋支护＝无薄弱部位且整体稳定的环状（筒状）结构物。这样做不仅可以及时阻止围岩的过度变形，保证隧道稳定，而且可以使支护和围岩能进入良好的共同工作状态，以有效地发挥支护体系的作用。具体措施：在一般破碎围岩地段施工中，及时加固薄弱部位；而在软弱破碎围岩地段施工中，采用短台阶或超短台阶法开挖，及时修筑仰拱，使初期支护尽早形成封闭的承载环。值得注意的是，在一般围岩条件下，模筑混凝土内层衬砌原则上在初期支护与围岩共同工作并已达成基本稳定（变形收敛）的条件下修筑。因而内层衬砌的作用是承受围岩后期压力和提供安全储备。但在围岩自稳能力很弱并具有较强流变特性时，及时采用刚度较大的强支护措施就显得非常必要。

三、施工工艺流程

隧道新奥法施工工艺流程见图 5-3。

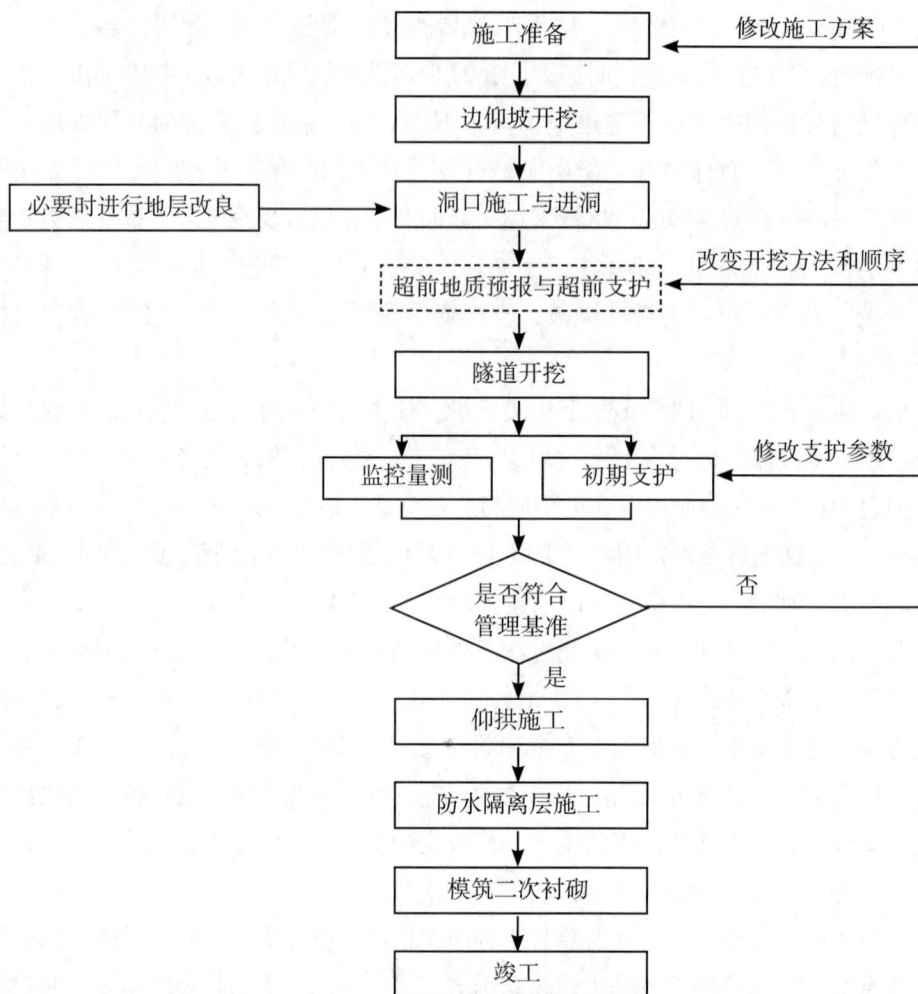

图5-3 新奥法施工工艺流程

（一）洞口施工与进洞方法

隧道洞口段常处于浅埋段，大多穿越山体表层，地质条件复杂，岩石风化严重，岩石破碎、孔隙较大，土质松散，强度低渗水，稳定性差，易发生坍塌、冒顶等施工事故，洞口施工人员、机械安全风险较大，因此隧道洞口及进洞施工需要引起高度重视，合理选择进洞方法，杜绝施工安全质量事故。

常见的隧道进洞方法有超前小导管进洞和超前管棚进洞两种，无论采用哪种进洞方法都必须先在洞口位置设置钢筋混凝土套拱，并在套拱内按设计要求预埋导管（孔口管），以便向洞内施做小导管或长管棚。

2006年7月，由中国公路学会隧道工程分会、江苏省交通厅、江苏省公路学会主办的"江苏宁淮高速公路老山隧道环保型建设技术暨大跨径隧道技术学术研讨会"在南京召开，大会对公路隧道洞口环保修建技术进行了深入探讨和广泛交流，确定了公路隧道洞口修建应遵循的发展方向，明确地提出了隧道洞口"零开挖"的设计施工理念。在"零开挖"的进洞理念提出后，代表施工法主要是"前置洞口法"。其施工方法是在洞外不开挖山脚土体的情况下，采用两侧开槽逐渐施做工字钢拱架，随着钢拱架推进逐渐"亲吻"山体，拱架间以纵向钢筋连接为整体，浇筑混凝土后形成临时衬砌；在洞前以临时衬砌成洞，回填反压后再进行临时衬砌内暗挖施工。这种方法首先在江苏宁淮高速公路老山公路隧道得到应用。

（二）超前地质预报

隧道穿越的地层千变万化，可能遇到各种各样的地质状况。隧道勘察的局限性导致地质资料不能完全反映实际的地质情况。因此，在施工过程中为了保证施工安全，需要通过超前地质预报对前方围岩状况进行预测，对可能出现的灾害进行合理评估，并提前采取应对措施，以避免发生灾害。

在隧道工程施工中，前方可能常常遇到危险的地质结构，如采空区、断层破碎带、岩溶带、煤与瓦斯突出的危险地段。这些段落的地质结构通过一般的检测仪器难以发现，需要采用特殊的专业技术手段进行超前地质预报，以提前发现不良地质并采取应对措施，保证工程施工安全。常用的超前地质预报方法主要有隧道地震预报法（简称TSP）和地质雷达法。

1.TSP 超前地质预报

TSP 超前地质预报系统是利用人工制造系列轻微震源，产生地震波信号，地震波信号在隧道周围岩体内传播，当其遇到地层层面、节理面特别是断层破碎带界面和溶洞、暗河等不良地质界面时，会发生反射。界面两侧围岩的岩性差别越大，反射信号越强。通过传感器和记录仪采集、记录反射波信号，然后将其传输至微机由分析软件进行分析、计算，形成反映地质界面的象点图，供分析人员解译。

2. 地质雷达法

地质雷达是利用无线电波检测地下介质分布和对不可见目标或地下界面进行扫描，以确定其内部形态和位置的电磁技术。其理论基础为高频电磁波理论，利用高频电磁波以宽频带短脉冲形式由地面通过发射天线送入地下，经地下不连续体或目的体反射后返回地面为接收天线所接收，反射电磁波经过一系列的处理和分析之后可以得到探测介质的有关信息（如节理、裂隙、断裂等解译），其探测原理如图5-4所示。

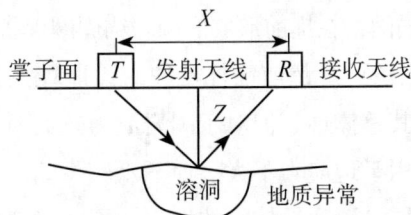

图5-4　地质雷达探测原理

从反射波的连续性特点看，电磁波在正常衰减过程中遇到较强的反射界面时，波幅会骤然增加，同相轴明显之后恢复正常变化规律。反之，若目标体中存在许多杂乱无章的界面，雷达接收到的这些界面的反射回波信号时波幅小、波形杂乱无章，同相轴将很不连续。

地质雷达系统主要由控制单元、发射机、接收机及电源、光缆、通信电缆、触发盒、测量轮等辅助元件组成。

（三）超前支护

由于初期喷锚支护强度的增长不能满足洞体稳定的要求，可能导致洞体失稳，或由于大面积淋水、涌水，难以保证洞体稳定时，在隧道开挖前可采用超前支护措施对围岩进行加固。公路隧道施工中常用的超前支护措施见图5-5。

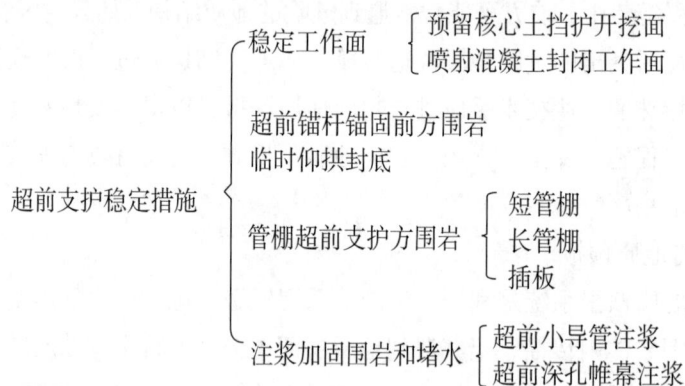

图5-5　常用的超前支护稳定措施

超前支护措施应视围岩地质条件、地下水情况、施工方法、环境要求等具体情况而选用，并尽量与常规施工方法相结合，进行充分的技术经济比较，选择一种或几种同时使用。施工中应经常观测地形、地貌的变化以及地质和地下水的变异情况，制定相关的安全施工细则，预防突然事故发生。必须坚持"先支护（或强支护）、后开挖、短进度、弱爆破、快封闭、勤测量"的施工原则，并做好详细的施工记录。

1.超前锚杆锚固前方围岩

（1）构造组成。超前锚杆是沿开挖轮廓线，以稍大的外插角，向开挖面前方安装锚杆，形成对前方围岩的预锚固，在提前形成的围岩锚固圈保护下进行开挖作业。

（2）性能特点及适用条件。超前锚杆支护的柔性较大，整体刚度较小。虽然可以与系统锚杆焊接以增强其整体性，但对于围岩应力较大时，其后期支护刚度有些不足。此类超前支护主要适用于地应力不大、地下水较少的软弱围岩的隧道工程中，如土砂质地层、弱膨胀性地层、流变性较小的地层、裂隙发育的岩体及断层破碎等，浅埋无显著偏压的隧道，也适宜采用中小型机械施工。

（3）设计、施工要点：

a. 超前锚杆的超前量、环向间距、外插角等参数，应视围岩地质条件、施工断面大小、开挖循环进尺和施工条件而定。一般超前长度为循环进尺的3~5倍，长3~5 m，环向间距0.3~1.0 m；外插角宜用10°~30°；搭接长度宜为超前长度的40%~60%，即大致形成双层或双排锚杆。

b. 超前锚杆宜用砂浆全黏结式锚杆，锚杆材料可用直径不小于22 mm的螺纹钢筋。

c. 超前锚杆安装误差，一般要求孔位偏差不超过10 cm，外插角不超过2°，锚入长度不小于设计长度的90%。

d. 开挖时应注意保留前方一定长度的锚固区，使超前锚杆前端有一个稳定的支点，其尾端应尽可能多地与系统锚杆及钢筋网焊连。若掌子面出现滑塌现象，则应及时喷射混凝土封闭开挖面，并尽快打入下一排超前锚杆，然后才能继续开挖。

e. 开挖后及时喷射混凝土，并尽快封闭环形初期支护。

f. 开挖过程中应密切注意观察锚杆变形及喷射混凝土层的开裂、起鼓等情况，以掌握围岩动态，及时调整开挖及支护参数，如遇地下水则可钻孔引排。

2. 管棚超前支护前方围岩

（1）构造组成。管棚支护是利用钢拱架沿开挖轮廓线以较小的外插角，向开挖面前方打入钢管或钢插板构成的棚架来形成对开挖面前方围岩预支护的一种支护方式。采用长度小于10 m的钢管称为短管棚；采用长度为10~45 m且较粗的钢管称为长管棚；采用钢插板（长度小于10 m）的称为板棚。

（2）性能特点及适用条件。管棚因采用钢管或钢插板作纵向预支撑，又采用钢拱架作环向支护，其整体刚度较大，对围岩变形的限制能力较强，且能提前承受早期围岩压力。因此，管棚法特别适用于围岩压力来得快、来得大、对围岩变形及地表下沉有较严格要求的软弱破碎围岩隧道工程，如土砂质地层、强膨胀性地层、强流变性地层、裂隙发育的岩体、断层破碎带、浅埋有显著偏压等围岩的隧道中。此外，在一般无胶结的土及砂质围岩中，采用插板封闭较为有效；当遇到流塑状岩体或岩溶严重流泥地段或地下水丰富的岩层，采用管棚与围岩内注浆相结合的手段加固围岩，也是行之有效的方法。短管棚一次超前量少，基本上与开挖作业交替进行，占用循环时间较长，但钻孔安装较容易。长管棚一次超前量大，虽然增加了单次钻孔或打入长钢管的作业时间，但减少了安装钢管的次数，减少了与开挖作业之间的干扰。在长钢管的有效超前区段内，基本上可以进行连续开挖，也更适用于采用大中型机械进行大断面开挖。

（3）设计、施工要点：

a. 管棚的各项技术参数要视围岩地质条件和施工条件而定。长管棚长度不宜小于10 m，一般为10~45 m；管径70~180 mm，孔径比管径大20~30 mm，环向间距

0.2~0.8 m；外插角1°~2°；两组管棚间的纵向搭接长度不小于1.5 m，钢拱架常采用工字钢拱架或格栅钢架。

b.钢拱架应安装稳，其垂直度允许误差为±2°，中线及高程允许误差为±5 cm；钢管应从工字钢腹板圆孔穿过，或穿过钢拱架；钻孔方向应用测斜仪监测控制，钢管不得侵入开挖轮廓线。

钻孔平面误差不大于15 cm，角度误差不小于0.5°。

c.第一节钢管前端要加工成尖锥状，以便于导向插入。施工时按打一眼、装一管、由上而下的顺序进行。

d.长钢管应用4~6 m管节逐段接长，打入一节，再连接后一节，连接头应采用厚壁管箍，上满丝扣，丝扣长度不应小于15 cm；为保证受力均匀，钢管接头应纵向错开，一般按编号，偶数第一节用4 m，奇数第一节用6 m，以后各节均采用6 m。

e.当需增加管棚刚度时，可在安装好的钢管内注入水泥砂浆，一般在第一节管前段管壁交错钻若干个深10~15 mm孔，以便于排气和出浆，或在管内安装出气导管，浆液注满后方可停止压注。

f.水泥砂浆强度等级可用M20~M30，并适当加大灰砂比。

g.钻孔时如出现卡钻或塌孔，应注浆后再钻，有些土质地层则可直接将钢管顶入。

3.超前小导管注浆

（1）构造组成。超前小导管注浆是在开挖前，先用喷射混凝土将开挖面5 m范围内的坑道封闭，然后沿坑道周边向前方围岩内打入带孔小导管，并通过小导管向围岩压注起胶结作用的浆液，待浆液硬化后，坑道周围岩体就形成了有一定厚度的加固圈。在此加固圈的保护下即可安全地进行开挖作业。若小导管前端焊一个简易钻头，则可钻孔、插管一次完成，称为自进式注浆锚杆。

（2）性能特点及适用条件。超前小导管注浆支护是通过小导管对围岩进行注浆加固，浆液被压注到岩体裂原中并硬化后，不仅将岩块或颗粒胶结为整体起到了加固作用，而且填塞了裂隙，阻隔了地下水向坑道渗流通道，起到了堵水作用。因此，超前小导管注浆不仅适用于一般软弱破碎围岩，也适用于地下水丰富的软弱破碎围岩。

（3）小导管布置和安装：

a.小导管钻孔安装前，对开挖面及5 m范围内的坑道喷射5~10 m厚混凝土封闭。

b.小导管一般采用直径32 mm焊接管或42 mm无缝钢管制作，长度宜为3~6 m，前端做成尖锥形，前段管壁上每隔10~20 cm交错钻眼，眼孔直径宜为6~8 mm。

c.钻孔直径应较管径大20 mm以上，环向间距应按地层条件而定，渗透系数大的，间距亦应加大，一般采用20~50 cm；外插角应控制在10°~30°，一般采用15°。

d.5级围岩劈裂、压密注浆时采用单排管；6级围岩或塌方时可采用双排管；地下水丰富的松软层，可采用双排以上的多排管；渗人性注浆宜采用单排管；大断面或注浆效果差时，可采用双排管。

e.小导管插入后应外露一定长度，以便连接注浆管，并用塑胶泥将导管周围孔隙封堵密实。

（4）注浆施工要点：

a.小导管注浆孔口最高压力应严格控制在允许范围内，以防压裂开挖面。注浆压力一般为 0.5~1.0 MPa，止浆塞应能经受注浆压力。注浆压力与地层条件及注浆范围要求有关，一般要求单管注浆能扩散到管周 0.5~1.0 m 半径范围内。

b.要控制注浆量，每根导管内已达到规定注入量即可结束；如孔口压力已达到规定压力值，但注入量仍不足，亦应停止注浆。

c.注浆结束后，应做一定数量的钻孔检查或用声波探测仪检查注浆效果。如未达到要求，应进行补注浆。

d.注浆后应视浆液种类，等待 4（水泥 – 水玻璃浆）~8 h（水泥浆）方可开挖。开挖长度应按设计循环进尺的规定，以保留一定长度的止浆墙（即超前注浆的最短超前量）。

e.自进式注浆锚杆是将超前锚杆与超前小导管注浆相结合的一种先进的超前支护措施。

它主要做了以下几点改进：其一，它在小导管前端焊接了一个简易的一次性钻头或尖端，从而将钻孔和定管同时完成，缩短了导管安装时间；尤其适用于钻孔易坍塌的地层；其二，对于可以采用水泥浆的地层，它改用水泥砂浆压注，可进一步降低造价；其三，导管采用波纹或变径外形，以增加黏结力和锚固力，增强了加固效果。

4.超前深孔雌幕注浆

（1）超前注浆。常规的围岩注浆对围岩加固范围和加固处理程度有限。当在不便采取其他施工方法（如盾构法）时，深孔预注浆加固围岩就较好地解决了这些问题，其注浆后即可形成较大范围的筒状封闭加固区，称为雌幕注浆。

深孔预注浆一般可超前开挖面 30~50 m，可以形成有相当厚度和较长区段的筒状加固区，从而使堵水效果更好，也使注浆作业次数减少。它更适用于有压地下水及地下水丰富的地层中，可采用大中型机械化施工。如果隧道埋深较浅，则注浆作业可在地面进行；对于深埋较大的隧道，可利用辅助平行导坑对正洞进行预注浆，这样都可以避免与正洞施工的干扰，缩短施工工期。

（2）注浆范围。要确定加固区大小，即确定围岩塑性破坏区大小，可以按岩体力学和弹塑性理论计算出开挖坑道后围岩的压力重分布结果，并确定其塑性破坏区大小，也就是应加固区大小。

（3）施工要点：

a.注浆管一般采用带孔眼的焊接钢管或无缝钢管。注浆管壁上有眼部分的长度应根据注浆孔位置和注浆区域确定，其余部分不钻眼，并用止浆塞将其隔开，使浆液只注入有效区域。止浆塞常用的有两种：一种是橡胶式，一种是套管式。安装时，将止浆塞固定在注浆管的设计位置，一起放入钻孔，然后用压缩空气或注浆压力使其膨胀而堵塞注浆管与钻孔之间的间隙。此法主要用于深孔注浆。

另外，若采用全孔注浆，则可以用铅丝、麻刀或木樱等材料在注浆孔口间将间隙堵塞。但全孔注浆因浆液流速慢，易造成"死管"问题，尤其是深孔注浆时。

b.钻孔可用冲击式钻机或旋转式钻机，应根据地层条件及成孔效果选择。钻孔位置应满足设计要求，孔口位置偏差不超过 5 cm，孔底位置偏差不超过孔深的 1%，钻孔应清洗干净，并做好钻孔记录。

c.注浆应按先上方后下方，或先内圈后外圈，先无水孔后有水孔，先上游（地下水）后下游的顺序进行。利用止浆阀保持孔内压力直至浆液完全凝固。

d.注浆结束条件应根据注浆压力和单孔注浆量两个指标来判断确定。单孔结束条件为注浆压力达到设计终压；浆液注入量达到计算值的 80% 以上。全部结束条件为：所有注浆孔均已符合单孔结束条件，无漏注。注浆结束后必须对注浆效果进行检查，如未达到设计要求，应进行补孔注浆。

e.除在注浆前进行钻孔质量和材料质量检查、注浆后对注浆效果检查外，注浆过程中应密切注意注浆压力的变化。采用双液注浆时，应经常测试混合浆液的胶凝时间，发现问题应立即处理。

f.注浆后应视浆液种类，等待 4（水泥 – 水玻璃浆）~8 h（水泥浆）方可开挖，但应注意保留止浆墙，并进行下一循环注浆。

（四）隧道开挖

1.隧道开挖方法

在隧道开挖过程中，不同的开挖方法对保持围岩的稳定状态有直接而重要的影响。正确的开挖方法能够很好地适应地质条件及其变化，并能保持围岩的稳定。新奥法常用的开挖方法有全断面法、台阶法、环形开挖留核心土法、CD 法（中隔墙法）、CRD 法（交叉中隔壁法）和侧壁导坑法。

（1）全断面法。全断面法主要适用于较好围岩，施工操作比较简单。为了减少对地层的扰动次数，在采取局部注浆等辅助施工措施加固地层后，也可采用全断面法施工。全断面法有较大的作业空间，有利于采用大型配套机械化作业，提高施工速度，且工序少，便于施工组织和管理。但由于开挖面较大，围岩稳定性降低，且每个循环工作量较大，对于岩质隧道每次深孔爆破引起的震动较大，因此要求进行精心的钻爆设计，并严格控制爆破作业。

（2）台阶法。台阶法是隧道施工最为常用的一种方法，因其开挖步序少，施工速度快而易于为工程技术人员所采用。

根据台阶长度不同,又划分为长台阶法、短台阶法和微台阶法 3 种。施工中采用哪一种台阶法,要根据两个条件来决定:第一是对初期支护形成闭合断面的时间要求,围岩越差,要求闭合时间越短;第二是对上部断面施工所采用的开挖、支护、出渣等机械设备需要施工场地大小的要求。对软弱围岩,主要考虑前者,以确保施工安全;对较好围岩,主要考虑如何更好地发挥机械设备的效率,保证施工中的经济效益,因此只考虑后一条件。

a. 长台阶法。长台阶法开挖断面小,有利于维持开挖面的稳定,适用范围较全断面法广,适用于地质条件较差的Ⅲ、4、5 级围岩,在上、下两个台阶上,分别进行开挖、支护、运输、通风、排水等作业,因此台阶长度适当长一些,一般至少为 50 m。但台阶长度过长,如大于 100 m,则增加了轨道铺设长度,同时其通风、排水难度也大大增加。这样反而降低了施工综合效率,因此推荐台阶长度为 50~80 m。

b. 短台阶法。短台阶法适用于地质条件差的 4、5 级围岩,台阶长度定为 10~15 m,即 1~2 倍开挖宽度,主要是考虑拉开工作面,减少干扰,因此台阶长度不宜过短。上台阶一般采用少药量的松动爆破,出渣采用人工或小型机械转运至下台阶,一般不考虑有轨运输,因此台阶长度不宜过长,如果超过 15 m,则出渣所需的时间就过长。

短台阶法可缩短支护闭合时间,改善初期支护的受力条件,有利于控制围岩变形。缺点是上部出渣对下部断面施工干扰较大,不能全部平行作业。

c. 微台阶法。微台阶法是全断面开挖的一种变异形式,适用于Ⅰ、Ⅱ、Ⅲ级围岩,一般为 3~5 m 台阶长度,台阶长度小于 3 m 时,无法正常进行钻眼和拱部的喷锚支护作业;台阶长度大于 5 m 时,利用爆破将石渣翻至下台阶有较大的难度,必须采用人工翻渣,所以不可取。微台阶法上下断面相距较近,机械设备集中,作业时相互干扰大,生产效率低,施工速度慢。

根据地层情况不同,采用不同的开挖长度,一般在地层不良地段每次开挖进尺采用 0.5~0.8 m,甚至更短,由于开挖距离短可争取时间架立钢拱架,及时喷射混凝土,减少坍塌现象发生。

(3)环形开挖留核心土法。环形开挖留核心土法常用于级围岩单线和Ⅴ级~Ⅵ级围岩双线隧道掘进。施工顺序为:人工或单臂掘进机开挖环形拱部→架立钢支撑→挂钢丝网→喷射混凝土。在拱部初期支护保护下,开挖核心土和下半部,随即接长边墙钢支撑,挂网喷射混凝土,并进行封底。根据围岩变形,适时施做二次衬砌。

环形开挖留核心土法施工开挖工作面稳定性好,施工较安全,但施工干扰大、工效低。在土质及软弱围岩中使用较多,在大秦线军都山隧道黄土段等隧道施工中均有应用。

(4)CD 法和 CRD 法。CD 法也称中隔墙法,主要适用于地层较差和不稳定Ⅴ

级~Ⅵ级岩体，且地面沉降要求严格的地下工程施工。当 CD 法仍不能满足要求时，可在 CD 法的基础上加设临时仰拱，即所谓的 CRD 法（也称交叉中隔墙法）。CRD 法的最大特点是将大断面施工化成小断面施工，各个局部封闭成环的时间短，控制早期沉降好，每个步序受力体系完整。因此，结构受力均匀，形变小。另外，由于支护刚度大，施工时隧道整体下沉微弱，地层沉降量不大，而且容易控制。

大量施工实例资料的统计结果表明，CRD 法优于 CD 法（前者比后者减少地面沉降近 50%）。但 CRD 法施工工序复杂，隔墙拆除困难，成本较高，进度较慢，一般在地面沉降要求严格时才使用。

（5）侧壁导坑法。侧壁导坑法分单侧壁导坑和双侧壁导坑，以双侧壁导坑法为例来说明。双侧壁导坑法也称眼镜工法，是变大跨度为小跨度的施工方法。其实质是将大跨度分成 3 个小跨度进行作业，主要适用于地层较差、断面很大的公路隧道及地下工程。该法工序较复杂，导坑支护拆除困难，有可能由于测量误差而引起钢架连接困难，从而加大了下沉值，而且成本较高，进度较慢。一般采用人工和机械混合开挖，人工和机械混合出渣。

实践证明：选择合理的施工方法，可以安全地施工隧道，并将地表沉降控制在设计要求范围内。因此，选择一种合理的施工方法是工程成败的关键。综合国内外施工经验，基于经济性及工期考虑，其施工方法选择的顺序为：全断面法→台阶法→环形开挖预留核心土法 CD 法→CRD 法→侧壁导坑法。从安全性角度考虑，顺序正好相反。工程实践中，应根据地质条件、断面大小、地面环境等因素从施工方法的可实现性、安全性、工期、适应性、技术性和经济性 6 个方面综合考虑，选择施工方法。

2. 隧道开挖方式

开挖方式是指对隧道范围内岩体的挖除方式（破岩方式），常用的公路隧道开挖方式有人工开挖、机械挖掘及钻眼爆破开挖 3 种。

（1）人工开挖。人工开挖是采用十字镐、风镐等简易工具来挖除岩体。人工开挖对围岩的扰动破坏小，有利于保持围岩原有的稳定能力，但人工开挖速度较慢，劳动强度较大，安全性差，故一般适用于围岩稳定性较差的土质隧道或软岩隧道中。如在不能采用爆破开挖的软弱破碎围岩和土质隧道中，若隧道工程量不大，工期要求不太紧，又无机械或不宜采用机械开挖时，则可以采用人工开挖。人工开挖时，尤其应做好安全防护措施，并安排专人负责工作面的安全观察。

（2）机械挖掘。机械挖掘有两方面含义：大型综合机械和一般机械。大型综合机械指的是 TBM 与盾构，一般机械常见的是挖掘机和独臂钻。它们均采用机械方式切削破碎岩土并挖除坑道范围内的岩土。

a. 挖掘机。挖掘式挖掘机一般用来挖土方，有正铲和反铲之分，隧道挖掘中由于作业空间有限常用正铲挖掘机。可以将挖掘和装渣同机完成，但其破岩能力有限，一般只适用于挖掘硬土至软塑泥质土，且需配以人工修满周边。

b.掘进机（独臂钻）。采用装在可移动式机械臂上的切削头来破碎岩体，可以挖掘各种土和中硬以下的岩石，它集挖渣、装渣于一身。

c.钻眼爆破开挖。钻眼爆破开挖是在被爆破岩体各个部位钻孔后，将炸药分散安装于各个钻孔中并引发炸药爆炸，从而爆破坑道范围内的岩体。爆破开挖对围岩的扰动较大，导致围岩稳定能力降低，有时由于爆破震动致使围岩产生坍塌，故其一般只适用于围岩稳定性较好的石质岩体隧道中。但随着控制爆破技术的发展，爆破法的应用范围也逐渐加大，如用于软石及硬土的松动爆破、预裂爆破、水压爆破、毫秒微差爆破等已经成为山岭隧道施工常见的爆破方式。

第六章 城市道路工程施工技术

第一节 城市道路工程施工内容和基本要求

一、城市道路施工分类

城市道路根据项目建设的性质分为新建和改建两类。

（一）新建道路

城市规划或交通规划中明确的新建道路或决策机构筛选出的新建项目，新区、高新技术区、城市拓展区的道路建设属于这一类型，这类型的道路施工相对简单，施工对周边道路交通影响也相对有限，只是在相交道路部分需要考虑交通阻隔，及施工运输车辆造成的交通拥堵。

（二）改建道路

大规模城市改造中原有道路不能适应发展要求需要改造升级、拓建、绿化美化。改建道路所在路网往往是交通量较大区域，改建道路的实施，不但影响自身路段的交通，还将自身的部分或全部交通负荷转移到周边的路网上，使已经饱和的路网交通压力陡然增大，往往造成整个区域的交通拥挤，改建道路根据建设项目的等级、规模和影响，按其对城市道路的施工占道情况分为完全占道和部分占道两类。

（1）完全占道的施工。集中施工，完全封闭施工道路上的交通。这种情况对道路交通的影响表现为：道路完全断流，车辆须绕道行驶，增加其他道路的交通压力，并可能导致相接道路成为断头路；影响周边建筑物的对外交通，包括车辆出行和行人出行；影响两侧人行道行人的正常通行；需要调整途径的公交线路，给市民的出行带来不便；改变现有的交通设施，对周边的环境产生影响，此种情况对城市的交通影响最大，道路交通组织需要慎重考虑。

（2）部分占用道路施工。施工时分段或分方向地进行。这种情况对道路的影响表现为：道路被部分占用，容易形成交通瓶颈，道路通行能力减小，影响周围建筑物的对外交通，包括车辆和行人的出行，影响两侧人行道行人的正常出行，公交停靠设施可能需要迁移，增加市民的出行距离；同样对周边的交通环境会产生较大影响。对地区的交通非常敏感，稍有不慎也会导致地区的交通瘫痪。基本不占用道路的施工项目本身的道路红线很宽，断面形式便于改造，越线违章建筑较少，改建以断面改造为主，改造影响范围较小，基本不占用现有道路，此种情况对道路的交通影响相对较小，但出入施工场地的车辆可能会对相邻道路的交通产生一定影响，也给周边建筑物的对外交通带来不便，应根据实际情况合理处理。

二、城市道路施工特点

城市道路的施工不同于普通公路、高速公路的施工，普通公路、高速公路的施工几乎不涉及地下管线且不考虑人流、车流对施工的影响，而城市道路的施工却涉及道路、电力、通信、燃气、热力、给排水的管道线网的布设，涉及人流、车流的交通组织，因而在施工中涉及上述多家单位参与建设或协调，因此城市道路的施工相对于公路工程要复杂得多。城市道路施工有以下特点。

（一）施工工期紧，任务重

交通是城市的命脉，这就决定了城市道路的建设必须在最短的时间内完成，以尽可能减少施工对社会的影响，并且尽快发挥其预定作用。因此城市道路工程对施工工期的要求十分严格，工期只能提前不能推后，施工单位往往根据总工期倒排进度计划。另外城市道路施工一般都要进行交通封闭，而交通封闭都有明确的期限，到期必须开放交通，所以一旦交通封闭完成就必须立即开工，按期通车，按期开放交通。

（二）动迁量大，施工条件差

城市是居民生活的聚集区，各种建筑物占地面积广，导致部分建筑物处在道路红线范围内，需要进行拆迁。城市道路施工常常影响施工路段的环境和周围的交通，给市民的生活和生产带来不便，同时由于市民出行的干扰，导致施工场地受限，需要频繁的交通转换，增加了对道路工程进行进度控制、质量控制、安全管理的难度。

（三）地下管线复杂

城市道路工程建设实施当中，经常遇到电力、通信、燃气、热力、给排水的管道线网位置不明，产权单位提供的管位图与实际埋设位置出入较大的情况，若盲目施工极有可能挖断管线，造成重大的经济损失和严重的社会影响，增加额外的投资费用。

（四）管线迁改程序复杂，管线类型多，施工单位多，施工协调难度大

城市道路施工中往往涉及大量正在运营的既有线路的迁改和新建，因这些管线分属不同的产权单位，不同专业施工门类，需要不同施工资质的施工单位，根据施工进展情况安排进出场，由此带来施工协调难度很大的情况，需要建设单位组织定期召开协调会。

（五）质量控制难度大

在城市道路的施工中，由于工期紧，往往出现片面追求进度忽视质量管理的情况，另外，城市道路路基施工中由于施工断面短小给大型设备的使用带来困难，井周、管线回填、构造物回填等质量薄弱点多，路面施工中人、车流的干扰，客观上都对质量控制造成影响。要多方控制协调，方能确保正常施工。

（六）车辆行人的干扰大，交通组织压力大

在城市道路施工期间，施工区域会占据部分行车线路，为尽量减小城市道路施工对交通的影响，城市道路施工往往采取分段施工、分车道和分时段施工等诸多方法来尽量降低对交通的影响，由于上下班高峰期车流量特别大，施工路段的道路不能满足顺畅通车要求，容易造成拥堵现象。施工车辆与社会车辆、行人的交织也给交通及施工安全带来极大隐患，如何组织好交通，在城市道路建设中尤为重要。

（七）环保要求提高

城市道路施工期间，原材料的运输和装卸、施工机械作业等环节会造成周围道路的污染，会产生扬尘、噪声、污水、垃圾等对环境有不利影响的因素，随着人们环境保护意识的提高，这些不利因素都必须在施工中尽量消除和避免，尽力为人们维持一个安静祥和的生活环境是城市道路施工的新任务。

（八）景观绿化生态要求提高

城市道路是城市景观的视觉走廊，也是城市文化、品质和风貌的展示窗口，也应该是人们了解、感受和体验城市绝佳的界面，随着打造"宜居城市、环境友好"城市理念的提出，城市道路不再是传统意义上的人车出行通道，也赋予了美化城市、净化城市、亮化城市的职能。

三、城市道路施工内容

城市道路的主要施工内容有管线施工、软基或特殊路段地基处理、路基施工、路

面施工、路缘石施工、人行道板施工、绿化。管线施工是将各类管线预埋至地下，以充分利用城市道路的地下空间。管线的位置一般处在车道分隔带下方、非机动车道下方和道路两侧绿化带下方，这样既方便施工，又方便管线的维修。管线的种类不同，使得各类管线的施工工艺、工序不尽相同。软基或特殊路段地基处理是指如果地基不够坚固，为防止地基下沉拉裂造成路面破坏、沉降等事故，需要对软地基进行处理，使其沉降变得足够坚固，提高软地基的固结度和稳定性。目前主要的处理方法有换填、抛石填筑、盲沟、排水砂垫层、石灰浅坑法等。

路基施工主要是通过土石方作业，修筑满足性能设计要求的路基结构物，并为路面结构层施工提供平台。路基的施工工艺较简单，但工程量较大，涉及面广，比如土方调配、管线配合施工等。路面施工包括底基层施工、基层施工、面层施工。路面施工要求严格，必须使路面具有足够的强度，抵抗车辆对路面的破坏或产生过大的形变；具有较高的稳定性，使路面强度在使用期内不致因水文、温度等自然因素的影响而产生幅度过大的变化；具有一定的平整度，以减小车轮对路面的冲击力，确保车辆安全舒适地行驶；具有适当的抗滑能力，避免车辆在路面上行驶、起动和制动时发生滑溜危险；行车时不致产生过大的扬尘现象，以减少路面和车辆机件的损坏，减少环境污染。路缘石是设置在路面与其他构造物之间的标石。起到分割机动车道、非机动车道与人行道并引导行车视线的作用。

人行道是城市道路中供行人行走的通道，人行道一般高于机动车、非机动车车道，人行道中必须按要求设置盲道，并与相邻构造物接顺。城市道路绿化是指在道路两旁及分隔带内栽植树木、花草以及护路林等以达到隔绝噪声、净化空气、美化环境的目的。道路绿化起到改善城市生态环境和丰富城市景观的作用，但是需避免绿化影响交通安全。另外，城市道路施工还包括公交站台、交通信号指挥系统、交通工程（指示牌、交通标线）照明及亮化的工程的施工。

四、城市道路施工基本要求

路基施工要求有足够的强度，变形不超过允许值，整体稳定性好，具有足够的水稳稳定性。路面施工必须满足设计要求的承载力，平整度良好，具有较高的温度稳定性，抗滑指标、透水指标符合规范要求，尽量降低行车噪声。桥头施工及管线铺设完成后需进行回填压实，压实过程需严格按照规范要求进行，保证桥头不跳车、管线部位路基无沉降。位于行车道内的管井口，需进行井周加固，防止井口下沉，施工中要严格控制井口高程，使得管井口与路面平顺无跳车。管线、管廊在施工完成后应清理干净，雨水管出口应明确，并与既有水系沟通。道路景观要充分利用道路沿线原有的地形地貌，因地制宜地进行绿化布局，在满足交通需要的前提下，突出自然与人文结合、景观与生态结合，形成城市独有的绿化景观文化。

路缘石施工要求缘石的质量符合设计要求，安砌稳固，顶面平整，缝宽密实，线条直顺，曲线圆滑美观；槽底基础和后背填料必须夯打密实；无杂物污染、排水口整齐、通畅、无阻水现象。

人行道施工要求铺砌稳固，表面平整，缝线直顺，灌浆饱满，无翘动、翘角、反坡、积水、空鼓等现象。盲道铺砌中砂浆应饱满，且表面平整、稳定、缝隙均匀。与检查井等构筑物相接时，应平整、美观，不得反坡。不得用在料石下填塞砂浆或支垫方法找平。在铺装完成并检查合格后，应及时灌缝。铺砌完成后，必须封闭交通，并应湿润养护，当水泥砂浆达到设计强度后，方可开放交通。行进盲道砌块与提示盲道砌块不得混用。盲道必须避开树池、检查井、杆线等障碍物。路口处盲道应铺设为无障碍形式。

第二节　城市道路施工开工准备

一、建设单位为施工所做的准备工作

城市道路施工因涉及多种管线的施工以及诸多配套工程需要实施，城市道路项目的复杂性和综合性是毋庸置疑的。很多问题单凭道路施工单位出面协调就会显得力不从心，也有勉为其难之嫌，而城市道路的建设单位（包括市、区级的建设项目）往往是政府的职能部门，其组织、协调的地位和作用是不可替代的。建设单位除完成项目的立项审批、设计施工招标、前期的征地拆迁工作外，在项目开工前还应做好以下几项工作。

1. 在完成道路项目的初步设计后，应及时委托规划部门实施管线的综合规划和设计。

（1）按照城市建设的总体规划确定需要预埋的管线。

（2）与各管线单位沟通，结合工程所在区域的现状确定与道路匹配的管线走向。

（3）结合施工图设计的要求明确与道路性质相符的管线位置及标高等。

2. 组织召开各管线单位参加的专题协调会

在管线综合规划完成后，建设单位的工程负责部门要做细致的准备工作，并及时组织召开有各管线单位分管负责人及相关人员、管线设计代表参加的专题协调会，其目的是通报项目情况、提供相关资料、明确任务。

（1）介绍项目规划、投资、设计情况，重点介绍项目计划开工时间、工程施工计划、竣工通车时间。

（2）提供立项的纸质文件、管线综合设计的电子版给各管线单位。

（3）对于已实施管廊同沟同井的单位，会议应确定牵头单位，以便统一、高效管理。

（4）根据道路施工的开工竣工时间及项目施工总体计划，确定各管线单位完成管线设计、施工招投标及施工单位初步的进场时间。

（5）明确沟通机制，及时汇总参会人员的通信方式并及时分发。

（6）会后应尽快形成会议纪要，并将会议纪要及时传发各参会单位，同时报送各管线单位主管部门，寻求各主管部门的大力支持。

3.根据施工单位的申报及时组织交通组织方案的审查

凡是涉及影响既有道路通车的施工，必须编制交通组织方案并经公安交通主管部门审查通过，方可根据交通组织方案实施封闭、分流、限流的措施。

（1）帮助施工单位完成交通组织方案的编制，并进行初步审查。

（2）敦促施工单位及时将交通组织方案上报公安交通主管部门。

（3）组织由公安交通主管部门、设计、监理、施工单位参加的方案审查会。

（4）根据会议要求，施工单位修改完善方案并根据方案要求及时完成指路标志、标式等的施工。

（5）组织公安交通主管部门根据方案要求对各项交通组织设施进行验收，通过后办理相关手续（登报通告等），正式开工。

（6）提醒施工单位，将通告的组织方案归档。

4.适时召开交警、照明、公交部门的专题协调会

协调好城市道路配套设施的管线预埋，考虑到节省政府投资以及公交站台的亮化和信号指挥系统的同步实施，使得它们的通信管及供电管实现沟通，召开这样的协调会是必要的。会议将根据交警、公交部门各自的要求和规范，将预埋管的数量、种类和线路走向等放进照明系统的设计中，并由负责照明的施工单位统一负责预埋。

5.其他工作内容

（1）定期组织有各管线产权单位及其施工单位、道路设计单位、道路监理单位、道路施工单位参加的管线施工协调会。各参建单位应在道路施工单位的统一组织安排下按序展开施工，但建设单位不能因此而不参与协调。事实上，在施工过程中还是会有许多矛盾，有些问题必须有建设方参与才能解决。

（2）加强与道桥施工项目经理的沟通。一个合格的参与城市道路建设的项目经理必须有更强的大局意识，更加细致、踏实的工作作风和顽强的意志品质。一条城市道路能保质保量、完美的按时通车将意味着工完料清，没有返工现象发生。而要达到这个境界，建设方需做的工作将贯穿工程的全过程。

二、施工单位为施工所做的准备工作

（一）道路沿线障碍物排查

施工单位进场以后首先要组织人员对照施工图纸，对施工区内的地下管线、地上杆线和影响施工的未拆迁建筑物进行排查。地下既有管线包括雨水管、污水管、自来水管、燃气管、热力管、光缆、地埋电缆等。施工单位要及时和管线所属产权单位沟通，咨询管线有关单位，查看原有管线竣工图纸。由于竣工图纸与现场实际埋设的管线位置会有较大出入，故应结合原有图纸和露出地面管井位置，在现场根据实际情况进一步垂直线路方向挖探测坑，沿线路方向沿挖探测沟，并在管线图纸上进行详细标注，特别是原有管线横穿施工路线的位置必须认真查明。

地上杆线包括电力、通信等，施工单位应查明线路的性质，如电力线的电压等级及杆路编号、通信线的光缆芯数等，并在图上标注清楚，通知相关单位开协调会，确定迁移废除方案。随着城市道路建设标准的不断提高，为使建成道路景观协调、美观，现在一般都会要求电力、通信杆线由架空改为地埋，对于在施工期间要保持运营的电力、通信线路改地埋，要通过杆线的二次迁移（即先完成一次外迁，待电力管、通信管做通后再二次回迁）或调整施工顺序的方法来解决。

（二）障碍物清理处理措施

所有障碍物调查清楚后，在业主的统一安排下及时和产权单位沟通，分成两类：一类废弃迁建、重建的；另一类不废弃照常使用的。对废弃迁建的障碍物应通知产权单位按照施工工期的要求排定停用计划。对不废弃的管线应在每次开挖前组织施工人员进行施工交底，明确管位及开挖注意事项，开挖时应通知管线所属单位进行监护，防止误挖。对于燃气、热力、自来水等有安全风险的管线开挖，应编制抢修应急预案，制定安全应急预案。对管线薄弱位置或开挖比较频繁的部位要根据现场情况对原有管线进行的防护、加固。在项目部应设置值班抢修电话，明确联系人，方便在发生管线损坏时及时抢修。

（三）交通组织方案编制

城市道路的施工都会对原有车辆及行人的出行产生影响，新建道路仅在与原有道路的交叉口产生影响，改建道路因施工类型的不同产生的影响程度有大有小，但科学合理的交通组织方案对减少施工对车辆、行人出行的影响，保障施工车辆的出入安全尤为重要，施工单位应根据现场道路施工情况及通行道路交叉情况编制临时交通组织方案，报交警部门审批。

编制原则：①社会车辆通行。尽量安排绕行，提前一个月在市政主要媒体发公告告知市民，在主要路口提前设置绕行告示，设置绕行标志。②公交线路。尽量调整公交线路和站点设置，确实无法避让的要在施工现场设施临时社会便道，或安排半幅通车半幅施工。③沿线居民聚集区（居民小区）。提前通告，并在小区附近设置施工告示牌，设置必要通道（人车混行）沟通小区与主要道路，并在沿线设置减速标志。④沿线厂矿企业。因出入货车或超长车辆多，根据具体需要设置社会便道，应考虑车辆转弯、超限需要。

（四）施工围挡及防护设施

施工区及道路交叉口应设置施工围挡，隔断施工区和人车联系，保障行人和社会车辆安全。临近人车通行道路的基坑开挖应设置防护围栏，深基坑要采取牢固的基坑防护措施，防止可能的基坑塌陷影响人车安全。

（五）防止环境污染的措施

建立环境保护管理制度及考评制度外，在施工车辆的出入口应设置临时洗车点防止车胎带泥污染路面，运土车辆不应装载太满或加装围挡板防止抛洒滴漏，施工便道、施工现场每天安排不定期的洒水尽量减少扬尘，高噪声的工作避免安排在夜间施工，施工产生的建筑垃圾应运到政府指定的弃土场，严禁乱堆、乱倒，废水及生活污水应引流到污水管道。

（六）项目部建设

1.新建项目的设置原则

新建道路施工组织及施工管理相对简单，项目部建设可以按照文明施工的要求临时征地搭建项目部。为方便管理一般选择将项目部设置在标段中点，最好是临近既有道路以方便出行。沿道路两侧红线外临时征地搭设施工队临时营地，用于现场施工工人生活及施工机械停放，一般来说，临近水源地或既有道路设置属于较理想的设置。

2.改建项目的设置原则

旧城区的规划道路及老路改造项目，施工组织和施工管理相对复杂，在老城区一般很难找到现成的空地用于搭建项目部，一般在道路沿线寻找租用废弃的村镇办公地、工厂办公区、停业的小酒店、空置门面房等，但是不到万不得已尽量不在居民聚集区内设置项目办公区，减少对居民生活的干扰。现场施工工人生活及施工机械停放，可因地制宜采用租用民房在征地红线内绿化带位置搭建或设置。

（七）项目临建设置

城市道路工程的临时设施建设，大部分都不需要设置在现场混凝土可以采用商品混凝土，水泥稳定碎石、二灰碎石、沥青料均应采取厂拌方式运抵现场施工。旧城区的规划道路及老路改造项目的石灰消解场建议不放在现场，避免对城市环境造成危害。

建议采取将石灰消解场设置在取土场附近，消解好的石灰按照掺灰量的 70%~80% 先行掺好，运抵现场后翻拌时补掺到设计用量，以加快施工进度减小对城市环境的影响。

第三节　路基季节性施工措施

一、冬期施工

1. 在反复冻融地区，昼夜平均温度在 –3 ℃以下，且连续 10 d 以上，或者昼夜平均温度虽在 –3 ℃以上，但冻土没有完全融化时，均应按冬期施工办理。

2. 高速公路、一级公路的土质路堤和地质不良地区二级及二级以下公路路堤不宜进行冬期施工。河滩低洼地带，可被水淹没的填土路堤不宜冬期施工。土质路堤路床以下 1 m 范围内，不得进行冬期施工。半填半挖地段、挖填方交界处不得在冬期施工。

3. 冬期路基施工应采取措施，及时排放雨雪水及路堑开挖时出现的地下水。

4. 冬期施工路基基底处理应满足下列规定。

（1）冻结前应完成表层清理，挖好台阶，并应采取保温措施防止冻结。

（2）填筑前应将基底范围内的积雪和冰块清除干净。

（3）对需要换填土地段或坑洼处需补土的基底应选用适宜的填料回填，并及时进行整平压实。

（4）基底处理后应立即采取保温措施防止冻结。

（5）冬期填方路堤施工应符合下列规定。

① 路堤填料。应选用未冻结的砂类土、碎石、卵石土、石渣等透水性良好的材料。不得用含水量过大的黏性土。

② 填筑路堤。应按横断面全宽平填，每层松铺厚度应比正常施工减少 20%~30%，且松铺厚度不得超过 300 mm。当天填土应当天完成碾压。

③ 中途停止填筑时，应整平填层和边坡并进行覆盖防冻，恢复施工时应将表层冰雪清除，并补充压实。

④ 当填筑标高距路床底面 1 m 时，碾压密实后应停止填筑，在顶面覆盖防冻保温层，待冬季过后整理复压，再分层填至设计标高。

⑤ 冬季过后必须对填方路堤进行补充压实，压实度应达到本规范相关要求。

（6）冬季挖方路基施工应符合下列规定。

① 挖方边坡不得一次挖到设计线，应预留一定厚度的覆盖层，待到正常施工季节后再修整到设计坡面。

②路基挖至路床顶面以上 1 m 时，完成临时排水沟后，应停止开挖，待冬季过后再施工。

（7）河滩地段可利用冬期水位低，开挖基坑修建防护工程，但应采取措施确保工程质量。

二、雨期施工

1.路基排水应符合下列规定。

（1）雨期施工应综合规划、合理设置现场防排水系统，采取有效措施，及时引排地面水。

（2）对施工临时挤占的沟渠、河道应采取措施确保不降低原有的排水能力。

（3）路堤填筑的每一层表面应设 2%~4% 的排水横坡。

（4）在已填路堤路肩处，应采取设置纵向临时挡水土埂、每隔一定距离设出水口和排水槽等措施，引排雨水至排水系统。

（5）雨期路堑施工宜分层开挖，每挖一层均应设置纵横排水坡，使水排放畅通。

2.路基基底处理应符合下列规定：

（1）在雨期施工前，应将基底处理好，孔洞、坑洼处填平夯实，整平基底，并设纵横排水坡。

（2）低洼地段，应在雨期施工前将原地面处理好，并将填筑作业面填筑到可能的最高积水位 0.5 m 以上。

3.填方路堤施工应符合下列规定。

（1）填料应选用透水性好的碎（卵）石土、沙砾、石方碎渣和砂类土等。利用挖方土作填料，含水量符合要求时，应随挖随填及时压实。含水量过大难以晾晒的土不得用作雨期施工填料。

（2）雨期填筑路堤需借土时，取土坑的设置应满足路基稳定的要求。

（3）路堤应分层填筑，当天填筑的土层应当天或雨前完成压实。

4.挖方路基施工应符合下列规定。

（1）挖方边坡不宜一次挖到设计坡面，应预留一定厚度的覆盖层，待雨期过后再修整到设计坡面。

（2）雨期开挖路堑，当挖至路床顶面以上 300~500 mm 时应停止开挖，并在两侧挖好临时排水沟，待雨期过后再施工。

（3）雨期开挖岩石路基，炮眼宜水平设置。

5.结构物基坑在雨期开挖后未能及时施工时，应采取防浸泡措施，必要时雨后应对基坑地基承载力再次检测，以确定是否满足设计要求。

6.制订雨期施工安全预案，做好防洪抢险的准备工作。

第四节　路基防护与加固工程施工技术

一、坡面防护施工技术

（一）植物防护

1. 植被防护施工需符合下列规定。

（1）植被施工，铺、种植被后，应适时进行洒水、施肥等养护管理，直到植被成活。

（2）种草施工，草籽应撒布均匀，同时做好保护措施。

（3）灌木（树木）应在适宜季节栽植。

（4）养护用水应不含油、酸、碱、盐等有碍草木生长的成分。

2. 三维植被网防护施工应符合下列规定。

（1）三维植被网中的回填土应符合设计要求，宜采用客土，或土、肥料及腐殖质土的混合物。

（2）三维植被网应符合设计及有关标准。

（3）三维植被网的搭接宽度不宜小于 100 mm。

3. 湿法喷播施工，喷播后应及时养护，成活率应达到 90% 以上。

4. 客土喷播施工应符合下列规定。

（1）喷播植草混合料的配合比（植生土、土壤稳定剂、水泥、肥料、混合草籽、水等）应根据边坡坡度、地质情况和当地气候条件确定，混合草籽用量每 1000 m³ 不宜少于 25 kg。

（2）气温低于 +12 ℃不宜喷播作业。

（二）骨架植物防护

1. 浆砌片石（或混凝土）骨架植草防护施工应符合下列规定。

（1）骨架内应采用植物或其他辅助防护措施。植草草皮下宜有 50~100 mm 厚的种植土，草皮应与坡面和骨架密贴。

（2）应及时对草皮进行养护。

2. 水泥混凝土空心块护坡施工应符合下列规定。

（1）预制块铺置应在路堤沉降稳定后方可施工。

（2）预制块铺置前应将坡面整平。

（3）预制块经验收合格后方可使用。

（4）预制块应与坡面紧贴，不得有空隙，并与相邻坡面平顺。

3. 锚杆混凝土框架植物防护施工质量应符合相关规定。

（三）圬工防护

1. 喷浆防护施工应符合下列规定。

（1）喷护前应采取措施对泉水、渗水进行处治，并按设计要求设置泄水孔，排、防积水。

（2）喷射顺序应自下而上进行。

（3）砂浆初凝后，应立即开始养护，养护期一般为 5~7 d。

（4）应及时对喷浆层顶部进行封闭处理。

2. 喷射混凝土防护施工应符合下列规定。

（1）作业前应进行试喷，选择合适的水胶比和喷射压力。喷射混凝土宜自下而上进行。

（2）做好泄水孔和伸缩缝。

（3）喷射混凝土初凝后，应立即养护，养护期一般为 7~10 d。

（4）喷射混凝土防护施工质量应符合相关规定。

3. 锚杆挂网喷射混凝土（砂浆）防护施工应符合下列规定。

（1）锚杆应嵌入稳固基岩内，锚固深度根据设计要求结合岩体性质确定。锚杆孔深应大于锚固长度 200 mm。

（2）钢筋保护层厚度不宜小于 20 mm。

（3）固定锚杆的砂浆应捣固密实，钢筋网应与锚杆连接牢固。

（4）铺设钢筋网前宜在岩面喷射一层混凝土，钢筋网与岩面的间隙宜为 30 mm，然后再喷射混凝土至设计厚度。

（5）喷射混凝土的厚度要均匀，钢筋网及锚杆不得外露。

（6）做好泄、排水孔和伸缩缝。

（7）锚杆挂网喷射混凝土（砂浆）防护施工质量应符合相关规定。

4. 干砌片石护坡施工应符合下列规定。

（1）边坡为粉质土、松散的砂或粉砂土等易被冲蚀的土时，碎石或沙砾垫层厚度不宜小于 100 mm。

（2）基础应选用较大石块砌筑，如基础与排水沟相连，其基础应设在沟底以下，并按设计要求砌筑浆砌片石。

（3）砌筑应彼此镶紧，接缝要错开，缝隙间用小石块填满塞紧。

5. 浆砌片（卵）石护坡施工应符合下列规定。

（1）砂浆终凝前，砌体应覆盖，砂浆初凝后，立即进行养护。

（2）路堤边坡采用浆砌片石护坡，宜在路堤沉降稳定后施工。

（3）在冻胀变化较大的土质边坡上，护坡底面应铺设 100~150 mm 厚的碎石或沙砾垫层。

（4）浆砌片石护坡每 10~15 m 应留一伸缩缝，缝宽 20~30 mm。在基底地质有变化处，应设沉降缝，可将伸缩缝与沉降缝合并设置。

（5）泄水孔的位置和反滤层的设置应符合设计要求。

6. 水泥混凝土预制块护坡施工应符合下列规定。

（1）在寒冷地区，预制块混凝土强度不宜低于 C20。

（2）路堤边坡护坡宜在路堤沉降稳定后施工。

（3）铺设混凝土预制块前应将坡面平整，碎石或沙砾垫层的厚度不宜小于 100 mm。

（4）预制块应错缝砌筑，砌筑坡面应平顺，并与相邻坡面顺接。

（5）泄水孔的位置应符合设计要求，并确保畅通。

7. 浆砌片石护面墙施工应符合下列规定。

（1）修筑护面墙前，应清除边坡风化层至新鲜岩面。对风化迅速的岩层，清挖到新鲜岩面后应立即修筑护面墙。

（2）护面墙的基础应设置在稳定的地基上，地基承载能力不够，应采取加固措施，基础埋置深度应根据地质条件确定，冰冻地区应埋置在冰冻深度以下至少 250 mm。

（3）护面墙背必须与路基坡面密贴，边坡局部凹陷处，应挖成台阶后用与墙身相同的圬工砌补，不得回填土石或干砌片石。坡顶护面墙与坡面之间应按设计要求做好防渗处理。

（4）应按设计要求做好伸缩缝。当护面墙基础修筑在不同岩层上时，应在变化处设置沉降缝。

（四）封面、捶面防护

1. 封面防护施工应符合下列规定。

（1）封面防护不宜在严寒冬季和雨天施工。

（2）封面前岩体表面要冲洗干净，土体表面要平整、密实、湿润。

（3）封面厚度应符合设计要求，封面应分两层进行施工，底层为全厚的 2/3。面层为全厚的 1/3。封面厚度要均匀，表面光滑，封面与坡面应密贴稳固。

（4）大面积封面宜每隔 5~10 m 设伸缩缝，缝宽 10~20 mm。

（5）封面初凝后应立即进行养生。

（6）按设计要求做好边坡封顶和排水设施。

2.捶面护坡施工应符合下列规定。

（1）嵌补填平边坡坑凹、裂缝。

（2）厚度要均匀，表面光滑，捶面与坡面应密贴稳固。

（3）伸缩缝设置、边坡封顶、排水、养生方法、气候要求与封面防护施工要求相同。

（五）膨胀土路基边坡防护

1.边坡施工应避开雨季作业，以防边坡遇水膨胀破坏。

2.边坡施工过程中，需注意做好防排水，顶部应及时封闭。

3.边坡修整后，要立即防护。

二、沿河路基防护施工技术

1.沿河路基防护工程基础应埋设在局部冲刷线以下不小于 1 m 或嵌入基岩内。

2.导流构造物施工前，应根据现场具体情况，采取相应措施，避免冲刷农田、村庄、公路和下游路基。

3.植物防护施工应符合下列规定。

（1）经常浸水或长期浸水的路堤边坡，不宜采用种草防护。

（2）沿河路堤边坡铺草皮防护，宜采用平铺、叠铺草皮的方法，坡面及基础部分的铺置应符合设计要求。基础部分的铺置层的表面应与地面齐平。

（3）植树防护宜采用带状或条形。防护河岸路基或防御风浪侵蚀，宜采用横行带状。防护桥头引道路堤，宜采用纵行带状。

（4）植树应选用喜水性树种，林带应由多行树木组成，乔灌木要密植。

（5）植树后，应采取有效措施加以保护。

4.砌石或混凝土防护应符合下列规定。

（1）石料应选用未风化的坚硬岩石。

（2）开挖基坑时，应核对地质情况，与设计要求不符时，需进行处理。基础完成后应及时用符合设计要求的材料回填。

（3）铺砌层底面的碎石、沙砾石垫层或反滤层，应符合设计要求。

（4）坡面密实、平整、稳定后方可铺砌。砌块应交错嵌紧，严禁浮塞。砂浆应饱满、密实，不得有悬浆。

（5）每 10~15 m 宜设伸缩缝，基底土质变化处应设沉降缝，并按设计要求做好伸缩缝、沉降缝及泄水孔。

（6）采用干、浆砌片石时，不得大面平铺，石块应彼此交错搭接，不得松动。采用干、浆砌河卵石时，必须长方向垂直坡面，成横行栽砌牢固。采用铺砌混凝土预制块时，应按设计规格和要求检验合格后方可铺筑。就地浇筑混凝土板时，宜采取措施提高早期强度，混凝土表面应平整、光滑。

5. 护坦防护施工中，护坦顶面应埋入计算河床以下 0.5~1.0 m。

6. 抛石防护施工应符合下列规定。

（1）抛石体边坡坡度和石料粒径应根据水深、流速和波浪情况确定，石料粒径应大于 300 mm，宜用大小不同的石块掺杂抛投。坡度应不陡于抛石石料浸水后的天然休止角。

（2）抛石厚度，宜为粒径的 3~4 倍；用大粒径时，不得小于 2 倍。

（3）抛石石料应选用质地坚硬、耐冻且不易风化崩解的石块。

（4）抛石防护除特殊情况外，宜在枯水季节施工。

7. 石笼防护施工应符合下列规定。

（1）根据设计要求或根据不同情况和用途，合理选用石笼形状。

（2）应选用浸水不崩解、不易风化的石料。

（3）基底应大致整平，必要时用碎石或砾石垫层找平。

（4）石笼应做到位置正确，搭叠衔接稳固、紧密，确保整体性。

8. 浸水挡土墙施工应符合下列规定。

（1）浸水挡土墙应选用坚硬未风化且浸水不崩解的石块。

（2）应注意浸水挡土墙与岸坡的衔接。

9. 土工模袋防护施工应符合下列规定。

（1）按设计要求整平坡面，放线定位，挖好边界处理沟。

（2）膜袋铺展后应拉紧固定，防止充填时下滑。

（3）充填材料应根据设计要求和实际情况合理选用，充填应连续。

（4）需要排水的边坡，应适时开孔设置排水管。

（5）膜袋顶部宜采用浆砌块石固定。有地面径流处，坡顶应采取防护措施，防止地表水侵蚀膜袋底部。

（6）岸坡膜袋底端应设压脚或护脚棱体，有冲刷处应采取防冲措施。

（7）膜袋护坡的侧翼宜设压袋沟。

（8）膜袋与坡面间应按设计要求铺设好土工织物滤层。

三、挡土墙施工技术

1. 挡土墙施工前，应做好截、排水及防渗设施。

2. 在岩体破碎、土质松软或地下水丰富地段修建挡土墙，宜避开雨期施工。

3. 明挖基坑应符合下列规定。

（1）施工过程中应对地质情况进行核对，与设计不符时，应及时处理。

（2）基坑开挖宜分段跳槽进行。

（3）坑内积水应随时排干。

（4）采用倾斜基底时，基底标高应按设计控制，不得超挖填补。

4. 基底检验合格后，应及时进行下道工序施工。

5. 挡土墙端部伸入路堤或嵌入地层部分应与墙体同时砌筑。挡土墙顶应找平抹面或勾缝，其与边坡间的空隙应用黏土或其他材料夯填封闭。

6. 挡土墙与桥台、隧道洞门连接应协调施工，必要时应加临时支撑，确保与墙相接的填方或山体的稳定。

7. 重力式挡土墙。

基础施工应符合下列规定。

（1）应将基底表面风化、松软土石清除。

（2）硬质岩石基坑中的基础，宜满坑砌筑。

（3）雨期在土质或易风化软质岩石基坑中砌筑基础时，应在基坑挖好后及时封闭坑底。当基底设有向内倾斜的稳定横坡时，应采取临时排水措施，辅以必要坐浆后安砌基础。

（4）采用台阶式基础时，台阶与墙体应连在一起同时砌筑，基底及墙趾台阶转折处不得砌成垂直通缝，砌体与台阶壁间的缝隙砂浆应饱满。

（5）基坑应随砌筑分层回填夯实，并在表面留 3% 的向外斜坡。

8. 墙身施工应符合下列规定。

（1）墙身要分层错缝砌筑，砌出地面后基坑应及时回填夯实，并完成其顶面排水、防渗设施。

（2）伸缩缝与沉降缝内两侧壁应竖直、平齐，无搭叠；缝中防水材料应按设计要求施工。

（3）泄水孔应在砌筑墙身过程中设置，确保排水畅通，并应确保墙背反滤、防渗设施的施工质量。

（4）当墙身的强度达到设计强度的 75% 时，方可进行回填等工作。在距墙背 0.5~1.0 m 以内，不宜用重型振动压路机碾压。

四、边坡锚固防护施工技术

1. 破碎且不平整的边坡，必须将松散的浮石和岩渣清除，用浆砌片石填补空洞，对坡面缝隙进行封闭处理。边坡修整后应平整、密实，无溜滑体、蠕变体和松动岩体。

2. 边坡开挖和钻孔过程中，应对岩性及构造进行编录和综合分析，与设计相比出入较大时，应按规定处理。

3. 修整边坡的弃渣应按有关规定堆放，不得污染环境。

4. 钢筋制作与安装应符合《公路桥涵施工技术规范》（JTG/TF50-2011）的规定。

5. 浇筑混凝土时，模板应加支撑固定。

6. 锚杆施工应符合的规定：孔深小于 3 m 时，宜采用先注浆后插锚杆的施工工艺。注浆时，浆体除孔口 200~300 mm 外，应均匀充满全孔。锚杆插入后应居中固定。杆体外露部分应避免敲击、碰撞，3 d 内不得悬吊重物，3 d 后方可安装垫板。

7. 预应力锚索

（1）严禁使用有机械损伤、电弧烧伤和严重锈蚀的钢绞线。严禁将钢绞线及锚索直接堆放在地面或露天储存，避免受潮、受腐蚀。

（2）施工前应按设计要求进行预应力锚索的锚固性能基本试验，确定施工工艺。

（3）锚索束制作安装应符合下列规定。

① 锚索束制作宜在现场厂棚内进行。

② 下料应采用机械切割，严禁用电弧切割。

③ 普通锚索束必须进行清污、除锈处理。

④ 锚固段锚索束应按设计安装。

⑤ 在锚索入孔前，必须校对锚索编号与孔号是否一致，做好标记。

⑥ 锚索束必须顺直地安放在钻孔中心。

（4）锚固端灌浆应符合下列规定。

① 放入锚索束后应及时灌浆。

② 无黏结锚索孔灌浆宜一次注满锚固段和自由段。

③ 灌浆应饱满、密实。

（5）锚索张拉应按设计要求进行，并应符合下列规定。

① 张拉设备必须按规定配套标定，标定间隔期不宜超过 6 个月。拆卸检修的张拉设备或压力表经受强烈撞击后，都必须重新标定。

② 孔内砂浆的强度未达到设计强度的 75% 时，不可进行张拉。

③ 锚索张拉采用张拉力和伸长值进行控制，用伸长值校核应力，当实际伸长值大于计算伸长值的 10% 或小于 5% 时，应暂停张拉，查明原因并处理后，可继续张拉。

④ 锚索锁定后，在 48 h 内如果发现有明显的预应力松弛时，应进行补偿张拉。

（6）封孔应符合下列规定。

① 封孔灌浆应在锚索张拉、检测合格、锁定后进行。

② 封孔灌浆时，进浆管必须插到底，灌浆必须饱满。

③ 封孔灌浆后，锚头部分应涂防腐剂，并按设计要求及时进行封闭。

第七章 公路工程质量管理

对于公路工程而言，施工质量管理工作尤为关键，不仅能够确保公路工程现场施工的顺利进行，而且能提高公路工程的整体质量。因此，在公路工程施工质量管理过程中，管理人员必须要加强对其管理工作的重视，并为工程施工提供制度依据，提升公路工程施工水平。本章将对公路工程的质量控制、检验、评定等方面展开分析。

第一节 公路工程质量控制的常用方法

一、进行工程质量管理策划

在对设计文件审核与分析后，项目经理应负总责，协调相关部门进行项目质量管理策划，包括：

1. 质量目标和要求；

2. 质量管理组织和职责；

3. 施工管理依据的文件；

4. 人员、技术、施工机具等资源的需求和配置；

5. 场地、道路、水电、消防、临时设施规划；

6. 质量控制关键点分析及设置；

7. 进度控制措施；

8. 施工质量检查、验收及相关标准；

9. 突发事件的应急措施；

10. 对违规事件的报告和处理；

11. 应收集的信息及其传递要求；

12. 与工程建设有关方的沟通方式；

13. 施工管理应形成的记录；

14. 质量管理和技术措施；

15. 施工企业质量管理的其他要求。

二、现场质量检查控制

现场工程质量检查分开工前检查、施工过程中检查和分项工程完成后的检查。现场质量检查控制的方法主要有：测量、试验、观察、分析、记录、监督、总结改进。

1. 开工前检查：其目的是检查是否具备开工条件，施工工艺与施工组织设计对照是否正确无误，开工后能否连续正常施工，能否保证工程质量。

2. 工序交接检查与工序检查：工序交接检查应建立制度化控制，并坚持实施。对于关键工序或对工程质量有重大影响的工序，在自检、互检的基础上，还要组织专职人员进行工序交接检查，以确保工序合格，使下道工序能顺利展开。

3. 隐蔽工程检查：凡是隐蔽工程均应经检查认证后方可覆盖。

4. 停工后复工前的检查：因处理质量问题或某种原因停工后再复工时，均应检查认可后方可复工。

5. 分项、分部工程完工后的检查：应按规定的程序和要求，经检查认可并签署验收记录后，才允许进行下一工程项目施工。

6. 成品、材料、机械设备等的检查：主要检查成品、材料等有无可靠的保护措施及其落实是否有效，以控制不发生损坏、变质等问题；检查机械设备的技术状态，以确保其处于完好的可控状态。

7. 巡视检查：对施工操作质量应进行巡视检查，必要时还应进行跟踪检查。

三、工程质量控制的关键点

1. 质量控制关键点的设置

应根据不同管理层次和职能，按以下原则分级设置。

（1）施工过程中的重要项目、薄弱环节和关键部位；

（2）影响工期、质量、成本、安全、材料消耗等重要因素的环节；

（3）新材料、新技术、新工艺的施工环节；

（4）质量信息反馈中缺陷频数较多的项目。

关键点应随着施工进度和影响因素的变化而调整。

2. 质量控制关键点的控制

（1）制定质量控制关键点的管理办法；

（2）落实质量控制关键点的质量责任；

（3）开展质量控制关键点 QC 小组活动；

（4）在质量控制关键点上开展一次抽检合格的活动；

（5）认真填写质量控制关键点的质量记录；

（6）落实与经济责任相结合的检查考核制度。

3. 质量控制关键点的文件

（1）质量控制关键点业务流程图；

（2）质量控制关键点明细表；

（3）质量控制关键点（岗位）质量因素分析表；

（4）质量控制关键点作业指导书；

（5）自检、交接检、专业检查记录以及控制图表；

（6）工序质量统计与分析；

（7）质量保证与质量改进的措施与实施记录；

（8）工序质量信息。

4. 质量控制关键点实际效果的考察

质量控制关键点的实际效果表现在施工质量管理水平和各项指标的实现情况上。要运用数理统计方法绘制工程项目总体质量情况分析图表，该图表要反映动态控制过程与施工项目实际质量情况。各阶段质量分析要纳入施工项目方针目标管理。

5. 公路工程质量控制关键点

（1）土方路基工程施工中常见的质量控制关键点：

1）施工放样与断面测量；

2）路基原地面处理，按施工技术合同或规范规定要求处理，并认真整平压实；

3）使用适宜材料，必须采用设计和规范规定的适用材料，保证原材料合格，正确确定土的最大干密度和最佳含水量；

4）压实设备及压实方案；

5）路基纵、横向排水系统设置；

6）每层的松铺厚度、横坡及填筑速率；

7）分层压实，控制填土的含水量，确保压实度达到设计要求。

土的最佳含水量是土基施工的一个重要控制参数，是土基达到最大干密度所对应的含水量。根据不同的土的性质，测定最佳含水量的试验方法通常有：

① 轻型、重型击实试验；

② 振动台法；

③ 表面振动击实仪法。

压实度是路基质量控制的重要指标之一，是现场干密度和室内最大干密度的比值。压实度越高、路基密实度越大，材料整体性能越好。现场压实度的测定方法有：

① 灌砂法；

② 环刀法；

③ 核子密度湿度仪法。

（2）路面基层（底基层）施工中常见的质量控制关键点：

1）基层施工所采用设备组合及拌和设备计量装置校验；

2）路面基层（底基层）所用结合料（如水泥、石灰）的剂量；

3）路面基层（底基层）材料的含水量、拌和均匀性、配合比；

4）路面基层（底基层）的压实度、弯沉值、平整度及横坡等；

5）如采用级配碎（砾）石还需要注意集料的级配和石料的压碎值；

6）及时有效的养护。

（3）水泥混凝土路面施工中常见的质量控制关键点：

1）基层强度、平整度、高程的检查与控制；

2）混凝土材料的检查与试验，水泥品种及用量确定；

3）混凝土拌和、摊铺设备及计量装置校验；

4）混凝土配合比设计和试件的试验。混凝土的水灰比、外加剂掺加量、坍落度应控制；

5）混凝土的摊铺、振捣、成型及避免离析；

6）切缝时间和养护技术的采用。

水泥混凝土抗折强度与抗压强度的测定是混凝土材料质量检验的两个重要试验。

水泥混凝土抗折（抗弯拉）强度试验是以 150 mm × 150 mm × 550 mm 的梁形试件在标准养护条件下达到规定龄期后，在净跨径 450 mm 的双支点荷载作用下进行弯拉破坏，并按规定的计算方法得到强度值。水泥混凝土抗折强度是混凝土的主要力学指标之一，通过试验取得的检测结果是路面混凝土组成设计的重要参数。

水泥混凝土抗压强度试验是以边长为 150 mm 的正立方体标准试件，标准养护到28 d，再在万能试验机上按规定方法进行破坏试验测得抗压强度。当混凝土抗压强度采用非标准试件时应进行换算得到抗压强度值。通过水泥混凝土抗压强度试验，可以确定混凝土的强度等级，其是评定混凝土品质的重要指标。

（4）沥青混凝土路面施工中常见的质量控制关键点：

1）基层强度、平整度、高程的检查与控制；

2）沥青材料的检查与试验。沥青混凝土配合比设计和试验；

3）沥青混凝土拌和设备及计量装置校验；

4）路面施工机械设备配置与压实方案；

5）沥青混凝土的拌和、运输及摊铺温度控制；

6）沥青混凝土摊铺厚度的控制和摊铺中的离析控制；

7）沥青混凝土的碾压与接缝施工。

沥青混凝土配合比设计采用马歇尔试验配合比设计法。该法首先按配合比设计拌制沥青混合料，再制成规定尺寸试件，12 h 之后测定其物理指标（包括表观密度、空隙率、沥青饱和度、矿料间隙率等），然后测定稳定度和流值。热拌沥青混合料配合比设计应通过目标配合比设计、生产配合比设计及生产配合比验证三个阶段，确定沥青混合料的材料品种及配合比、矿料级配、最佳沥青用量。

马歇尔稳定度试验是对标准击实的试件在规定的温度和速度等条件下受压，测定沥青混合料的稳定度和流值等指示所进行的试验，这种方法适用于马歇尔稳定度试验和浸水马歇尔稳定度试验。马歇尔稳定度试验主要用于沥青混合料的配合比设计及沥青路面施工质量检验。浸水马歇尔稳定度试验主要是检验沥青混合料受水损害时抵抗剥落的能力，通过测试其水稳定性检验配合比设计的可行性。

（5）桥梁基础工程施工中常见的质量控制关键点：

1）扩大基础

① 基底地基承载力的检测确认，满足设计要求。

② 基底表面松散层的清理。

③ 及时浇筑垫层混凝土，减少基底暴露时间。

④ 大体积混凝土施工裂缝控制。

2）钻孔桩

① 桩位坐标与垂直度控制。

② 护筒埋深。

③ 泥浆指标控制。

④ 护筒内水头高度。

⑤ 孔径的控制，防止缩径。

⑥ 桩顶、桩底标高的控制。

⑦ 清孔质量（嵌岩桩与摩擦桩要求不同）。

⑧ 钢筋笼接头质量。

⑨ 导管接头质量检查与水下混凝土的灌注质量。

3）沉井

① 初始平面位置的控制。

② 刃脚质量。

③ 下沉过程中沉井倾斜度与偏位的动态控制。

④ 封底混凝土的浇筑工艺确保封底混凝土的质量。

（6）水中承台施工中常见的质量控制关键点：

水中承台施工一般可采用筑岛围堰、钢板桩围堰、钢吊箱围堰、钢套箱围堰等。

1）钢围堰施工中常见的质量控制关键点

① 钢围堰的设计与加工制造质量控制。

② 钢围堰入水、落床及入土下沉过程中平面位置、高程等的控制。

③ 钢围堰下沉到位后的清底及整平。

④ 封底混凝土浇筑时的导管布设与封底混凝土厚度控制。

⑤ 承台混凝土配合比设计。

⑥ 抽水后封底混凝土基底的调平。

⑦ 承台混凝土浇筑导管布设及混凝土振捣。

⑧ 大体积混凝土温控设施的设计、施工及大体积混凝土养护。

⑨ 各类预埋件的施工质量控制。

2）钢套箱施工的质量控制关键点

① 钢套箱的设计与加工制造质量控制。

② 钢套箱水平及竖向限位装置的施工质量控制。

③ 封底混凝土浇筑时的导管布设与封底混凝土厚度控制。

④ 承台混凝土的配合比设计。

⑤ 抽水后封底混凝土的调平。

⑥ 承台混凝土浇筑导管布设及混凝土振捣。

⑦ 大体积混凝土温控设施的设计、施工及大体积混凝土养护。

⑧ 各类预埋件的施工质量控制。

（7）桥梁下部结构施工中常见的质量控制关键点：

1）实心墩

① 墩身锚固钢筋预埋质量控制。

② 墩身平面位置控制。

③ 墩身垂直度控制。

④ 模板接缝错台控制。

⑤ 墩顶支座预埋件位置、数量控制。

2）薄壁墩

① 墩身锚固钢筋预埋质量控制。

② 墩身平面位置控制。

③ 墩身垂直度控制。

④ 模板接缝错台控制。

⑤ 墩顶支座预埋件位置、数量控制。

⑥ 墩身与承台联结处混凝土裂缝控制。

⑦ 墩顶实心段混凝土裂缝控制。

（8）桥梁上部结构施工中常见的质量控制关键点：

1）简支梁桥

① 简支梁混凝土的强度控制。

② 预拱度的控制。

③ 支座预埋件的位置控制。

④ 大梁安装时梁与梁之间高差的控制。

⑤ 支座安装型号、方向的控制。

⑥ 梁板之间现浇带混凝土质量控制。

⑦ 伸缩缝安装质量控制。

2）连续梁桥

① 支架施工：支架沉降量的控制。

② 先简支后连续：后浇段工艺控制、体系转换工艺控制、后浇段收缩控制、临时支座安装与拆除控制。

③ 挂篮悬臂施工：浇筑过程中的线形控制、边跨及跨中合龙段混凝土的裂缝控制。

④ 预应力梁：张拉力及预应力钢筋伸长量控制。

3）拱桥

① 预制拼装：拱肋拱轴线的控制。

② 支架施工：支架基础承载力控制、支架沉降控制、拱架加载控制、卸架工艺控制。

③ 钢管拱：钢管混凝土压注质量控制。

4）斜拉桥（斜拉索为专业制索厂制造）

① 主塔空间位置的控制。

② 斜拉索锚固管或锚箱空间定位控制。

③ 斜拉桥线形控制。

④ 牵索挂篮悬臂施工：斜拉索索力控制、索力调整。

⑤ 悬臂吊装：梁段外形尺寸控制、斜拉索索力控制、索力调整。

⑥ 合龙段的控制。

5）悬索桥

① 猫道线形控制。

② 主缆架设线形控制。

③ 索股安装：基准索股的定位控制、索股锚固力的控制。

④ 索股架设中塔顶位移及索鞍位置的调整。

⑤ 紧缆：空隙率的控制。

⑥ 索夹定位控制。

⑦ 缠丝拉力控制。

⑧ 吊索长度的确定。

⑨ 加劲梁的焊接质量控制。

（9）公路隧道施工中常见的质量控制关键点：

1）正确判断围岩级别，及时调整施工方案；

2）认真测量、检查和修正开挖断面，减少超挖；

3）制订切实可行的开挖方案，包括新奥法、矿山法的选择，炮孔布置、装药量、每一循环的掘进深度；

4）喷锚支护，控制在开挖后围岩自稳定时间的 1/2 以内完成；

5）认真观测，收集资料，做好施工质量的信息反馈。

第二节　公路工程质量缺陷处理方法

一、质量缺陷性质的确定

质量缺陷性质的确定，是最终确定缺陷问题处理办法的首要工作和根本依据。一般通过下列方法来确定缺陷的性质。

1. 观察现场情况和查阅记录资料

其指对有缺陷的工程进行现场情况、施工过程、施工设备和施工操作情况等进行现场观察和检查。主要包括查阅试验检测报告、施工技术资料、施工过程记录、施工日志、施工工艺流程、施工方案、施工机械运转记录等相关记录，同时，在特殊季节关注天气情况等。

2. 检验与试验

通过检查和了解可以发现一些表面的问题，得出初步结论，但往往需要进一步的检验与试验来加以验证。

检验与试验，主要是通过检查、测量与该缺陷工程有关技术的指标，以便准确找出产生缺陷的原因。例如，若发现石灰土的强度不足，则在检验强度指标的同时，还应检验石灰剂量、石灰与土的物理化学性质，以便发现石灰土强度不足是因为材料不合格、配比不合格或养护不好，还是因为其他如气候之类的原因造成的，检测和试验的结果将作为确定缺陷性质和制定随后的处理措施的主要依据。

3. 专题调研

有些质量问题，仅仅通过以上两种方法仍不能确定。如某大桥在交工后不到一年的时间里出现了超过规范要求的裂缝，仅通过简单的观察和查阅现有资料很难确定产生裂缝的根本原因，找不到原因也就无从确定进一步的处理措施。在这种情况下就需要采用专项调研，通过对勘测、设计、施工各个环节的调查、分析研究，辅之以辅助的检测手段，确定质量问题的性质和为随后采取的措施提供依据。

在这种情况下，为了查明产生问题的根本原因，有必要组织有关方面的专家或专题调查组提出检测方案，对所得到的一系列参考依据和指标进行综合分析研究，找出产生缺陷的原因，确定缺陷的性质。这种专题研究，对缺陷问题的妥善解决作用重大，因此，经常被采用。

二、质量缺陷的处理方法

1. 整修与返工

缺陷的整修，主要是针对局部性的、轻微的且不会给整体工程质量带来严重影响的缺陷。如水泥混凝土结构的局部蜂窝、麻面，道路结构层的局部压实度不足等。这类缺陷一般可以通过比较简单地修整得到处理，不会影响工程总体的关键性技术指标。由于这类缺陷很容易出现，因而修补处理方法最为常用。

返工的决定应建立在认真调查研究的基础上。是否返工，应视缺陷经过补救后能否达到规范标准而定，对于补救后不能满足标准的工程必须返工。如某承包人为赶工期，曾在雨中铺筑沥青混凝土，监理工程师只得责令承包人将已经铺完的沥青面层全部清除重铺，一些无法补救的低质涵洞也被炸掉重建，温度过低或过高的沥青混合料在现场被监理工程师责令报废等。

2. 综合处理办法

综合处理办法主要是针对较大的质量事故而言的。这种处理办法不像返工和整修那样简单具体，它是一种综合的缺陷（事故）补救措施，能够使得工程缺陷（事故）以最小的经济代价和工期损失重新满足规范要求。处理的办法因工程缺陷（事故）的性质而异，性质的确定则以大量的调查及丰富的施工经验和技术理论为基础。具体做法可组织联合调查组、召开专家论证会等方式。实践证明，这是一条合理解决这类问题的有效途径。例如，某桥梁上部为 4 孔 20 m 预制空心板结构，下部为桩基础形式。0 号桥台施工放样时发生错误，导致第一孔跨径增加了 50 cm，发现时桩基础、承台、台身已全部完成，空心板预制了二分之一。经综合论证，采用下部不变、改变上部的方式，第一孔空心板跨径增加了 50 cm，增加费用约 2 万元。而采用返工方式，需要大约 8 万元和 2 个月工期。

第三节　路基工程质量检验

一、土方路基工程质量检验

1. 基本要求

（1）在路基用地和取土坑范围内，应清除地表植被、杂物、积水、淤泥和表土，处理坑塘，并按规范和设计要求对基底进行压实；

（2）路基填料应符合规范和设计的规定，经认真调查、试验后合理选用；

（3）填方路基须分层填筑压实，每层表面平整，路拱合适，排水良好；

（4）施工临时排水系统应与设计排水系统结合，避免冲刷边坡，勿使路基附近积水；

（5）在设定取土区内合理取土，不得滥开滥挖。完工后应按要求对取土坑和弃土场进行修整，保持合理的几何外形。

2. 实测项目

土方路基实测项目有：压实度、弯沉值、纵断高程、中线偏位、宽度、平整度、横坡、边坡。

二、石方路基工程质量检验

1. 基本要求

（1）石方路堑的开挖宜采用光面爆破法。爆破后应及时清理险石、松石，确保边坡安全、稳定。

（2）修筑填石路堤时应进行地表清理，逐层水平填筑石块，摆放平稳，码砌边部。填筑层厚度及石块尺寸应符合设计和施工规范规定，填石空隙用石碴、石屑嵌压稳定。上、下路床填料和石料最大尺寸应符合规范规定。采用振动压路机分层碾压，压至填筑层顶面石块稳定，18 t 以上压路机振压两遍无明显标高差异。

（3）路基表面应整修平整。

2. 实测项目

石方路基实测项目有：压实、纵断高程、中线偏位、宽度、平整度、横坡、边坡坡度和平顺度。

三、砌体挡土墙质量检验

1. 基本要求

（1）石料或混凝土预制块的强度、规格和质量应符合有关规范和设计要求。

（2）砂浆所用的水泥、沙、水的质量应符合有关规范的要求，按规定的配合比施工。

（3）地基承载力必须满足设计要求，基础埋置深度应满足施工规范要求。

（4）砌筑应分层错缝。浆砌时坐浆挤紧，嵌填饱满密实，不得有空洞；干砌时不得松动、叠砌和浮塞。

（5）沉降缝、泄水孔、反滤层的设置位置、质量和数量应符合设计要求。

2. 实测项目

砌体挡土墙实测项目有：砂浆强度、平面位置、顶面高程、竖直度或坡度、断面尺寸、底面高程、表面平整度。

干砌挡土墙实测项目有：平面位置、顶面高程、竖直度或坡度、断面尺寸、底面高程、表面平整度。

四、路基填筑方面的质检

（一）挖方路基的质检

一条线路应填挖结合，挖方经实验室试验后，可用；用于填方，不可用，则为弃方。挖方的利用是施工单位节省资金的一个重要来源。挖方路基不同于填方路基的要求和外观评定。挖方路基在距路基顶面 80 cm 处进行分层换填，换填当地最好的料种。

（二）基坑回填

基坑回填是路基与桥台之间的基坑进行回填，回填从桥基础开始填至原地面或路基现层面。路基填筑需要分层填筑，质检人员应在台背按照要求画出红线，红线间距为20 cm，来指导施工，促使施工员按红线进行分层施工。基坑回填一般机械不能入内，须用小夯进行夯实，小夯振压至填筑层面不松散。填筑材料必须为石渣等透水性材料，否则视为不合格，不予质检。基坑回填时应注意石块粒径，大粒径石块必须捡出或砸碎，否则会对质量造成不良影响。基坑填筑完后，不能直接在盖板涵和涵洞顶面跑车，应垫至少 20 cm 再跑车，防止车辆压裂盖板涵和涵洞。

（三）台背回填

大多数台背回填的首要任务是基坑回填，待填至与圆地面相平后，为台背回填。

台背回填也要分层回填，质检员按要求在台背画出红线，20 cm 一层指导施工。台背回填的宽度为台身高加 2 m，其中填筑必须用透水性材料分层填筑。填筑完后用机械振压。机械压不到的地方须用小夯夯实。桥梁施工时，若台背后填筑了非透水性材料，必须清除干净，再进行回填，台背回填应慢于路基填筑，正确程序是路基填筑一层，压实可以转序后，台背回填一层，直到顶面，全部如此。另外，填筑材料的粒径也应加以控制。

第四节　路面工程质量检验

一、水泥稳定粒料（碎石、沙砾或矿渣等）路面基层、底基层的检验

1. 基本要求

（1）粒料应符合设计和施工规范要求，并应根据当地料源选择质坚、干净的粒料，矿渣应分解稳定，未分解渣块应予剔除；

（2）水泥用量和矿料级配按设计控制准确；

（3）路拌深度要达到层底；

（4）摊铺时要注意消除离析现象；

（5）混合料处于最佳含水量状况下，用重型压路机碾压至要求的压实度从加水拌和到碾压终了的时间不应超过 3 h，并应短于水泥的终凝时间；

（6）碾压检查合格后立即覆盖或洒水养护，养护期要符合规范要求。

2. 实测项目

（1）水泥稳定粒料（碎石、沙砾或矿渣等）基层和底基层主要检验内容包括：压实度、平整度、纵断高程、宽度、厚度、横坡、强度；

（2）级配碎（砾）石或填隙碎石（矿渣）基层和底基层实测项目有：压实度、弯沉值、平整度、纵断高程、宽度、厚度、横坡。

二、水泥混凝土面层的检验

1. 基本要求

（1）基层质量必须符合规定要求，并应进行弯沉测定，验算的基层整体模量应满足设计要求；

（2）水泥强度、物理性能和化学成分应符合国家标准及有关规范的规定；

（3）粗细集料、水、外加剂及接缝填缝料应符合设计和施工规范要求；

（4）施工配合比应根据现场测定水泥的实际强度进行计算，并经试验，选择采用最佳配合比；

（5）接缝的位置、规格、尺寸及传力杆、拉力杆的设置应符合设计要求；

（6）路面拉毛或机具压槽等抗滑措施，其构造深度应符合施工规范要求；

（7）面层与其他构造物相接应平顺，检查井井盖顶面高程应高于周边路面1~3 mm。雨水口标高按设计比路面低 5~8 mm，路面边缘无积水现象；

（8）混凝土路面铺筑后按施工规范要求养护。

2. 实测项目

水泥混凝土面层实测项目有：水泥混凝土面板的弯拉强度、平整度、板厚度、水泥混凝土路面的抗滑构造深度、相邻板间的高差、纵横缝顺直度、水泥混凝土路面中线平面偏位、路面宽度、纵断高程和路面横坡。

三、沥青混凝土面层和沥青碎（砾）石面层的检验

1. 基本要求

（1）沥青混合料的矿料质量及矿料级配应符合设计要求和施工规范的规定；

（2）严格控制各种矿料和沥青用量及各种材料和沥青混合料的加热温度，沥青材料及混合料的各项指标应符合设计和施工规范要求。沥青混合料的生产，每日应做抽提试验、马歇尔稳定度试验。矿料级配、沥青含量、马歇尔稳定度等结果的合格率应不小于90%；

（3）拌和后的沥青混合料应均匀一致，无花白、无粗细料分离和结团成块现象；

（4）基层必须碾压密实，表面干燥、清洁、无浮土，其平整度和路拱度应符合要求；

（5）摊铺时应严格控制摊铺厚度和平整度,避免离析,注意控制摊铺和碾压温度,碾压至要求的密实度。

2. 实测项目

沥青混凝土面层和沥青碎（砾）石面层的实测项目有：厚度、平整度、压实度、弯沉值、渗水系数、抗滑（含摩擦系数和构造深度）、中线平面偏位、纵断高程、路面宽度及路面横坡。

第五节　桥梁工程质量检验

一、桥梁总体

1. 基本要求

（1）桥梁施工应严格按照设计图纸、施工技术规范和有关技术操作规程要求进行；

（2）桥下净空不得小于设计要求；

（3）特大跨径桥梁或结构复杂的桥梁，必要时应进行荷载试验。

2. 实测项目

桥梁总体的实测项目有：桥面中线偏位、桥宽（含车行道和人行道）、桥长、引道中心线与桥梁中心线的衔接以及桥头高程衔接。

二、钻孔灌注桩施工质量检验

1. 基本要求

（1）桩身混凝土所用的水泥、沙、石、水、外加剂及混合材料的质量和规格必须符合有关规范的要求，按规定的配合比施工；

（2）成孔后必须清孔，测量孔径、孔深、孔位和沉淀层厚度，确认满足设计或施工技术规范要求后，方可灌注水下混凝土；

（3）水下混凝土应连续灌注，严禁有夹层和断桩；

（4）嵌入承台的锚固钢筋长度不得低于设计规范规定的最小锚固长度要求；

（5）应选择有代表性的桩用无破损法进行检测，重要工程或重要部位的桩宜逐根进行检测。设计有规定或对桩的质量有怀疑时，应采取钻取芯样法对桩进行检测；

（6）凿除桩头预留混凝土后，桩顶应无残余的松散混凝土。

2. 实测项目

钻孔灌注桩实测项目有：混凝土强度、桩位、孔深、孔径、钻孔倾斜度、沉淀厚度、钢筋骨架底面高程。

三、沉井施工质量检验

1. 基本要求

（1）混凝土桩所用的水泥、沙、石、水、外加剂及混合材料的质量和规格必须符合有关规范的要求，按规定的配合比施工；

（2）沉井下沉应在井壁混凝土达到规定强度后进行。浮式沉井在下水、浮运前，应进行水密性试验；

（3）沉井接高时，各节的竖向中轴线应与第一节竖向中轴线相重合。接高前应纠正沉井的倾斜；

（4）沉井下沉到设计高程时，应检查基底，确认符合设计要求后方可封底；

（5）沉井下沉中出现开裂，必须查明原因，进行处理后才可继续下沉；

（6）下沉应有完整、准确的施工记录。

2.实测项目

沉井实测面目有：各节沉井混凝土强度、沉井平面尺寸、井壁厚度、沉井刃脚高程、中心偏位（纵、横向）、沉井最大倾斜度（纵、横方向）、平面扭转角。

四、扩大基础质量检验

1.基本要求

（1）所用的水泥、沙、石、水、外加剂及混合材料的质量和规格必须符合有关规范的要求，按规定的配合比施工；

（2）不得出现露筋和空洞现象；

（3）基础的地基承载力必须满足设计要求；

（4）严禁超挖回填虚土。

2.实测项目

扩大基础的主要实测项目有：混凝土强度、平面尺寸、基础底面高程、基础顶面高程、轴线偏位。

五、钢筋加工及安装施工质量检验

1.基本要求

（1）钢筋、机械连接器、焊条等的品种、规格和技术性能应符合国家现行标准规定和设计要求；

（2）冷拉钢筋的机械性能必须符合规范要求，钢筋平直，表面不应有裂皮和油污；

（3）受力钢筋同一截面的接头数量、搭接长度、焊接和机械接头质量应符合施工技术规范要求；

（4）钢筋安装时，必须保证设计要求的钢筋根数；

（5）受力钢筋应平直，表面不得有裂纹及其他损伤。

2. 实测项目

钢筋加工及安装施工的实测项目有：受力钢筋间距，箍筋、横向水平钢筋、螺旋筋间距，钢筋骨架尺寸，弯起钢筋位置、保护层厚度。

六、预应力筋的加工和张拉质量检验

1. 基本要求

（1）预应力筋的各项技术性能必须符合国家现行标准规定和设计要求；

（2）预应力束中的钢丝、钢绞线应梳理顺直，不得有缠绞、扭麻花现象，表面不应有损伤；

（3）单根钢绞线不允许断丝，单根钢筋不允许断筋或滑移；

（4）同一截面预应力筋接头面积不超过预应力筋总面积的25%，接头质量应满足施工技术规范的要求；

（5）预应力筋张拉或放张时混凝土强度和龄期必须符合设计要求，严格按照设计规定的张拉顺序进行操作；

（6）预应力钢丝采用镦头锚时，镦头应头形圆整，不得有斜歪或破裂现象；

（7）制孔管道应安装牢固，接头密合、弯曲圆顺。锚垫板平面应与孔道轴线垂直；

（8）千斤顶、油表、钢尺等器具应经检验校正；

（9）锚具、夹具和连接器应符合设计要求，按施工技术规范的要求经检验合格后方可使用；

（10）压浆工作在 5 ℃以下进行时，应采取防冻或保温措施；

（11）孔道压浆的水泥浆性能和强度应符合施工技术规范要求，压浆时排气、排水孔应有水泥原浆溢出后方可封闭；

（12）按设计要求浇筑封锚混凝土。

2. 实测项目

预应力筋的加工和张拉的实测项目有：管道坐标（包含梁长方向和梁高方向）、管道间距（包含同排和上下层）、张拉应力值、张拉伸长率、断丝滑丝数。

七、承台质量检验

1. 基本要求

（1）所用的水泥、沙、石、水、外加剂及混合材料的质量和规格必须符合有关规范的要求，按规定的配合比施工；

（2）必须采取措施控制水化热引起的混凝土内最高温度及内外温差在允许范围内，防止出现温度裂缝；

（3）不得出现露筋和空洞现象。

2.实测项目

承台实测项目有：混凝土强度、尺寸、顶面高程和轴线偏位。

八、混凝土墩、台身浇筑质量检验

1.基本要求

（1）混凝土所用的水泥、沙、石、水、外加剂及混合材料的质量和规格，必须符合有关技术规范的要求，按规定的配合比施工；

（2）不得出现空洞和露筋现象。

2.实测项目

混泥土墩、台身浇筑的实测项目有：混凝土强度、断面尺寸、竖直度或斜度、顶面高程、轴线偏位、节段间错台、大面积平整度、预埋件位置。

九、墩、台帽或盖梁混凝土浇筑质量检验

1.基本要求

（1）混凝土所用的水泥、沙、石、水、外加剂及混合材料的质量和规格必须符合有关技术规范的要求，按规定的配合比施工；

（2）不得出现露筋和空洞现象。

2.实测项目

墩、台帽或盖梁混凝土浇筑实测项目有：混凝土强度、断面尺寸、轴线偏位、顶面高程、支座垫石预留位置。

十、预制和安装梁（板）质量检验

1.基本要求

（1）所用的水泥、沙、石、水、外加剂及混合材料的质量和规格必须符合有关规范的要求，按规定的配合比施工。

（2）梁（板）不得出现露筋和空洞现象。

（3）空心板采用胶囊施工时，应采取有效措施防止胶囊上浮。

（4）梁（板）在吊移出预制底座时，混凝土的强度不得低于设计所要求的吊装强度；梁（板）在安装时，支承结构（墩台、盖梁、垫石）的强度应符合设计要求。

（5）梁（板）安装前，墩、台支座垫板必须稳固。

（6）梁（板）就位后，梁两端支座应对位，梁（板）底与支座以及支座底与垫

石顶须密贴，否则应重新安装。

（7）两梁（板）之间接缝填充材料的规格和强度应符合设计要求。

2.实测项目

梁（板）预制实测项目有：混凝土强度、梁（板）长度、宽度、高度、断面尺寸、平整度和横系梁及预埋件位置；

梁（板）安装实测项目有：支座中心偏位、倾斜度、梁（板）顶面纵向高程、相邻梁（板）顶面高差。

十一、就地浇筑梁（板）质量检验

1.基本要求

（1）所用的水泥、沙、石、水、外加剂及混合材料的质量和规格必须符合有关规范的要求，按规定的配合比施工；

（2）支架和模板的强度、刚度、稳定性应满足施工技术规范的要求；

（3）预计的支架变形及地基的下沉量应满足施工后梁体设计标高的要求，必要时应采取对支架预压的措施；

（4）梁（板）不得出现露筋和空洞现象；

（5）预埋件的设置和固定应满足设计和施工技术规范的规定。

2.实测项目

就地浇筑梁（板）的实测项目有混凝土强度、轴线偏位、梁（板）顶面高程、断面尺寸、长度、横坡、平整度。

十二、悬臂梁施工质量检验

1.基本要求

（1）悬臂梁浇筑或合龙段浇筑所用的水泥、砂、石、水、外加剂及混合材料的质量和规格必须符合有关规范的要求，按规定的配合比施工；

（2）悬拼或悬浇块件前，必须对桥墩根部（0号块件）的高程、桥轴线做详细复核，符合设计要求后，方可进行悬拼或悬浇；

（3）悬臂梁施工必须对称进行，应对轴线和高程进行施工控制；

（4）在施工过程中，梁体不得出现宽度超过设计和规范规定的受力裂缝。一旦出现，必须查明原因，经过处理后方可继续施工；

（5）必须确保悬浇或悬拼的梁接头质量，梁段间胶结材料的性能、质量必须符合设计要求，接缝填充密实；

（6）悬臂梁合龙时，两侧梁体的高差应在设计允许范围内。

2.实测项目

悬臂梁浇筑的实测项目有混凝土强度、轴线偏位、顶面高程、断面尺寸、合龙后同跨对称点高程差、横坡、平整度。

悬臂梁拼装的实测项目有合龙段混凝土强度、轴线偏位、顶面高程、合龙后同跨对称点高程差。

十三、拱的安装施工质量检验

1.基本要求

（1）拱桥安装必须严格按设计规定的程序进行施工；

（2）拱段接头采用现浇混凝土时，必须确保其强度和质量，在达到设计规定强度时，方可进行拱上建筑的施工；

（3）安装过程中，如杆件或节点出现开裂，应查明原因，采取措施后，方可继续进行；

（4）合龙段两侧高差必须在设计规定的允许范围内。

2.实测项目

主拱圈安装的实测项目有轴线偏位、拱圈高程、对称接头点相对高差、同跨各拱肋相对高差、同跨各拱肋间距。

十四、斜拉桥混凝土索塔质量检验

1.基本要求

（1）混凝土所用的水泥、砂、石、水、外加剂及混合材料的质量和规格必须符合有关规范的要求，按规定的配合比施工；

（2）索塔的索道孔、锚箱位置及锚箱锚固面与水平面的交角均应控制准确，锚垫板与孔道必须互相垂直；

（3）分段浇筑时，段与段间不得有错台；

（4）不得出现漏筋和空洞现象；

（5）横梁施工中，不得因支架变形、温度或预应力而出现裂缝，横梁与塔柱紧密连成整体。

2.实测项目

塔柱的实测项目有混凝土强度、塔柱底偏位、倾斜度、外轮廓尺寸、壁厚、锚固点高程、孔道位置、预埋件位置。

十五、悬索桥索鞍安装质量检验

1. 基本要求

（1）索鞍成品必须按设计和有关技术规范要求验收合格，并有产品合格证，方可安装；

（2）必须按要求放置底板或格栅，并与底座混凝土连成整体。底座混凝土应振捣密实，强度符合设计要求；

（3）安装前应进行全面检查，如有损伤，必须做处理。索槽内部应清洁，不应沾上减少缆索和索鞍之间摩擦的油或油漆等材料；

（4）索鞍就位后应锁定牢靠。

2. 实测项目

主索鞍安装的实测项目有最终偏位、高程、四角高差；

散索鞍安装的实测项目有底板轴线纵、横向偏位、底板中心高程、底板扭转、安装基线扭转、散索鞍竖向倾斜角。

十六、悬索桥主缆架设质量检验

1. 基本要求

（1）索股成品应有合格证，必须按设计和有关技术规范要求验收合格方可架设；

（2）索股入鞍、入锚位置必须符合设计要求，架设时严禁索股弯折、扭转和散开；

（3）索股锚固应与锚板正交，锚头锁定装置应牢固。

2. 实测项目

主缆架设的实测项目有索股高程、锚跨索股力偏差、主缆空隙率、主缆直径不圆度。

十七、桥面铺装施工质量检验

1. 基本要求

（1）水泥混凝土桥面的基本要求同水泥混凝土路面、沥青混凝土桥面的基本要求同沥青混凝土路面；

（2）桥面泄水孔进水口的布置应有利于桥面和渗入水的排除，其数量不得少于设计要求，出水口不得使水直接冲刷桥体。

2. 实测项目

桥面铺装实测项目有强度或压实度、厚度、平整度、横坡及抗滑构造深度。

第六节 隧道工程质量检验

一、隧道总体质量检验

1. 基本要求

（1）洞口设置应符合设计要求；

（2）必须按设计设置洞内外的排水系统，不淤积、不堵塞；

（3）隧道防排水施工质量必须符合相关规定。

2. 实测项目

隧道总体实测项目有车行道、净总宽、隧道净高、隧道偏位、路线中心线与隧道中心线的衔接、边坡、仰坡。

二、（钢纤维）喷射混凝土支护质量检验

1. 基本要求

（1）材料必须满足规范或设计要求；

（2）喷射前要检查开挖断面的质量，处理好超前挖；

（3）喷射前岩面必须清洁；

（4）喷射混凝土与围岩紧密接合，喷层厚度应符合要求，不能有空洞，喷层内不容许添加片石和木板等杂物，必要时应进行黏结力测试。喷射混凝土严禁挂模喷射。受喷面必须是原岩面；

（5）支护前应做好排水措施，对渗漏水孔洞、缝隙应采取引捧、堵水措施，保证喷射混凝土质量；

（6）采用钢纤维喷射混凝土时，钢纤维抗拉强度不得低于 380 MPa，且不得有油渍及明显的锈蚀。钢纤维直径宜为 0.3~0.5 mm，长度为 20~25 mm，且不得大于 25 mm。钢纤维含量宜为混合料质量的 1%~3%。

2. 实测项目

（钢纤维）喷射混凝土支护实测项目有喷射混凝土强度、喷层厚度、空洞检测。

三、隧道工程检测的必要性

（一）加强公路工程试验检测工作的必要性和重要性

1.通过试验检测，能充分利用当地出产的材料，便于就地取材。譬如建设地点的砂石、填料等，可借助试验检测这种有效手段，通过对砂石进行密度、级配、含泥量、压碎值、轴心抗压强度、最大干容重、液塑性指标试验等，来判定原材料是否满足施工技术规范的要求，便于就地取材，以便选择质优、量大，便于开采和运输的材料，组织、安排施工计划，可加快工程进度、降低工程造价。

2.通过试验检测，有利于推广新技术、新工艺和材料的应用。及时有效地对某一新材料、新技术、新工艺进行试验检测，以鉴别其可行性、适用性、有效性、先进性，从而为完善工程设计理论和施工工艺积累实践经验，采集相关资料、数据。这对于推动施工技术进步，提高工程进度、质量等将起到积极的作用。

3.通过必要的试验检测，可科学地评定所用各种原材料及其成品、半成品材料的质量好坏。有了这套有效科学的测试手段，对于任何一种材料均可通过对其规定性能的相关检验，从而评定其产品是否合格。这对于合理地应用材料、提高工程质量是非常重要的。

综上所述，可见试验检测对于提高工程质量、加快工程进度、降低造价、推动施工技术进步，将起到非常重要的作用。因此，加强试验检测工作，势在必行，应当引起高度重视。

（二）试验工作的主要范围

1.路基土石方填筑开工前必须进行的试验：含水量、密度、颗粒分析、液塑限、土的有机质含量、土的强度试验（CBR）。

2.桥涵构造物等工程开工前必须进行的试验。

（1）砂石（砾、碎）料试验：表观密度、堆积密度、筛分、含泥量试验、石料针片状含量试验、含水量测定、压碎值、磨耗值、软弱颗粒含量试验；

（2）水泥材料试验：力学试验、细度、标准稠度、凝结时间、胶砂强度试验；

（3）水泥砂浆试验：水泥砂浆的密度、稠度、抗压强度试验、配合比设计标准试验；

（4）水泥混凝土试验：水泥混凝土的密度、坍落度、抗压、抗冻强度、劈裂抗拉强度试验、配合比设计标准试验；

（5）钢材的检验与试验：标准代号、表面形状、钢筋级别、公称直径、屈服点抗拉强度、伸长率、冷弯试验，以及搭接筋长度和焊接质量的检测、试验；

（6）水质分析：氯离子含量、硫酸根含量、pH（酸碱度）试验。

3. 路面开工前必须进行的试验。

（1）无机结合料稳定材料试验：含水量、标准击实、抗压强度、抗拉强度、内抗压回弹模量、稳定土配合比设计、稳定土中水泥或石灰剂量的测定、石灰的化学分析。

（2）矿料试验

1）碎石的压碎值、磨耗值、视密度、磨光值、细长扁平颗粒含量及颗粒组成等各项指标的试验检测，砂的视密度、坚固性、砂含量等指标的试验检测；

2）矿粉的视密度、含水量、粒度范围等指标的试验检测。

（3）沥青混合料试验

1）沥青原材料试验：相对密度、软化点针入度黏度、闪点溶解度、含蜡量及加热损失试验；

2）沥青混合料试验：密度、空隙率、马歇尔稳定度和流值、残留稳定度、沥青含量、筛分试验、配合比设计标准试验。

（三）加强试验检测工作，提高工程质量的措施及途径

1. 试验检测人员素质，技术水平有待提高

我省各地施工单位技术水平不一，试验检测人员缺乏，且素质低，甚至用非所学，缺乏一支业务素质较高的质检人员队伍。因此，针对我省当前存在的这种情况，有必要充实试验检测队伍，提高其整体素质和业务水平。在此方面，我省交通主管部已引起重视并开始落实。连续几年来省厅质监站已组织全省公路系统试验检测技术人员分期到省相关部门进行系统培训，这就是一个良好的开端。

2. 健全法制，完善质检机构和工程质量治理制度，是提高我省公路工程质量的一个重要保障。这对推动我省的公路建设的健康发展将起到积极作用，但随着形势的发展，现有的法规制度已不能适应公路建设的高速发展需要。因此，对于上述法规制度还有必要进一步完善发展，以便使公路建设单位做到有章可循、有法可依。另外，对于试验检测机构，还有待进一步完善，加强治理，严格治理，制定一套可行的治理措施，使质检机构逐渐规范化、专业化。

3. 进一步建立完善公路工程质量保证体系，增强工程质量意识

实行"政府监督、社会监理、企业自检"三级质量保证体系。各级质量治理部门应各司其职，按质量第一的方针和全面质量治理要求，采取切实有效的措施，不断提高质量治理水平。在实际工作中，应严格实行质量自检，加强质量治理和质量监督，逐步建立完善三级质量保证体系。要提高建设各方面质量的意识，分工负责，责任到人，真正落实质量岗位责任制。

（四）公路工程隧道施工检测要点

公路隧道施工检测主要包括两个方面的内容：一是对公路隧道施工质量进行检测；二是对公路隧道施工进行监控量测。

1. 公路隧道施工质量检测

第一，从公路隧道工程中经常出现的各种质量问题来看，其中绝大部分质量隐患的原因，都是因为在施工时管理不当而埋下的，因此，必须加强对施工过程的质量检测。超前支护的强度不够、预加固不符合施工要求等，都有可能造成隧道坍塌的重大事故，或出现冒顶等问题，严重影响施工质量，使施工进度受到严重的影响，造成工程材料的极大浪费。开挖隧道前和过程中，为了确保围岩的稳定性，必须采取必要的辅助方法。例如，可以采用一边用掌子面掘进的办法完成加固，一边换拱的方式进行施工。

第二，后续工序主要受爆破成形结果的直接影响。我们应认真落实特长隧道的有关施工的特殊要求，充分认识到工程风险，特别是复杂的隧道水文地质存在着不可预估的风险，应充分利用隧道断面仪，对爆破质量及时进行检测，特别是应重点检查爆破之后的隧道断面，将其与设计的断面进行比较，从中掌握隧道超挖和欠挖的情况；并对隧道围岩进行检查，尤其是应重点检查围岩的变形状况，应坚决杜绝盲目施工、随意施工，确保隧道结构稳定、牢固和施工过程的安全。

第三，着重搞好支护质量，特别是应搞好锚杆的安装质量，严格控制喷射混凝土的质量，切实注意钢构件的质量。工程质检部门必须对锚杆的间距和方向进行检测，注意检测注浆锚杆的抗拔力等性能情况。认真检测喷射混凝土的厚度、平整度等情况是否符合施工要求。检测钢构件的规格大小是否符合要求，锚杆连接、节间连接情况是否稳固，钢架间距长度是否得当，各个构件和围岩之间的接触情况。同时，加强探测支护后边的施工情况，特别是重点探测其回填的密实度。严格检测各项支护质量，确保隧道施工操作过程做好相应的检测工作。

第四，衬砌混凝土质量检测包括衬砌的几何尺寸、衬砌混凝土强度、混凝土完整性、混凝土裂缝、衬砌背后回填密实度和衬砌内部钢架、钢筋分布等的检测。外观尺寸用直尺量测，混凝土强度及其完整性则用无损技术探测检测，混凝土裂缝用塞尺或裂缝观测仪检测，衬砌背后的回填密实度用钻孔法或地质雷达法检测。

2. 公路隧道施工监控量测

施工监控量测是新奥法施工的一项重要内容，它既是施工安全的保障措施，又是优化结构受力、降低材料消耗的重要手段。量测的基本内容有隧道围岩变形、支护受力和衬砌受力。隧道周边位移采用收敛计和全站仪量测。隧道拱部沉降采用精密水准仪和全站仪量测。围岩内部的位移，采用机械式多点位移计量测。锚杆轴力用测力锚杆量测。

3. 公路隧道环境监测

环境监测主要分施工环境监测和运营环境检测。施工环境检测的主要任务是检测施工过程中的粉尘和有害气体。这里的有害气体主要是 CH_4，若 CH_4 达到一定浓度且施工中防治措施不当，则可能引发爆炸，造成人员伤亡或经济损失。

四、隧道工程质量检测的目的和意义

1. 隧道质量监控的目的

（1）通过围岩地质状况和支护状况描述，对围岩进行合理的分类及对稳定性进行合理的评价；

（2）对隧道拱顶下沉周边收敛位移进行监测，根据量测数据确认围岩的稳定性，判断支护效果，指导施工工序预防坍塌，保证施工安全；

（3）对周边收敛位移进行监测，根据变形的速率及量值判断围岩的稳定程度，选择适当的二衬支护时机，指导现场施工；

（4）地表下沉。对隧道埋深较浅段进行地表沉降监测，判定隧道开挖对地表的影响，与拱顶下沉数据相互印证；

（5）通过测定锚杆长度和注浆饱满度，检测锚杆长度和注浆效果；

（6）选测组合。通过对围岩压力、钢支撑应力、衬砌应力等选测项目的监测判断围岩稳定性及支护效果，反馈设计，指导现场施工。

2. 隧道质量监控的意义

隧道监控量测作为新奥法的三大核心之一，对评价隧道施工方法的可行性、设计参数的合理性、了解隧道施工实际围岩级别及其变形特性等能够提供准确、及时的依据，对隧道二次衬砌的施作时间具有决定性意义，是保障隧道建设成功的重要手段。隧道监控量测的主要任务应做到提高安全性、修正设计、指导施工、积累建设经验，并通过对实测数据的现场分析、处理，及时向施工方、监理方、设计方和业主提供分析资料。

第七节　质量检验评定

一、单位工程、分部工程和分项工程的划分

1. 单位工程

单位工程是指在建设项目中，根据签订的合同，具有独立施工条件的工程。

2. 分部工程

在单位工程中，应按结构部位、路段长度及施工特点或施工任务划分为若干个分部工程。

3. 分项工程

在分部工程中，应按不同的施工方法、材料、工序及路段长度等划分为若干个分项工程。

二、工程质量评分依据

1. 工程质量检验评分以分项工程为单元，采用百分制进行。在分项工程评分的基础上，逐级计算各相应分部工程、单位工程、合同段和建设项目评分值。

2. 工程质量评定等级分为合格与不合格，应按分项、分部、单位工程、合同段和建设项目逐级评定。

3. 施工单位应对各分项工程按《公路工程质量检验评定标准第一册土建工程》所列基本要求、实测项目和外观鉴定进行自检，按"工程质量检验评定用表"及相关施工技术规范提交真实、完整的自检资料，对工程质量进行自我评定。

4. 工程监理单位应按规定要求对工程质量进行独立抽检，对施工单位检评资料进行签认，对工程质量进行评定。

5. 建设单位根据对工程质量的检查及平时掌握的情况，对工程监理单位所做的工程质量评分及等级进行审定。

6. 质量监督部门、质量检测机构依据《公路工程质量检验评定标准第一册土建工程》对公路工程质量进行检测评定。

三、工程质量评分方法

1.分项工程质量评分

分项工程质量检验内容包括基本要求、实测项目、外观鉴定和质量保证资料四个部分。只有在其使用的原材料、半成品、成品及施工工艺符合基本要求的规定，且无严重外观缺陷和质量问题，保证资料真实并基本齐全时，才能对分项工程质量进行检验评定。

涉及结构安全和使用功能的重要实测项目为关键项目，其合格率不得低于90%（属于工厂加工制造的交通工程安全设施及桥梁金属构件不低于95%，机电工程为100%），且检测值不得超过规定极值，否则必须进行返工处理。实测项目的规定极值是指任一单个检测值都不能突破的极限值，不符合要求时该实测项目为不合格。

分项工程的评分值满分为100分，按实测项目采用加权平均法计算。存在外观缺陷或资料不全时，需减分。

$$分项工程得分 = \frac{\sum(检查项目得分 \times 权值)}{\sum 检查项目得分}$$

分项工程评分值 = 分项工程得分 – 外观缺陷减分 – 资料不全减分项

（1）基本要求检查

分项工程所列基本要求，对施工质量优劣具有关键作用，应按基本要求对工程进行认真检查。经检查不符合基本要求规定时，不得进行工程质量的检验和评定。

（2）实测项目计分

对规定检查项目采用现场抽样方法，按照规定频率和下列计分方法对分项工程的施工质量直接进行检测计分。

检查项目除按数理统计方法评定的项目以外，均应按单点（组）测定值是否符合标准要求进行评定，并按合格率计分：

检查项目合格率（%）= 检查合格的点（组）数 / 该检查项目的全部检查点（组）数

检查项目得分 = 检查项目合格率 × 100%

（3）外观缺陷减分

对工程外表状况应逐项进行全面检查，如发现外观缺陷，应进行减分。对于较严重的外观缺陷，施工单位必须采取措施进行整修处理。

（4）资料不全减分

分项工程的施工资料和图表残缺，缺乏最基本的数据，或有伪造涂改者，不予检验和评定。

2.分部工程和单位工程质量评分

分项工程和分部工程区分为一般工程和主要（主体）工程，分别给予1和2的权值。进行分部工程和单位工程评分时，采用加权平均值计算法确定相应的评分值。

$$分部（单位）工程评分值 = \frac{\sum 分部（单位）工程评分值 \times 项目权值}{\sum 分部（单位）工程评分值}$$

3. 合同段和建设项目工程质量评分中，施工合同段工程质量评分采用所含各单位工程质量评分的加权平均值，即

$$施工合同段工程质量评分值 = \frac{\sum（单位工程评分值 \times 该单位工程投资额）}{合同段总投资额}$$

整个工程项目工程质量评分采用加权平均法进行，即

$$工程质量评分值 = \frac{\sum（合同段工程质量评分值 \times 该合同段投资额）}{\sum 施工合同段投资额}$$

四、质量保证资料

施工单位应有完整的施工原始记录、试验数据、分项工程自查数据等质量保证资料，并进行整理分析，负责提交齐全、真实和系统的施工资料和图表。工程监理单位负责提交齐全、真实和系统的监理资料。质量保证资料应包括以下六个方面：

1. 所用原材料、半成品和成品质量检验结果；

2. 材料配比、拌和加工控制检验和试验数据；

3. 地基处理、隐蔽工程施工记录和大桥、隧道施工监控资料；

4. 各项质量控制指标的试验记录和质量检验汇总图表；

5. 施工过程中遇到的非正常情况记录及其对工程质量影响分析；

6. 施工过程中如发生质量事故，经处理补救后达到设计要求的认可证明文件等。

五、工程质量等级评定

1. 分项工程质量等级评定

分项工程评分值不小于 75 分者为合格、小于 75 分者为不合格；机电工程、属于工厂加工制造的桥梁金属构件不小于 90 分者为合格，小于 90 分者为不合格。

评定为不合格的分项工程，经加固、补强或返工、调测，满足设计要求后，可以重新评定其质量等级，但计算分部工程评分值时按其复评分值的 90% 计算。

2. 分部工程质量等级评定

所属各分项工程全部合格，则该分部工程评为合格；所属任一分项工程不合格，则该分部工程为不合格。

3. 单位工程质量等级评定

所属各分部工程全部合格，则该单位工程评为合格；所属任一分部工程不合格，则该单位工程为不合格。

4.合同段和建设项目质量等级评定

合同段和建设项目所含单位工程全部合格，其工程质量等级为合格；所属任一单位工程不合格，则合同段和建设项目为不合格。

六、公路工程质量检测的意义

（一）工程试验检测环节的重要性

以公路工程建设为例，随着公路等级的不断提升，对于公路工程的建设要求也不断提高，各级交通管理部门、施工单位虽然已经对公路质量检测及施工质量提高重视，但是在现存的许多工作之中，仍旧有一些施工单位"上有政策、下有对策"，原材料的质量未能达到施工技术要求；有些单位虽然具备足够的试验检测设备，建立试验基地，也组织相关的工程试验检测人员进行检测，但由于各种原因，已有资源不能充分发挥功能。大量的工程实践经验都表明：如果不重视现场的施工监测和质量管理工作，不注意实际检测，仅仅依靠以往的经验去评估工程的好坏，就容易导致在建设初期，工程质量就出现破坏迹象。因此，必须在施工开始时就配备足量且有丰富经验的试验检测人员，建立健全的工程质量检测管理体系，这样才可以达到缩短工期、提高质量、降低成本的目的。另外，工程试验检测人员必须努力抓好施工过程之中的每一个环节，力图降低人为的误差，提高试验检测的准确度，保证检测结果的可靠性。只有如此，工程试验检测环节才能在工程质量检测中发挥其应有的作用。

（二）开工阶段和施工阶段工程试验检测对工作质量的控制

1.施工前的各项原料检测

对于每一个工程项目而言，在项目开工之前，都要对工程项目的各个部分配以详尽的工程质量控制指标，如所使用的水泥及砂石的型号品质、集料规格、不同型号混凝土之间的掺配，这些数据是施工中的重要参数，亦是竣工后相关质量检测的重要依据。所以，及时提供科学精准的试验数据对工程技术人员来说是十分重要的。在项目开工之前，负责工程的工程试验检测人员会依据项目的设计要求与给定的工程质量技术标准，结合施工地点的实际情况来确定所要使用的施工材料。例如，混凝土、水泥、砂石等的相关配合比，为工程的顺利施工打下良好基础。

对于路基填土而言，最重要的两个因素是干密度和含水量，施工中应尽量达到最大干密度与最佳含水量，这就需要进行击实试验；对于沥青混合料，一般采用马歇尔试验测量稳定度和流值等指标，而且在施工过程中，为保证路面质量，应严格控制沥青用量、摊铺温度、压实方法等因素。诸如此类的做法，既能够为工程的施工提供经济可行的配料方案，也能够为日后的施工积累大量的数据资料，更能够保证工程质量、降低工程成本。所以说，工程试验检测是项目开工前必不可少的准备工作。

2. 项目施工中的工程试验检测

对于一个安全性能达标、工程质量好的工程而言，每道工序都需要严加把关，不仅要注重施工工艺，更要狠抓施工质量，做好施工过程之中的工程试验检测。例如，在公路路基的施工建设中，每一层材料的选取、摊铺的厚度、配备何种碾压的机器以及所采用材料的含水量都对路基压实质量有直接的影响。在路基建设成型之后，对路面铺装的质量也有很大的影响，虽然经过多年的车辆碾压，也可以使路面发生破损。

但是现场所测得压实度数据却可以直接体现出路基的强度与质量的好坏。在施工建设完成一部分之后，应该按照一定的标准对其进行检验。检测的内容主要涵盖建筑物的中线偏移量、相对于检测轴线的实际位置、压实度、偏移量等。例如，对于压实度的检测，一般选用灌砂法、路面取芯法；为反映路面各结构层及土基的整体强度和刚度，一般使用弯沉仪进行测量；在进行水泥混凝土抗压抗折程度检测时，应注意控制仪器荷载，避免由于荷载过快或过慢造成试验误差，或者是仪器的损坏。

（三）竣工阶段工程试验检测对工作质量的控制

在项目的施工进程中，合理有效地进行工程试验检测，可以做到对材料性能更好地了解，从而更加合理、更加经济地进行施工。在项目竣工之后，无论项目规模的大小还是工期长短都需要进行一次整体的交工验收，在所组织的验收技术人员中，试验检测人员也是必不可少的，他们要完成很多的项目现场检测工作，如路基压实度、平整度、路面强度、隧道抗渗等各种检测。尤其是项目交工验收时施工单位所上交的工程质量自检报告中，对于试验检测数据资料，也要专门整理成册，以方便竣工时工程试验检测人员查阅。这些资料既反映了在工程施工之中施工方对于工作质量的控制情况，也体现了施工单位对工程质量试验检测的手段是否完善合理，为验收人员评定工程质量提供重要依据，也是该工程日后养护维修的重要依据。

在项目完成之后，对于整个工程进行试验检测，也是一项任务量巨大的工程。不仅需要对该工程的整体进行试验检测，也需要对各个环节、各道工序分别进行检测，这样做的目的不仅是为了保证整个工程的工作质量，也为检测提供具体依据。众所周知，一个完整的工程需要很多道不同的工序，在对各道工序的试验检测中，要保证各个工序的质量合格及上下级工序之间的衔接恰当合理。在对工程整体质量进行评估时，必须依据各个环节之中所测得工程相关数据，以及竣工后整个工程的整体质量，给予该工程一个综合性的评定。工程试验检测工作人员要依据相关数据，评定该工程是否达到预期效果，是否符合国家的或者有关部门的相关标准。唯有如此，才能起到工程试验检测工作在竣工验收中的作用。

七、公路工程质量检测工作的现状分析及措施

（一）公路工程试验检测工作的现状分析

1. 公路工程试验检测工作未能得到重视

试验室建设需要大量的资金投入及满足相应资质等级数量要求的检测工程师、检测员。试验检测不能直接为企业创造价值，这对有些施工企业来说，试验检测工作似乎只有投入而没有产出，从而对试验检测工作没有足够的重视。因此，普遍存在试验人员，在待遇方面或多或少都比其他技术和管理岗位要低的现象。加之试验检测工作是一项十分繁重、枯燥的工作，并且由于公路工程施工环境较差，其试验检测工作环境也相对较差，导致试验检测人员积极性不高，从事这一行业的意愿不强，人员挂靠现象时有发生，造成从事试验检测行业的试验人员无论从数量和质量上都不能满足工程建设需要。

2. 公路工程试验检测机制受到阻碍

随着科学技术水平的不断创新，公路工程试验检测技术也有所提升，但其运行机制阻碍了试验检测行业的发展。在目前的公路工程管理当中，真正完全独立法人的第三方检测机构所占比例不多，大多公路工程试验检测机构都隶属于施工或监理单位，试验检测人员的作用与投入经费的多少都会受到所属单位的制约，使得公路工程试验检测工作独立开展业务受到很多客观条件的约束和干扰，造成公路工程试验检测工作无法发挥对工程质量的控制作用。

3. 公路工程试验检测数据信息存在虚假现象

随着国家的不断发展、公路工程建设规模的不断扩大，公路工程施工企业承揽工程也不断扩张，在建项目数量也随之增加。而试验检测人才库的建设往往跟不上工程扩张的速度，加剧了公路工程试验检测业务需求量与试验检测人力资源的短缺出现相互矛盾的现象。能否按照所规定的检测频率进行检测成了一个普遍的问题。施工企业管理水平有高有低，难免有施工项目管理水平低下的，难以做到按计划有条不紊地进行施工，从而施工企业补假资料是一个普遍现象。再者，施工企业良莠不齐，为偷工减料对检测数据造假也并不罕见，以上种种，使所建立起来的试验室沦为了造假资料、应付检查的工具，试验检测结果编造或者修改调整数据的现象时有发生，导致试验检测工作与施工过程中的质量控制作用没有真正发挥出来，试验检测结果的数据不具有真实性与可靠性。

（二）加强试验检测工作，提高工程质量的措施及途径

1. 充分意识到加强试验检测的重要性

试验检测是为了更好地确保工程质量得到有效的提升。因而作为施工企业，必须

利用试验检测得出各项技术参数，从而更好地开展施工，为工程质量奠定坚实基础的同时减少工程的投资，实现施工企业经济效益的最大化。对于施工企业管理者而言，只有意识到加强试验检测的重要性，才能从根本上意识到试验检测在公路工程建设中的作用，进而为试验检测工作的高效开展奠定坚实的基础。

2.致力于试验检测技术、设备的更新

随着公路建设的高速发展，传统的公路检测技术和设备存在多项问题的弊病日益凸显，同时，也反映出我国相关机构的研究工作人员对无损检测技术应用更新没有高度重视的现状。运输业的高度发展及国家整体经济的发展离不开道路网络的通畅，对现代化道路的要求也越来越高，使得传统的一般公路检测技术已经无法满足现代公路高性能、高精确度的检测要求。因此，需要引进并掌握新的检测技术与设备，提高检测的水平，才能充分地保证现代公路工程保质保量地建成，也达到对公路工程建设质量的监督作用。这就需要施工企业加强对试验方面的投资，加强对试验检测技术人员的培训，不断强化其专业技术水平和责任意识，从而更加主动积极地参与到试验检测工作中来，并切实做好检测设备的维护和保养工作。尤其是加强试验检测新技术、新方法、新设备的更新，这样才能更好地确保检测结果的精准性。

3.切实做好施工过程中的各项检测工作

一是施工企业应建立设施齐全的工地试验室，配备具有较高技术水平的试验检测人员，并建立一套完整的试验室质量管理体系，从而提高试验数据的精确性、可靠性；二是施工中的关键工序和重要施工部位进行严格监督，并详细认真地填写工程记录；三是及时对分项工程进行质量验收，验收不合格的项目，坚决返工处理；四是工程竣工后应严格检测验收，对检测中发现的质量隐患应及时提出，没通过验收的必须返工。

4.进一步建立完善公路工程质量保证体系，增强工程质量意识

目前实行"政府监督、社会监理、企业自检"三级质量保证体系。各级质量管理部门应各司其职，按质量第一的方针和全面质量管理要求，采取切实有效的措施，不断提高质量管理水平。在实际工作中，应严格实行质量自检,加强质量管理和质量监督，逐步建立完善三级质量保证体系。其有增强建设各方面的质量意识，分工负责、责任到人，真正落实质量岗位责任制。

参考文献

[1] 艾建杰，罗清波．公路工程施工技术 [M]．重庆：重庆大学出版社，2020．

[2] 柴中畅，王前东．高速公路施工标准化技术指南 [M]．郑州：河南人民出版社，2016．

[3] 陈晓裕．路面施工技术 [M]．北京：北京理工大学出版社，2020．

[4] 冯明硕，薛辉，赵杰．公路桥梁工程施工技术 [M]．延吉：延边大学出版社，2017．

[5] 高峰，张求书．公路工程施工组织 [M]．北京：北京理工大学出版社，2015．

[6] 高峰．公路施工组织实务 [M]．北京：北京理工大学出版社，2018．

[7] 郝铭．公路工程施工技术与质量控制 [M]．北京：北京工业大学出版社，2019．

[8] 胡嘉．公路工程造价 [M]．北京：北京理工大学出版社，2020．

[9] 靳翠梅．隧道工程施工技术与安全 [M]．南昌：江西科学技术出版社，2018．

[10] 潘永祥．公路桥梁与改扩建新技术 [M]．昆明：云南大学出版社，2019．

[11] 蒲翠红．公路工程计量与计价 [M]．成都：西南交通大学出版社，2017．

[12] 任传林，王轶君，薛飞．公路工程施工技术 [M]．长春：吉林科学技术出版社，2019．

[13] 王旻，张振和．图解公路工程施工技术 [M]．北京：机械工业出版社，2020．

[14] 武彦芳．公路工程施工组织设计 [M]．重庆：重庆大学出版社，2020．

[15] 邢宏涛，迟爽，马云龙．公路工程施工技术 [M]．哈尔滨：哈尔滨地图出版社，2010．

[16] 颜景波．道路施工技术研究 [M]．天津：天津科学技术出版社，2018．

[17] 杨永敏，吴树东，周士杰．公路隧道工程施工安全技术与风险控制 [M]．北京：中国铁道出版社，2016．

[18] 于洪江，李明樾．道路工程施工技术 [M]．重庆大学出版社有限公司，2020．

[19] 袁凤，刘志．路基施工技术 [M]．北京：北京理工大学出版社，2020．

[20] 赵井旺，周奎，于泾泓．公路桥涵工程施工安全技术与风险控制 [M]．北京：

中国铁道出版社，2016.

[21] 庄传义. 公路工程施工新理念与新技术 [M]. 徐州：中国矿业大学出版社，2014.